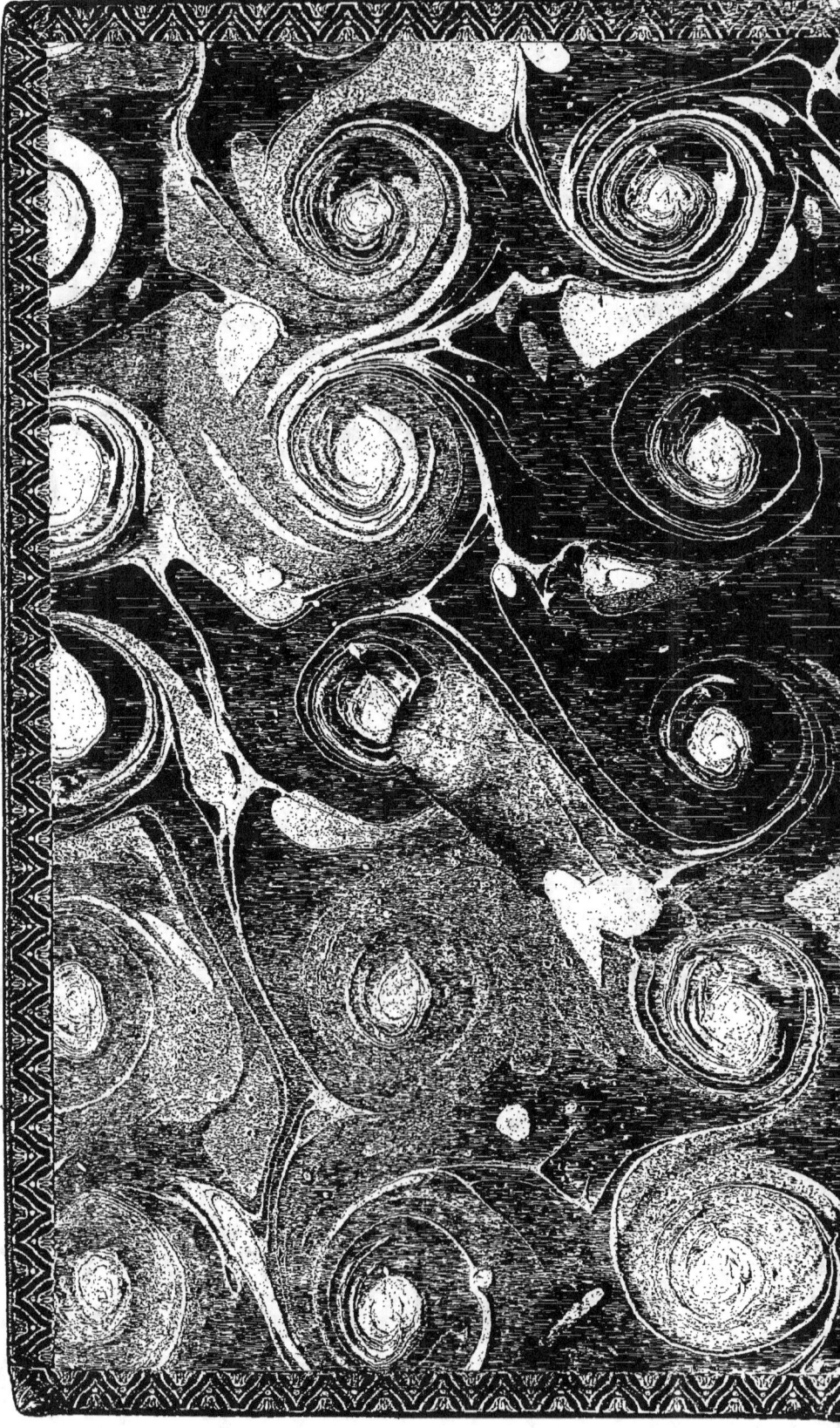

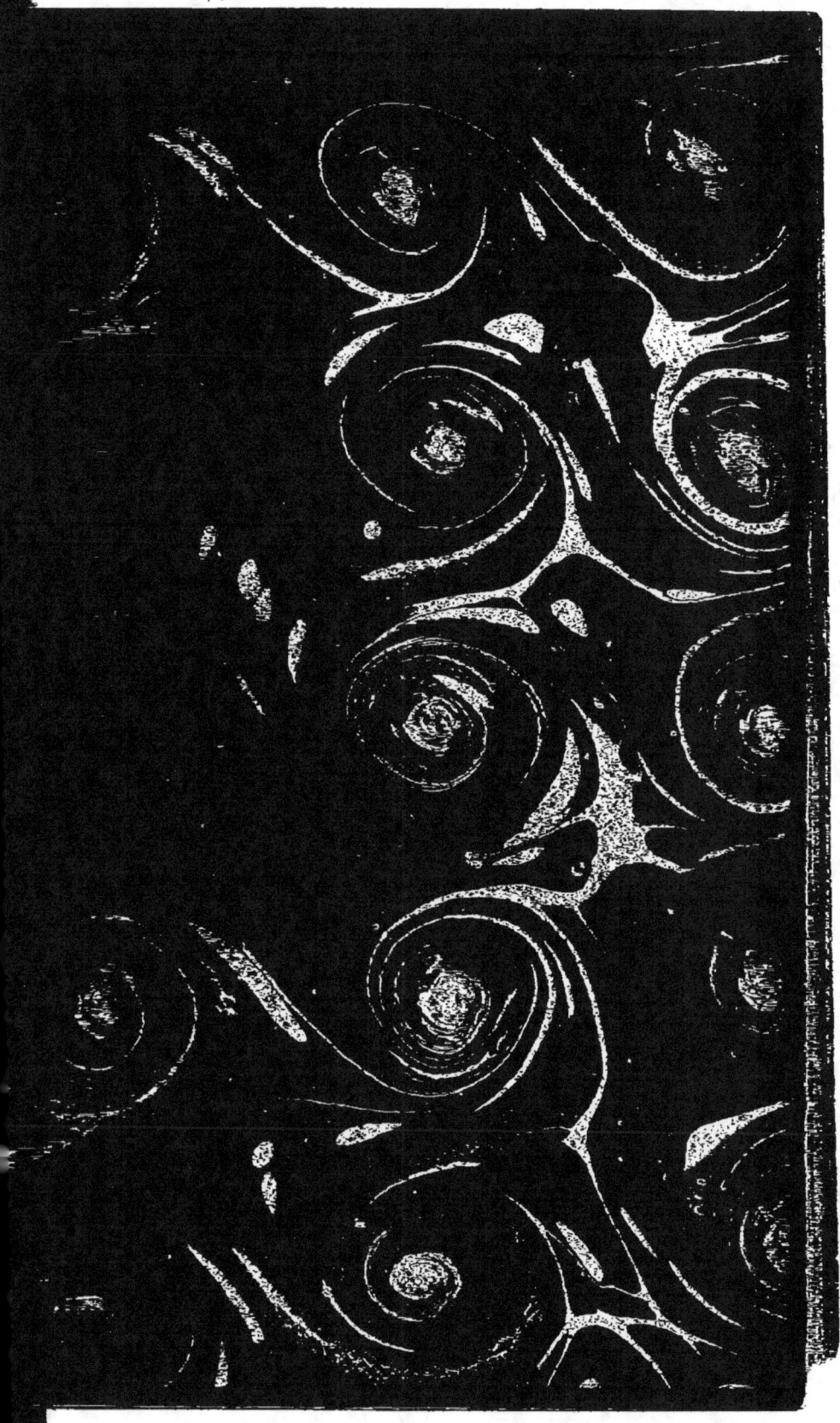

V. 2652
E. 4. a. 3-4

24131

MANUEL
DES
AMATEURS DE L'ART,
TOME III.

MANUEL

DES

CURIEUX ET DES AMATEURS DE L'ART,

contenant

une notice abrégée des principaux Graveurs,
et un Catalogue raisonné de leurs meilleurs
ouvrages; depuis le commencement de la
Gravure jusques à nos jours:

Les Artistes rangés par ordre chronologique,
et divisés par Ecole.

Par MICHEL HUBER.

TOME TROSIEME,

renfermant l'Ecole Italienne.

A ZURIC,

chez ORELL, FUSSLI ET COMPAGNIE.

1800.

MANUEL

DES

PÊCHES ET DES AMATEURS DE PÊCHE,

contenant

Des notes sur l'art de pêcher à la ligne,
et sur les diverses manières de la pratiquer,
ou la manière la plus simple de prendre la
plupart des poissons ;

Les diverses pièges, pour prendre toutes sortes
d'animaux aux poils.

Par MICHEL DUPUY,

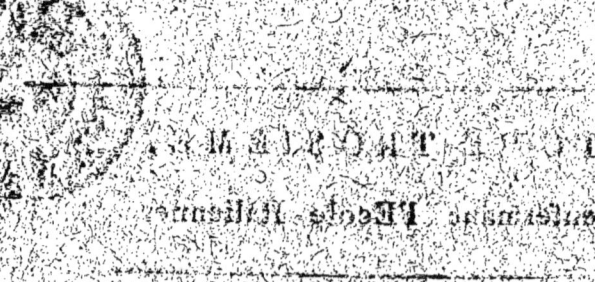

TOME TROISIÈME,
contenant l'École du Chasseur.

A ZURICH,

chez Orell, Füssli, et Compagnie.

1800.

Avertissement.

On s'étoit flatté de pouvoir donner sans interruption la suite du Manuel des Amateurs; mais des obstacles imprévus sont venus à la traverse et ont causé ce long retard. Suivant le premier arrangement de la Société des Libraires de Zurich, la traduction allemande du livre devoit paroître avant l'original françois, mesure qui m'a lié les mains pour avancer mon travail. Cependant la principale cause de ce retard vient de la perte de mon cooperateur, de mon ami M. Rost. Cet homme si actif et si zélé pour toutes les entreprises relatives aux arts, vient de mourir, à la suite d'une maladie de langueur dans un âge peu avancé. Le mauvais état de sa santé et la multiplicité de ses affaires de commerce, l'ont empêché de mettre de la suite à son

Avertissement.

travail : dans l'espace de deux ans il n'a traduit que la moitié de l'École italienne.

Chargé seul aujourd'hui de toute l'entreprise, je prends l'engagement avec le public, de donner sans interruption les quatre écoles restantes. Dans l'intervalle des trois ans qui se sont écoulés depuis la publication des deux premières parties, j'ai tellement avancé mon travail, que je suis en état maintenant de montrer tout l'ouvrage prêt pour l'impression. De sorte que par le nouvel arrangement que j'ai pris avec mes libraires, ces écoles pourront paroître en deux ans, tous les six mois une école, composée chacune de deux parties, comme à l'École allemande : malgré cette avance je ne promets l'École italienne qu'à la fin de l'année courante.

En conséquence de cet arrangement la traduction allemande se fera dorénavant d'après les feuilles imprimées de l'original. Le traducteur actuel n'est rien moins que novice dans ce genre de travail : ce traducteur est M. Mar-

… rini l'aîné, parent de M. Rost, et auteur des Catalogues d'estampes composés pour les ventes annuelles exécutées par ce commerce.

J'ose me flatter que les amateurs impartiaux trouveront de la différence en mieux dans cette continuation; du moins je n'ai rien négligé pour donner à l'ouvrage toute la perfection dont il est susceptible. J'ai puisé dans de nouvelles sources, dont une des plus fécondes est l'excellent ouvrage de M. Watelet, complété par M. Levesque, deux hommes initiés dans les secrets de la théorie et de la pratique de l'art. Je parle du Dictionnaire des arts de peinture, de sculpture et de gravure, ouvrage dont on ne sauroit trop recommander la lecture aux amateurs qui veulent prendre de justes notions des différens arts.

Les troubles d'Italie, qui gênent si fort la correspondance avec ses villes, sont causes que je n'ai pu me procurer les notices nécessaires sur les productions des graveurs modernes. J'ai cependant tiré parti sur cet objet de différens voyageurs. Je dois sur-tout à l'amitié de M. de Lama, directeur de la Galerie de Parme, avant la spoliation de ses chef-d'œuvres de peinture, homme d'un commerce aimable et d'un esprit éclairé, des remarques intéressantes sur plusieurs graveurs italiens, tant anciens que modernes. C'est de lui que je sais que le grand ouvrage de M. l'Abbé Zani de Parme n'est rien moins que près de paroître, ouvrage qui devoit contenir jusqu'à huit volumes, et qui n'auroit sans doute rien laissé à désirer sur les arts en général, à en juger par les profondes connoissances du savant compilateur, connoissances qu'il a encore augmentées par ses voyages en Allemagne, à Vienne, à Prague, à Dresde et à Leipzig. En 1789. l'Abbé Zani fit connoître son plan dans un savant prospectus 1), et trois ans après il en publia un autre où il entre dans de nouveaux détails 2). Mais à la fin il s'est vu

1) *Prodromo di un Enciclopedia metodica delle belle Arti spettanti al disegno.* Parma, dolla stamperia reale.
2) *Agli Amatori, Dilettanti, e Professori delle belle Arti.*

Avertissement.

forcé à regret d'abandonner ce projet, les circonstances n'étant pas favorables pour la publication d'un ouvrage si volumineux. C'est une perte pour le public, ami des arts.

C'est encore de M. de LAMA que j'ai appris, que M. MARTINI, aussi PARMESAN, se proposoit de nous dédommager de la perte du livre de son compatriote par un ouvrage conçu sur un nouveau plan et exécuté par un homme, juge très-compétant sur cette matière. M. MARTINI, artiste des plus distingués et amateur très-éclairé, a annoncé dans un prospectus, publié en italien, qu'il alloit publier incessament un ouvrage sur la gravure, dans lequel il traite non-seulement des graveurs des diverses écoles d'Italie, mais aussi de ceux des autres écoles d'Europe. Possesseur d'une immense collection d'estampes qu'il a apporté de France dans sa patrie au commencement de la Révolution française, il se trouve muni d'excellens matériaux pour la construction

l'Autore del Prodromo dell' enciclopedia metodica d'esse belle Arti.

Avertissement.

de son édifice. Avec ces avantages, auxquels il faut ajouter ses liaisons intimes avec les artistes les plus célèbres de Paris et de Londres, où il a fait un long séjour, et où il a laissé des preuves incontestables de ses talens artistiques, avec ces avantages, dis-je, on peut justement préjuger que son livre sera bien accueilli par les amateurs. Je reviendrai à ce sujet à l'article MARTINI.

J'ignore dans ce moment où en est l'auteur avec son livre; mais je ne crains pas que nos ouvrages se fassent tort l'un à l'autre. Bien que nous travaillons sur le même fonds, nous différons de plan et de méthode. Je me flatte de me rencontrer souvent avec l'auteur, à la différence près, qu'il peut, comme artiste, parler plus sciemment que moi de la manœuvre des hommes de son art.

Leipzig au moi de Mai 1799.

ÉCOLE ITALIENNE.

De la Gravure en Italie, depuis son origine jusqu'à nos jours.

Il a été dit à l'article de la gravure en Allemagne que cet art avoit été inventé vers le milieu du quinzième siècle; mais vu la difficulté de débrouiller l'obscurité de son origine, on n'a pas cru possible de lui fixer une époque, ni de lui assigner une patrie. Les Allemands et les Italiens se sont toujours disputés l'honneur de cette invention. Nous croyons qu'il n'y a pas d'inconvénient de laisser cette contestation indécise et de nous en tenir aux rapports du petit nombre d'historiens de cet art: la plus grande gloire sera pour la nation qui y aura le plus excellé.

Vasari, dans la vie de Marc-Antoine, rapporte que Maso-Finiguerra, orfèvre Florentin inventa vers l'an 1460. la gravure au burin, ou, pour parler plus exactement, l'impression des estampes. Il ajoute que cet orfèvre avoit coutume de tirer, en pâte de terre ou en soufre fondu, l'empreinte de ses gravures qu'il exécutoit pour émailler; il remarqua que le noir, qu'étoit resté au fond des tailles, s'imprimoit sur ces pâtes, et lui donnoient des dessins comme faits à la plume. Après nombre d'essais, il trouva que le papier humecté étoit très-propre à recevoir le noir broyé avec de l'huile dont il emplissoit les traits de ses gravures. Il se mit à tirer des épreuves en appliquant son papier humecté sur le métal ainsi préparé et en le frottant avec la plume de la main, ou en y faisant passer un rouleau.

On donne encore une autre origine à cette découverte. On prétend qu'une blanchisseuse posa par hazard du linge humide sur de la vaisselle gravée et préparée comme on vient de dire ; que le linge, par son poids, fit l'office d'une presse, et qu'en le relevant on trouva sur la partie qui avoit touché la gravure une empreinte semblable à un dessin à la plume.

Finiguerra ayant communiqué sa découverte à Baccio Baldini, son confrère, celui-ci se mit à son tour à graver quelques dessins de Sandro Botticello, peintre Florentin. Or ces dessins gravés sont en Italie les premières productions qui méritent de porter le nom d'estampes et dont les artistes sont connus.

Voilà ce que les Italiens rapportent sur l'invention de cet art qu'on appelle proprement la gravure en taille douce, ou au burin, et ils attribuent assez généralement cette découverte à l'Italie. M. de Heinecke, qui a discuté avec impartialité ce point de controverse, croit qu'ils peuvent bien avoir raison s'ils ne parlent que de l'Italie. Il se peut très-bien que les Allemands aient pratiqué depuis long-tems la gravure et que les Italiens l'aient ignoré. Finiguerra a bien pu découvrir cet art à Florence, sans savoir qu'il fût déjà exercé ailleurs a). De-là Vasari étoit dans l'idée que Martin Schoen et Albert Dürer étoient Flamands: il appelle l'un Martin d'Anvers et l'autre Albert d'Anvers, méprise qui a été répétée non seulement par les Italiens, mais aussi par les François et les Anglois, comme d'Argenville dans ses Vies des peintres, et Walpole dans son Catalogue of Engravers.

On ne sauroit assurer avec certitude que les

---

a) La chose est d'autant plus probable, qu'alors la plupart des villes d'Italie n'avoit point ou peu de correspondance avec l'Allemagne.

pièces qui passent pour être de Finiguerra soient véritablement de sa main. Cependant je crois qu'il faut faire une exception à l'égard des vingt-quatre pièces, dont M. Otto, amateur à Leipzig, fit l'acquisition, il y a quelques années. M. de Heinecke, après les avoir examinées attentivement, les a jugées originales. M. l'Abbé Zani de Parme, un des plus grands connoisseurs dans ce genre de curiosité, les a vues et les a jugées de même. Or comme ces morceaux portent véritablement le caractère de la première invention de la gravure au burin et décèlent manifestement les travaux d'un orfèvre Italien, on ne peut se refuser de les attribuer à Maso Finiguerra, comme je le dirai encore ci-après. Nous ne nous étendrons pas ici sur les gravures de Boticello, assez mal exécutées, ni sur celles de Baldini d'une exécution plus soignée, mais à tous égards inférieurs aux ouvrages de Finiguerra. Dans l'édition du Dante, imprimée à Florence, l'an 1481. par Nicholo di Lorenzo della Magna, l'on trouve deux vignettes, l'une pour le premier et l'autre pour le second chant du poëte.

Vasari nous apprend que ces vignettes ont été dessinées par Boticello; mais il nous laisse ignorer s'il les a gravées lui-même, ou si elles l'ont été par Baldini.

Sans nous arrêter à caractériser quatre ou cinq graveurs qui travaillèrent à-peu-près dans le même tems et qui ne contribuèrent en rien aux progrès de l'art, nous ferons mention d'André Mantegna, comme d'un génie de son siècle. Peintre et graveur, il ne s'acquit pas moins de gloire en perfectionnant en Italie la gravure au burin, alors dans son enfance, qu'il s'en étoit acquis par son fameux tableau du Triomphe de Jules César. L'on a de la main de cet habile homme plusieurs estampes dont les planches paroissent avoir été gravées, les unes sur cuivre, les autres sur l'étain. Les estampes de Mantegna, au jugement de Watelet, ne sont pas sans doute d'une manœuvre qu'on puisse maintenant admirer; mais on y voit un commencement de facilité, et elles sont estimables par la correction du dessin.

Tels sont les premiers graveurs au burin en Italie. La gravure en bois, pratiquée plus tard par les Italiens que par les Allemands, paroît avoir été portée dans ce pays par les premiers imprimeurs. En général les livres avec des tailles de bois sont bien moins rares que ceux avec des tailles douces et remontent aussi plus haut. Les Allemands, ayant inventé l'imprimerie la répandirent dans toute l'Europe; ils l'apporterent aussi en Italie, et avec elle la mode d'orner les livres de gravures en bois. Ce fut Ulric Han, natif de Vienne en Autriche, qui imprima à Rome en 1467. un livre latin intitulé: *Meditationes* etc. Ce livre est orné de 34. estampes en bois, dont les figures sont assez bien dessinées pour le tems et dont la gravure vient d'une main déjà exercée dans cet art. A la bibliothèque de la ville de Nuremberg il se trouve un exemplaire de ce livre dont les figures sont enluminées, comme il a déjà été dit à l'article de la gravure en Allemagne.

Dès le quinzième siècle l'Italie, et surtout Venise, a eu des graveurs en bois; mais on ignore de quelle nation étoient ces anciens maîtres. En général les Italiens paroissent avoir été plus soigneux que les Allemands pour conserver la mémoire de leurs graveurs en bois de la fin du quinzième et du commencement du seizième siècle, en les désignant, soit par leurs noms, soit par leurs chiffres. On a donc les tailles de bois d'un Nicolo Vicentino, dit Boldrini, d'un Giuseppe Nicolo Vicentino, surnommé Rossigliano, d'un Dominique Beccafumi, dit Micarino, d'un Balthasar Peruzzi, da Siena, d'un Hugo da Carpi, d'un Antonio da Trento, et encore d'autres. Ce genre de gravure a eu autrefois bien des partisans. L'on prétend même que le Titien s'est amusé à graver en bois; du moins on lui attribue le trait de quelques tailles qu'on trouvera notée à l'article de ce peintre. Du reste cette sorte de gravure la moins agréable à l'œil est fort négligée aujourd'hui; on lui préfère assez généralement les autres manières.

La gravure en bois en fit imaginer une autre, l'art d'imiter en estampes les dessins lavés, ou l'espèce de peinture à une seule couleur que les Italiens appellent Chiaro-scuro, et que les François nomment aussi Camaïeu. Au moyen de cette invention, due au génie industrieux d'Albert Durer, on imprima le passage des ombres aux lumières et on donna une idée de la sorte de peinture que les anciens nommoient Monochrome. En Italie, ce fut Hugo da Carpi qui pratiqua le premier cette maniere de graver; on voit de lui en ce genre de fort belles choses, exécutées d'après les dessins de Raphael et du Parmesan. On n'estime pas moins les morceaux dans le même goût, de Balthasar Peruzzi, de Dominique Beccafumi, et d'Antoine de Trente, ainsi que des Coriolans, père et fils. André Andréani parut peu de tems après, et surpassa ses devanciers. Cet artiste ayant fait l'acquisition d'un grand nombre de planches, faites par différens maîtres, en débita les épreuves sous son nom et avec son chiffre. Les estampes de son fonds sont ordinairement en clair-obscur; mais on en trouve aussi d'une seule planche gravées simplement en bois.

Après ces anciens maîtres, la gravure en bois, ainsi que celle en clair-obscur, resta long-tems négligée en Italie, lorsqu'un amateur célèbre, Antoine-Marie Zanetti, l'y fit revivre avec le plus grand succès vers 1730. On a de sa main, d'après les dessins de Raphael et du Parmesan, une suite assez considérable d'estampes gravées en bois et imprimées en clair-obscur avec trois jusqu'à quatre planches.

Revenons à la gravure au burin. Le premier Italien, qui se signala par un meilleur goût dans l'art de graver, fut Marc-Antoine Raymondi de Bologne, élève de François Francia, peintre de la même ville. Avide de toutes les connoissanes relatives à son art, il devint sous Francia bon dessinateur. On ignore le nom du maitre qui l'a instruit à manier le burin. On présume que ce fut un orfévre; car il commença par graver des garnitures d'argent qu'on portoit alors aux ceintures; et ce ne fut qu'après qu'il entreprit de graver des estampes.

Marc-Antoine, étant allé à Venise, eut occasion de voir et de faire l'acquisition de quelques suites des gravures en bois d'Albert Durer. L'inspection de ces gravures fit sur le jeune artiste le même effet que fit sur Raphael la vue des peintures de Michel-Ange,

Il en sentit d'abord tout le mérite, il en saisit tout l'esprit. Il copia quelques suites, en imitant avec le burin les tailles fortes des originaux, et il les vendit dans toute l'Italie pour des productions du maître allemand dont il avoit contrefait jusqu'au chiffre. Albert Durer, ayant appris à Nuremberg, que Marc-Antoine contrefaisoit ses estampes à Venise et qu'il les vendoit sous son nom, se rendit en cette ville et se plaignit au Sénat du tort qu'il lui faisoit; mais tout ce qu'il put obtenir fut que le graveur Italien ne marqueroit plus ses planches du chiffre de l'artiste Allemand. Ce voyage de Venise a trouvé quelques contradicteurs; mais nous savons aujourd'hui par une lettre de Durer lui-même à son ami Pirkheimer qu'il eut véritablement lieu en 1506, que de Venise il alla à Vérone et qu'il revint dans sa patrie en 1507. Il y en a qui prétendent qu'il entreprit ce voyage bien moins pour terminer son démêlé avec Marc-Antoine que pour se soustraire à l'humeur accariâtre de sa méchante femme.

Marc-Antoine, en quittant Venise, se rendit à Rome, où il eut l'avantage de se faire connoître de Raphael, et bientôt son génie se développa. C'est alors qu'il grava, d'après les dessins de ce grand maître, ces belles planches qui seront toujours recherchées des vrais connoisseurs. Et qui pouvoit mieux réussir que lui? Raphael, à ce qu'on assure, traçoit lui-même les contours sur sa planche. Aussi trouve-t-on dans ses estampes une si grande pureté de dessin, une telle précision de contour, qu'il n'y manque, pour en faire des chefs-d'œuvres, qu'un burin plus large et plus nourri, et cet effet de clair-obscur qu'on admire dans les pièces de Rubens.

Marc-Antoine, à sa mort, laissa quelques éleves, dont les curieux recherchent avec raison les estampes, bien qu'elles n'égalent pas celles de leur maître. De ce nombre sont Augustin de Venise, Marc de Ravenne et Jules Bonasone, dit Bolognese. Parmi tous les éleves de Marc-Antoine, Augustin est celui qui a montré le plus de talens, et dont l'œuvre est le plus difficile à complettet. Marc de Ravenne, ou, comme l'appellent les Italiens, Marco Ravignano, est inférieur à Augustin de Venise qui a un burin plus ferme et qui montre en général une plus grande intelligence dans le maniment de l'outil. Le chiffre de ce graveur, formé de deux différentes manieres, à donné lieu à une méprise qui vient originairement de l'Abbé de Marolles. Trompé par le double chiffre de l'artiste, le savant amateur fait deux graveurs d'un seul, un Silvestre de Ravenne et un Marc de Ravenne, comme je le dirai plus en détail ci-après. Jules Bonasone suivit dans sa manœuvre la maniere de son maître. Il travailla d'après les grands peintres de son tems et d'après ses propres inventions; les figures de ses compositions sont rendues avec beaucoup de goût et offrent des attitudes gracieuses, mais souvent manièrées.

L'école de Marc-Antoine n'étoit gueres moins fameuse pour les graveurs que celle de Raphael pour les peintres. De toutes parts les jeunes disciples accouroient à Rome pour travailler sous la direction d'un maitre, dirigé lui même par le grand Raphael. De ce nombre furent quelques artistes Allemands, tels qu Bartholemé Beham, Jacob Bink, et Grégoire Peins, plus connu sous le nom de George Pentz.

Après Marc-Antoine et ses éleves, vinrent Enéas Viccus, Jacques Caralius et Martin Rota, grands dessinateurs et habiles graveurs. Ces artistes ajouterent de nouveaux degrés de perfections à la gravure par des travaux plus hardis et par une manœuvre plus variée ; ce qu'ils ont prouvé, le premier par sa Conversion de St. Paul, d'après Fr. Salviati, le second par son Enlèvement des Sabines, d'après le Rosso, et le troisième par son Jugement dernier, d'après Michel-Ange. Rota se distingua de ses devanciers par une plus grande délicatesse de burin, ce qu'il a fait voir sur-tout par quelques pièces de sa composition, tels que ses deux Jugemens derniers, et ses deux Résurrections, dont l'une est gravée avec une extrême finesse et l'autre avec une grande force et des tailles plus larges.

Les Ghisi de Mantoue, Jean Baptiste, dit le Mantouan, peintre et graveur, et George Ghisi, son fils, ainsi que Diane de Mantoue, fille de George, occupent un des premiers rangs parmi les graveurs en grand et méritent de faire époque dans l'art, du moins pour l'Italie. Les vrais connoisseurs doivent à leur savante gravure la possession des grandes compositions de Michel-Ange, de Raphaël, de Jules-Romain et de plusieurs autres grands maîtres. George sur-tout, dessinateur correct, sut varier ses travaux suivant les plans et suivant les objets. Son estampe de la Naissance de Memnon est de l'année 1560. quatorze ans après la mort de Marc-Antoine. On est étonné que dans un tems aussi court l'art ait fait tant de progrès.

Ce fut aussi vers ce tems que parut en Italie Corneille Cort, graveur hollandois. S'étant établi à Rome, il y traita la gravure en grand. Elle ne connoissoit guères encore que des travaux serrés propres aux estampes de moindres proportions. Il est le premier qui ait employé des tailles larges et nourries; il a trouvé le premier un bon grain de travaux pour les draperies et a bien traité le paysage au burin. On n'avoit pas encore le secret de donner de la couleur à la gravure; il ne sera trouvé dans toute son étendue que

par

par les artistes qui travaillerent sous les yeux et la direction de Rubens.

Le bon goût de gravure de Corneille Cort plut tellement à Augustin Carrache, qu'il voulut être son disciple, et en peu de tems il fit de si grands progrès qu'il surpassa son maître. Augustin a traité ses estampes d'une manière si savante, qu'on ne sait ce que l'on y doit le plus admirer, ou la correction du dessin, ou la beauté du travail. Il a surtout rendu avec la plus grande perfection les extrêmités de ses figures. Enfin, ses estampes sont d'excellentes études de gravure et de dessin, dignes de servir de modèles aux artistes. Son grand St. Jérôme, pièce de sa composition, semble prouver qu'il grayoit du premier coup. J'ai possédé deux épreuves de cette estampe, l'une où les parties principales se trouvent terminées, et où les autres ne sont indiquées que par un trait léger ; l'autre épreuve se voit avec toutes les parties achevées.

Augustin Carrache a eu la gloire de former un excellent éleve, François Villamene, dessinateur et graveur au burin. Etabli à Rome, il y grava nombre de pièces d'après plusieurs maîtres d'Italie et une grande quantité de sujets de sa composition. On trouve dans ses estampes une belle coupe de cuivre, une extrême liberté de tailles, et en général une grande facilité de manœuvre, facilité dont il a quelquefois abusé. On désireroit que son dessin fût plus correct et que les contours de ses figures fussent moins maniérées.

La même remarque a lieu par rapport à Chérubin Albert, dessinateur et graveur de Borgo San Sepolcro, de qui l'œuvre est très-considérable. Cet artiste, sans avoir étendu la sphere de la gravure, mérite la reconnoissance des amateurs pour avoir conservé par ses estampes les belles frises que Polidore de Caravage avoit peintes sur des façades de maisons que le tems a détruites. Outre ces pièces, il en a gravé encore un grand nombre d'autres, tant de sa composition que de celle des plus fameux maîtres d'Italie.

Corneille Cort ne fut pas le seul artiste étranger qui fit le voyage d'Italie pour se perfectionner dans son art et qui influa sur la gravure des Italiens. Les frères Sadeler, Jean et Raphael, firent le même voyage, dans la même intention. Ils perdirent dans cette patrie des arts une certaine sécheresse qui entroit dans leur première manière. Aujourd'hui on recherche avec raison quelques-unes de leurs estampes; mais on y met du choix, attendu que leurs ouvrages sont très-nombreux et inégaux en mérite. Ces deux bons graveurs furent cependant surpassés de leur vivant; il est vrai, ce fut par leur éleve et leur neveu, Giles Sadeler. Cet artiste, qui a joui d'une grande réputation, gravoit du burin le plus fin, quand le sujet paroissoit l'exiger, et du burin le plus large dans ses grands sujets historiques.

Après les Sadeler, Henri Goltzius passa aussi en Italie. A Rome il étudia Raphael et l'Antique, sans perdre une manière barbare que quelques étrangers s'étoient faite: ils prétendoient imiter Michel-Ange, et ils n'imitoient que Spranger et son école. Corneille Cort et Augustin Carrache avoient donné plus de largeur aux travaux de la gravure, et Goltzius leur donna plus de mouvement.

Corneille Bloemaert se rendit plus tard

en Italie et influa pour sa part sur la gravure dans ce pays. Il se signala par la beauté de son burin, par le talent encore inconnu de ménager une dégradation insensible de la lumière aux ombres et par la variété des tons suivant la différence des plans. Bloemaert, avant de passer en Italie, s'étoit arrêté en France, où plusieurs graveurs l'avoient pris pour modèle. Il a beaucoup gravé à Rome, et sur-tout à Florence, d'après les peintures de Pieter de Cortone.

Nous ne ferons pas de mention particulière d'un grand nombre d'autres graveurs, soit Flamands, soit François ou Allemands, qui se sont singulièrement distingués en Italie; mais nous ne passerons pas sous silence Joseph Wagner, de ce siècle, natif de Thalendorf près de Constance, et établi à Venise, où son école de gravure jouit d'une grande réputation. Les estampes de ce graveur sont remarquables par des tailles croisées en lozange; par une manière agréable, large et moëlleuse. Cependant la plus grande gloire de Wagner est d'avoir formé à la gravure François Bartolozzi et Jean Volpato, deux des plus habiles graveurs de nos tems. Ces deux derniers ont encore mieux rempli que leur maître les demandes des connoisseurs, en joignant à la beauté de leur burin la couleur de leurs originaux.

Quant à la gravure à l'eau-forte, dont Albert Durer est aussi l'inventeur, les peintres d'Italie en ont su tirer le plus grand parti. Le Parmesan, à qui les Italiens attribuent cette découverte, avoit long-tems fait exécuter de ses dessins en bois et en clair-obscur; mais il abandonna ce genre pour la nouvelle maniere, et saisit avec ardeur les procédés de l'eau forte, plus analogue à son génie. Cette découverte fut adoptée de même par un grand nombre d'autres peintres Italiens qui, impatiens de produire leurs pensées sur le cuivre, eurent recours à cette maniere, voyant d'ailleurs l'impossibilité de rendre avec des tailles ces touches spirituelles que l'eau forte seule peut enfanter.

Outre le Parmesan, on compte encore parmi les peintres qui ont opéré avec la pointe, le Baroche, Palme le jeune, tous les Carraches, le Guide, Lanfranc, le Guerchin, l'Espagnolet, Cantarini, Salvator Rosa, Carle Maratte, et une infinité d'autres. Ces pieces très-recherchées des artistes et des connoisseurs, sont généralement d'une exécution qui décele la hardiesse, l'esprit et le goût de l'artiste: elles sont presque toujours le fruit d'un savoir consommé dans l'art du dessin. Cependant pour sentir tout le mérite de ces pieces, il faut être déjà initié dans les secrets de l'art, ou du moins en connoître les premiers élémens. Aussi se trouve-t-il sur cet article bien des admirateurs sur parole; aussi rencontre-t-on bien des amateurs qui ne recherchent les eaux fortes avec tant d'empressement que pour se donner l'air de grands connoisseurs. Il en est même qui affectent tellement le goût de l'exclusion, qu'ils préfèrent une eau forte ordinaire à la plus belle gravure au burin. Le caprice s'en mêle aussi quelquefois: Mariette et le Comte de Caylus affectoient de ne faire cas que des esquisses.

En parlant de la gravure à l'eau forte chez les Italiens, je ferai une mention particuliere de trois artistes, qui ont chacun son caractere, Stéfan della Bella, qu'on appelle en France la Belle, Benedette Castiglione et Pietro Sante Bartoli. La Belle passe pour un modele de perfection dans la gravure en petit, et bien des connoisseurs le préfèrent même à Callot à cause de la gentillesse de son travail. Sa maniere ingénieuse est composée de petites tailles courtes et mêlées qui font un effet admirable. Le Castiglione, habile peintre Génois, a gravé à la pointe une cinquantaine d'estampes remplies de goût et d'esprit. Cet artiste, et comme peintre et comme graveur, est à l'Italie, ce que Rembrandt est à la Hollande. Dans la plupart de ses estampes, la partie du clair-obscur n'est pas moins bien entendue que dans ses tableaux. Bartoli est célèbre par ses dessins d'après l'antique et ses nombreux ouvrages à l'eau forte. Considéré comme dessinateur et graveur des monumens de l'ancienne Rome, il est préférable à Perrier. Aussi Winkelmann conseille-t-il de se servir des estampes de Bartoli pour faire connoître aux jeunes gens le beau, soit de l'Antique, soit de Raphael. Nous reviendrons ci-après sur ces trois habiles artistes en spécifiant leurs ouvrages.

On se réserve de caracteriser à leurs articles les peintres et dessinateurs qui ont gravé eux-mêmes leurs productions, d'après lesquels on a peu ou point gravé. Tels sont les Campagnolas, Jean-Baptiste Franco, Jean-Baptiste Fontana, Paul Farinati, Horace Borgiani, Antoine Tempesta, Pietro Testa et quelques autres.

Parmi les graveurs Italiens de ces derniers tems, il y en a qui se sont fait une maniere particuliere: tels sont entr'autres Marc Pitteri et Jean-Baptiste Pitteri. Le premier n'a employé dans ses estampes que des tailles courtes et interrompues par d'autres travaux. Par cette manœuvre singuliere il a produit des morceaux qui ne manquent ni de vérité ni de couleur. Le second, habile dessinateur d'architecture et de ruines, est un des graveurs le plus pittoresque du siecle. Il a gravé dans le plus grand goût l'architecture ruinee, ou conservée. Ses ouvrages sont très-nombreux et très-justement estimés.

Tel est sommairement l'etat de la gravure en tIalie depuis sa naissance jusques à nos jours. On a fait la remarque qu'en général les

Italiens, plein de feu, n'ont pas assez de flegme pour suivre à pas lents un art aussi ennemi de la précipitation que la gravure au burin. Aussi chercheroit-on vainement des exemples chez leurs graveurs de cette variété de travaux, de cette beauté d'éxécution dont les François, les Flamands, les Allemands, et plus récemment les Anglois, ont donné de si beaux modèles. Pour prouver cette assertion il suffira de nommer les principaux graveurs de portraits, genre où un beau burin est à sa place, comme un Nanteuil, un Masson, un Drevet, un Edelink, un Pitau, un Schmidt, un Wille, un Strange, un Sharp. Cependant Raphael Morghen mérite un exception honorable, par ses deux superbes portraits de François Duc d'Ossone à cheval, d'après Van-Dyck, et de la Famille de Mylord Spenzer, d'après Angelique Kauffmann. De-là les grands peintres Italiens, sur-tout les grands coloristes, rendus par la gravure, soutiennent souvent mal leur réputation. Qui ne jugeroit de l'école Italienne que par les estampes gravées par des Italiens la mettroit fort au dessous des écoles Françoise et Flamande. Que seroit-ce donc si l'on en retiroit les pieces gravées par les artistes des autres pays?

Présentement l'Italie possède plusieurs graveurs qui se sont fait connoître par des ouvrages estimables. Et Rome, à cet égard, conserve toujours la prééminence sur les autres villes distinguées par l'état florissant de ses arts. Ce que la gravure Romaine de nos jours a produit de plus marqué, est un Recueil de quarante estampes gravées sous la direction de Gavin Hamilton, peintre Anglois, et publié à Rome en 1771. sous le titre: *Schola italica Picturae sive selectae quaedam summorum e Schola italica Pictorum tabulae et incisae cura et impensis Gavini Hamilton Pictoris Romae.* — Ce Recueil, bien supérieur à ce qui s'est fait plus anciennement en ce genre dans d'autres villes d'Italie, comme à Naples, à Florence, à Venise &c. fait honneur au directeur, et par le choix des graveurs et par le goût de l'exécution. Les graveurs du Recueil en question sont: Joseph Perini, Dominique Cunego, Antoine Capellan, Jean Volpato, Angelique Campanella, Camille Tinti et quelques autres.

Depuis cette époque la gravure se soutenoit avec éclat à Rome. Une compagnie de riches amateurs avoit conçu l'idée de faire graver tous les beaux tableaux qui se trouvent dans cette capitale des arts, et ce projet a été couronné du plus heureux succès. Déjà le public jouit des pieces capitales d'après Raphael, le Dominiquin, le Guerchin, Lanfranc, le Guide, le Poussin &c. gravées par les plus habiles artistes de nos jours, parmi lesquels nous nommerons préférablement Jean Volpato, Raphael Morghen, son éleve et son gendre (un des plus gracieux burinistes), Dominique Cunego, Jean Ottaviani, François Pozzi, et quelques autres. — Il est triste de penser que ces travaux se trouvent interrompus maintenant par la fatale guerre qui a laissé des traces de ses ravages dans la plupart des villes. Au milieu de ce bouleversement révolutionaire de toute l'Italie, les ouvrages les plus marqués de l'art ont été enlevés des lieux publics et privés, ont été transportés hors du pays: il est peu de villes qui ne regrette quelques-uns de ses chef-d'œuvres; et c'est sur-tout Rome qui en a le plus sujet. De toutes part les artistes desœuvrés sont là, mais les arts manquent de protecteurs. Un des plus zélés étoit sans contredit le Pape Pie VI. qui a toujours si bien mérité des beaux-arts soit par son augmentation du Museum Clementinum au Vatican, soit par ses encouragemens de toutes les entreprises relatives à ces objets. Cette gloire, sur laquelle la fortune n'a point de prise, lui restera. D'ailleurs ce Pape, distingué par mille qualités aimables, nous offre aujourd'hui un tableau frappant des vicissitudes des choses humaines. Illustre fugitif sur le declin de ses jours, il excite encore notre admiration par sa patience dans le malheur, par sa résignation dans l'adversité. Puissent les arts consolateurs le distraire des ses ennuis accablans! Puisse enfin la paix, qui est le vœu universel de la saine partie des nations, ramener la concorde parmi les peuples et établir un ordre de choses plus transquilisant pour l'humanité en général!

Caractere

des principaux Graveurs Italiens.

Avec un Catalogue raisonné de leurs meilleurs ouvrages.

Maso, ou Thomas Finiguerra, orfèvre, ciseleur et un des premiers inventeurs de la gravure au burin en Italie, naquit à Florence vers 1424. et mourut âgé dans la même ville. Il passe pour avoir été disciple de Thomas Massaccio. Baccio Bandinelli, dans une de ses lettres qui se trouve dans la premiere partie des *Lettere pittoriche*, dit que Maso a travaillé avec Antoine Pollajuolo et d'autres maîtres ses contemporains aux fameuses portes de métal de l'église de St. Jean à Florence. Et Vasari nous apprend que de l'an 1450. il avait gravé très-artistement sur une patêne d'argent de petites figures de la passion; fait prouvé par un document de cette église, suivant une lettre de M. Gabuori à

M. Mariette. Nous avons vu ci-devant, comme quoi les Italiens attribuent à Finiguerra l'invention de la gravure, et par quels procédés il y étoit parvenu. Sans nous appesantir sur ce sujet qui n'est guere possible d'éclaircir d'une maniere satisfaisante, nous remarquerons encore qu'on ne sauroit assûrer avec certitude que les pieces qui passent pour être de Finiguerra soient véritablement de lui: les Cabinets les plus fameux de l'Europe n'en peuvent produire aucune, à laquelle on ne puisse contester l'originalité. Cependant un de mes amis de Leipzig, M. Otto, possesseur d'un précieux Cabinet d'estampes et de tableaux, possède vingt-quatre pieces des premiers tems de la gravure, toutes productions d'un orfèvre Italien. M. de Heinecke, qui les a examinées attentivement comme nous l'avons déjà dit, les juge originales. Ce qui donne un haut dégré de vraisemblance à la chose, c'est qu'elles viennent de la Collection du célèbre Baron de Stosch qui avait fait un si long séjour à Florence et qui étoit si avide de tout ce qui concernoit les productions des arts. Nous allons donner une nouvelle description de ces pieces. Du reste nous croyons d'après leur examen, que si les gravures des Allemands de ce tems sont supérieures à celles des Italiens pour le maniement de l'outil, en revanche celles-ci l'emportent infiniment pour la tournure des figures et pour le goût de leur ajustement. Voici la spécification de ces pieces :

1. Une femme presque nue et couchée à terre, peut-être Vénus; audessus d'elle une banderole, sur laquelle on lit: *Amor vuol fe e dove fe nonn e, amor non puo*; sujet qui paroît avoir été gravé sur une boête ovale. La même inscription se trouve au No. 17. in-8. en t.

2. Une jeune femme et un jeune homme servant de support à un rond aux armes de Médicis. Ce rond a pour base un vase de fleurs et se trouve surmonté d'une corbeille pleine de pommes, dont chaque figure en tient une en l'air. La femme est drappée à la grecque et porte deux ceinturons. Ce sujet paroît avoir été gravé sur le couvercle d'une boête ronde. 4. p. 6 l. de diamètre.

3. Rond avec une large bordure composée de huit paquets de fruits liés ensemble; au milieu un gros jeune homme en demi-figure, la tête ornée de pampres; sur son épaule un petit perroquet, et entre ses mains une guitarre dont il joue. 0 p. 9 l. de diamètre.

4. Autre rond, où se voit un Cupidon nud dans l'adolescence, les yeux bandés et les aîles étendues; il a les mains attachées avec des cordes par dessus sa tête à un arbre, ainsi que les pieds et le milieu du corps. De chaque côté il y a deux femmes ajustées magnifiquement à la mode du tems : la premiere à droite le menace avec

une pantoufle; la seconde avec deux flèches et un arc brisé; la troisieme, du côté opposé, tient un carquois et le ménace avec un devidoir; la quatrieme s'avance avec un conteau. 7 p. de diametre.

5. Autre rond, où se voit le même Cupidon, les yeux bandés et les aîles étendues mais les mains attachées derriere le dos. Aussi de chaque coté deux femmes; la premiere saisit une de ses aîles, la seconde le tire par la corde qui tient son carquois, et le ménace avec un battoir; la troisieme leve contre lui une grande épée, et la quatrieme tient des ciseaux. 6 p. 2 l. de diametre.

6. Autre rond, entouré d'un ornement de feuillage dans lequel il se trouve huit ovales et dans chacun un Amour qui joue de quelque instrument; petites figures d'une jolie tournure et d'une fine exécution. Au milieu dans un rond deux têtes de caractere en profil, un homme et une femme qui se regardent; au dessus une bandelette sur laquelle est écrit à la main; *Dammi conforto*. 6 p. 9 l. de diametre.

7. Autre rond entouré d'une bordure de feuillage, dans laquelle il y a six ovales en hauteur, et dans chacun un Amour qui joue d'un instrument, comme dans le morceau précédent. Au bas un autre ovale en largeur où l'on voit deux figures couchées à terre, une femme nue et un homme qui lui présente un œillet. Dans le rond du milieu se voit un Cavalier et une Dame élégante qui forment une danse. Pièce de 7 p. 6 l. de diametre.

8. Autre rond avec une bordure formée de fruits entrelacés. Le milieu représente un Paysage dans lequel on voit un ours attaqué par cinq gros chiens. En haut entre deux orangers il se trouve deux cartouches vuides sur lesquels les boules des armes de Médicis sont tracées avec la plume et de l'encre, comme au No. 2. Pièce de 7 p. 6 l. de diametre.

9. Autre

9. Autre rond dans une petite bordure. La scène représente un Jardin où se voit sur le devant un cavalier qui joue de la guitarre, assis à côté d'une dame parée, tenant d'une main une guirlande et de l'autre une rose; sa robe est brodée de pommes de grenade. Entre ces deux figures une dame debout joue d'une petite harpe, et en haut contre un espalier on apperçoit deux amants qui se font des caresses. A droite on voit une table dressée avec des fruits et une grande coupe. 6 p. 2 l. de diamètre.

10. Autre rond dans une petite bordure de feuillage. Le dedans présente un Visage monstrueux vue de face, avec de gros yeux et les deux mains, ouvrant tellement la bouche avec deux de ses doigts qu'on lui voit toutes ses dents. 6 p. 8 l. de diamètre.

11. Autre rond, où se voit dans une bordure de lauriers un Cartouche vide, et à chaque côté un médaillon, aussi dans des bordures de lauriers, attachées par des rubans à celle du milieu. Le medaillon à droite offre le buste d'un homme vu de profil, tenant dans sa main une fleur. Le médaillon à gauche présente une dame vue de face. En haut un chien attaque un cerf, et un lièvre s'enfuit; en bas un chien arrête un sanglier, et un autre chien éventre un lièvre. 5 p. 8 l. de diamètre.

12. Autre rond, où se voit une Dame, assise au milieu d'un paysage, la tête surmontée d'une haute guirlande de fleurs, et tenant entre ses genoux une licorne, qu'elle caresse de la main gauche, tandis qu'elle tient dans sa main droite un collier pour le mettre au cou de l'animal et l'attacher au tronc d'un arbre qui est derriere elle. A ses pieds est un petit chien, et à chaque côté un arbre auquel est apendu un cartouche vide. 5 p. 10 l. de diamètre.

13. Autre rond, où se voit Judith debout ajustée à l'antique, tenant de la main gauche la tête d'Holoferne, et de la droite un énorme sabre élevé par dessus sa tête. Le corps du Général ennemi est étendu à terre derriere elle. De chaque côté il y a un arbre, au tronc de l'un est attaché un cartouche vuide. 5 p. de diamètre.

14. Autre rond, et à peu près le même sujet, savoir, Judith debout, tenant la tête d'Holoferne d'une main et son grand sabre de l'autre, mais la pointe baissée ; elle est richement drapée et porte une couronne en tête. Derriere elle le corps mort est étendu à terre. 4 p. 11 l. de diamètre.

15. Autre rond, où l'on voit un Cavalier et une Dame se promener dans un paysage, orné de trois ciprès, et sur le devant un jeune homme qui joue du chalumeau et du tambourin. 5 p. 3 l. de diamètre.

16. Autre rond, dont le milieu offre un espace vide pour une armoirie. A gauche il y a un jeune guerrier qui tient une bandelette de la main gauche où est écrit : *Gianson*. De la main droite il soutient un grand vase d'ornement avec une jeune femme drapée à la grecque, et placée à l'opposite, tenant de la main une bandelette sur laquelle est écrit : *Medea*. En bas est un petit belier. Pièce qui peut être appellée : Jason et Médée. 5 p. 6 l. de diamètre.

17. Autre rond, où se voit sur la gauche de la planche un Cavalier debout sur un quartier de rocher tenant de la main droite une bandelette avec ces mots : *Amor puol fé, e dove fé nome*, et soutenant une sphere, conjointement avec une Femme, drapée à l'antique et placée à l'opposite, sur une roche; elle tient pareillement une bandelette avec ces mots : *Amor non puo*. Une tête de cherubin sert d'appui au rond du milieu qui est vide. 5 p. 5 l. de diamètre.

18. Autre rond ; au milieu un globe vide pour des armoiries. A gauche on voit une jeune Dame et à droite un jeune Cavalier qui soutiennent une couronne de laurier par dessus le globe. En haut voltige un Amour qui décoche une flèche sur le cavalier, et en bas est un chien qui dort sur l'herbe. 4 p. 5 l. de diamètre.

19. Autre rond, où se voit un Homme les bras et les mains attachés à un arbre, et une Femme qui lui montre le cœur qu'elle vient de lui arracher ; de chaque côté un écusson attaché à des arbres. 3 p. 8 l. de diamètre.

20. Autre rond, où se voit un Ange gardien, avec de grandes ailes etendues, en habit pontifical et avec le mitre, conduisant un enfant par la main, dans un paysage. 3 p. 8 l. de diamètre.

21. Une pièce en ovale et en largeur, de 7 p. 9 l. de large, sur 3 p. 9 l. de haut. Deux Amours tiennent par de grands rubans une bordure ronde formée de fruits et de feuillages, au milieu de laquelle est un petit Cupidon debout, les yeux bandés et les ailes déployées, tenant d'une main son arc et de l'autre une flèche.

22. Autre pièce en ovale et en largeur, de 8 p. 8 l. de large sur 3 p. 9 l. de haut. Espece de Bacchanale, où se voit au milieu un char surmonté, d'un trophée de gabions qui lancent du feu, et traîné par des Amours, dont les uns jouent divers instrumens, les autres portent des flambeaux. La marche est ouverte par un Amour qui porte un drapeau à flammes sur lequel est écrit: PVRITA, et elle est terminée par un autre Amour portant un drapeau semblable sur lequel on lit: *Al fuogedil.*

23. Autre pièce en ovale et en largeur, de 6 p. 11 l. de large et de 2 p. 2 l. de haut, representant deux Femmes assises dans un paysage et élégamment ajustées,

soutenant une bordure formée de deux cornes d'abondance. Le rond du milieu est vide. Belle épreuve.

24. Autre piece en ovale et en largeur, de 6 p. 3 l. de large, sur 2 p. 8 l. de haut ; représentant deux Hommes de guerre, avec un genou en terre, qui soutiennent un écusson octogène, où on voit une femme drapée à l'antique et les mains élevées au ciel.

Toutes ces pièces sont généralement belles d'épreuve et d'une bonne conservation.

Antoine Pollajuolo, orfèvre, ciseleur, peintre et graveur au burin, naquit à Florence en 1426. et mourut dans la même ville en 1498. Il apprit l'orfèvrerie de Bartolucci, et fut renommé dans son tems comme bon metteur en œuvre, habile fondeur de petites figures et ingénieux ciseleur de précieux basrelief. Cet homme industrieux travailla sous la direction de Laurent Ghiberti aux portes de métal de l'église de St. Jean à Florence. Il exécuta ensuite le tombeau du Pape Sixte IV. placé d'abord dans la chapelle de ce nom, et érigé ensuite, par ordre du Pape Urbain VIII. à l'église de St. Pierre. Il fit pour la même église le tombeau du Pape Innocent VIII. deux monumens exécutés en bronze. Pour la peinture il l'avoit apprise de son frere

Pierre, et il avoit pratiqué cet art jusqu'à sa mort. On trouve dans ses figures de belles tournures, et il entendoit mieux l'anatomie que ses contemporains et surtout ses prédécesseurs. On lui attribue le plan du palais de Belvédere, fait par ordre du Pape Innocent VIII. qui le fit exécuter par un autre Architecte. Contemporain de Finiguerra, un des grands mérites de Pollajuolo fut d'avoir ajouté de nouvelles perfections à la gravure au burin, déjà exercée en Allemagne et en Italie. On connoit de lui les pieces suivantes:

1. Hercule étouffant Anthée. In-8.
2. Hercule emportant un colonne corinthienne. De même.
3. Combat de dix hommes nuds à coup d'épée, le fond représentant une forêt; très-grande piece en travers.
4. Sainte Famille, où se voit la Vierge assise avec l'enfant Jésus, à gauche est la Ste. Elisabeth, avec le petit St. Jean qui présente à l'enfant un gâteau, à droite St. Joseph appuyé sur son bâton. Piece in-fol.

Baccio Baldini, orfèvre et graveur au burin, naquit à Florence vers 1436. et mourut dans la même ville vers 1480. Vasari avance qu'il avoit appris la gravure de Maso Finiguerra et qu'il travailloit d'après les dessins de Sandro Boticello. Du reste l'histoire de cet ancien graveur est aussi embrouillée que celle de tous ses contemporains. Ce qu'on sait de plus positif est qu'il a gravé les 19. vignettes petit in-fol. en travers, pour l'Enfer du Dante. A l'article suivant de Boticello on trouvera encore quelques morceaux de Baldini. Nous nous contenterons de donner ici la description de huit pièces de ces vignettes.

1. Le Dante poursuivi par un loup à l'entrée d'un bois où il y a trois figures, dont celle qu'on prend pour Virgile. Chant I.

M. de Heinecke, dans son *Idée générale d'une Collection complette d'Estampes*, à fait copier exactement ce morceau et le suivant. V. P. 142.

2. Beatrix apparoît au Dante et à Virgile, qui se trouvent deux fois sur la même planche.
3. Le chemin de l'Enfer. *Per me si vada.*
4. Un Edifice à six portes en forme de tours, environné d'un fleuve.
5. Deux Tours. Un Diable entre par la porte de la premiere, et près de l'autre sont les deux Poëtes.
6. Les mêmes Tours, mais au lieu du Diable on en voit sortir un Ange.
7. Un Lac enflammé, et le Dante qui saisit une Ame par les cheveux pour la tirer du lac.
8. La Fraude, monstre avec un visage humain et une queue de dragon, parle au Dante, tandis que Virgile est assis sur le dos du monstre.

S. BOTICELLO.

M. Strutt a gravé ce morceau dans la manière pointillée et l'a inséré dans son *Biographical Dictionnary of Engraver.* V. T. I. Tab. VII.

SANDRO, ou ALEXANDRE BOTICELLO, dit Filipepi, orfèvre, peintre et graveur au burin, naquit à Florence en 1437. et mourut dans la même ville en 1515. Il avoit été placé dans sa jeunesse chez un orfèvre et ensuite chez le peintre Lippi. Il s'étoit acquis quelque réputation par ses tableaux, mais encore plus par ses dessins qui furent fort recherchés de son tems, même par les artistes. A l'exemple de Finiguerra, Boticello manioit aussi le burin; mais voyant que ce n'étoit pas là son fait, il laissa le soin à Baldini de graver ses dessins. C'est donc celui-ci qui fit les vignettes pour le poëme de l'Enfer du Dante, imprimé à Florence par Nicolo di Lorenzo della Magna en 1491. Heinecke, à l'article de Boticello, cite un grand nombre de pièces, sans affirmer de qui elles sont pour la gravure, ou de Boticello, ou de Baldini. Vasari cite une estampe de la main de Sandro, ayant pour titre: *Le triomphe de la foi de Fra Girolamo Savanarola,* et il ajoute que c'est la meilleure de toutes celles qu'il a gravées lui-même.

1. Saint-Jérôme à genoux étendant sa main droite vers un crucifix au bout d'un long bâton. in-8. en t.
2. St. Sébastien, avec la Vierge et les inscriptions : *O Mater dei, memento mei. — O beate Zebastiano.* in-4.
3. Les Sibylles, 12 pièces, avec des rouleaux sur lesquels il y a des sentences, et au bas 8. vers italiens.
4. Les sept Planetes, 7. pièces, gr. in-fol., de riche composition, et au bas de l'estampe une grande inscription italienne, relative à la planete représentée.

M. Strutt, dans son *Biographical Dictionary*, Tab. III. Tome I. a donné une copie de la Planete de Vénus, propre à se former une idée des originaux.

5. Le Triomphe de Paul Emile, avec cette inscription placée sur un médaillon : *Paulo Emilio Aug.* in-fol. en t.
6. Les Vices et les Passions, avec l'Innocence et la Vérité; sous chaque figure le nom en italien. gr. in-fol. en t.
7. Le Sauveur élevé dans une gloire d'Anges, accompagnés de Prophètes et de Saints; en bas à droite les Elus et à gauche les Damnés; plus loin l'Enfer avec les sept Péchés mortels, désignés par leurs noms. gr. in-fol. en t.

V. les articles de ces deux anciens graveurs dans le *Dictionnaire des Artistes de Heinecke*.

ANDRÉ MANTEGNA, peintre et graveur au burin, naquit dans un village près de Mantoue en 1451. et mourut en 1517. à Padoue, où l'on voit son tombeau décoré de son buste en bronze dans l'église de St. André. Né dans l'indigence, il fut réduit dans sa première jeunesse à garder les troupeaux; mais doué par la nature d'un heureux génie pour les arts d'imitation, il employoit tout son loisir à dessiner les objets qui frappoient sa vue. François Squarcione, ce protecteur éclairé des arts, surnommé le père des peintres, eut occasion de connoître les dispositions du jeune pâtre pour la peinture, se chargea de son instruction, et le prit tellement en affection, qu'il l'institua son héritier. Jeune encore, il fit pour l'église de Ste. Sophie de Padoue un tableau d'autel et d'autres peintures qui établirent solidement sa réputation. Jean Bellin de Venise admira la capacité de Mantegna et lui donna sa fille en mariage. Le Duc de Mantoue le combla de bienfaits et le créa Chevalier, en récompense de l'excellent morceau de peinture connu sous le nom de *Triomphe de Jules-César*. Il fut appellé par le Pape Innocent VIII. à Rome, où il exécuta plusieurs grands ouvrages. Les connoisseurs admirent dans ses tableaux, qui sont dans le chœur de l'église de Ste. Justine de Padoue, une judicieuse ordonnance, une excellente harmonie, et une rare connoissance de la perspective et des racourcis. Dans une chapelle de la même église on voit de lui un tableau d'un coloris plein de vivacité. Pour achever son éloge, nous ne devons pas passer sous silence, qu'il a le mérite d'avoir eu le Correge pour disciple.

Mantegna n'acquit pas moins de gloire en contribuant pour sa part au perfectionnement de la gravure au burin qui étoit encore dans son enfance. Contemporain de Pollajuolo, il se pourroit qu'il eut pris quelques instructions de ce dernier; ce qu'il y a de certain, est que leur manière se ressemble. Il a gravé un assez bon nombre de ses inventions, dont les planches paroissent avoir été exécutées sur différens métaux, les unes sur cuivre, et d'autres sur l'étain. On remarque dans ses estampes, comme dans ses tableaux, des contours décidés et la noble simplicité de l'école romaine; mais aussi bien des attitudes forcées et des travaux desagréables. Le Professeur Christ rapporte son monogramme; d'ailleurs plusieurs de ses pièces ne portent point d'autres marques, qu'une tablette, assez semblable à celle dont Marc-Antoine a désigné la plupart de ses pièces. Voici son chiffre MF.

1. La Vierge assise tenant l'enfant Jésus dans ses bras. in-fol.

M. Strutt, possesseur de l'original, a gravé cette pièce dans la manière de Mantegna, et l'a insérée dans son *Biographical Dictionary*. Tom. I. Tab. VI.

2. Hercule entre le Vice et la Vertu. Le Vice figuré par un homme nud, tenant dans ses deux mains un serpent et à ses pieds un petit Amour assis, et la Vertu représentée par une femme portant dans sa main droite une couronne et dans sa gauche une épée. Avec le chiffre de l'artiste; in-fol. Pièce qui a été attribuée par quelques-uns à Marc-Antoine.

3. Hercule étouffant Antée, avec l'inscription: *Divo Herculi invicto.* in-fol.

4. Mariage d'Enée et de Lavinie. In-fol. en t.

5. Jésus-Christ flagellé, tr. gr.-in-fol.

6. Jésus-Christ porté au sépulcre; sur le tombeau on lit cette inscription: *Humani generis Redemptori.* grand in-fol. en t.

7. La Descente de Jésus-Christ aux enfers. gr. in-fol.

8. Deux Monstres qui se battent à coups de bâtons, ayant pour spectateurs deux Guerriers dans leur armure. In-fol. en t.

9. Combat de Dieux marins, où se voit la figure de Neptune. In-fol. en t.
10. Danse de quatre figures de Femmes. In-fol. en t.
11. Bacchus porté par des Faunes et des Satyres. Bacchanale, gr. in-fol. en t.
12. Judith, mettant la tête d'Holoferne dans un sac. In-fol.
13. Notre Seigneur resuscité, debout avec la croix, entre St. Philippe et St. Pierre, in-fol.
14. Le Triomphe de Jules César, gravé d'après la peinture de ce sujet, exécuté pour le Duc de Mantoue, en neuf planches in-fol. formant une frise.

Il est rare de trouver des collections, où ces neuf planches se trouvent complettes.

I. JEAN-MARIE DE BRESSE, ou BRIXENSIS, orfèvre, peintre et graveur au burin, né à Bresse, capitale du Bressan dans l'état de Venise vers 1460. et frère Religieux de l'ordre des Carmes. Après avoir pratiqué l'orfèvrerie, il s'étoit beaucoup appliqué à la peinture ; il avoit peint dans le cloître de son ordre à Bresse les principales actions des prophétes Elie et Elisée. Ces ouvrages ne sont pas sans mérite, sur-tout si l'on veut considérer le tems où ils ont été exécutés. Il a aussi beaucoup gravé, et l'on voit par ses ouvrages de gravure qu'il vivoit encore en 1530. Quant à la partie mécanique de ses estampes, il paroît qu'il a cherché un style mixte entre Mantegna et Marc-Antoine; mais il n'a égalé ni l'un ni l'autre. Il exprime son nom de différentes manieres, comme on le voit par ses estampes.

1. La Vierge assise sur un siege élevé, portant l'enfant Jésus sur son bras gauche et tenant un livre de la main droite. Sans nom, in-fol.
2. La Vierge assise sur des nues dans un rond, portant l'enfant Jésus. Au bas on lit: *Deo max. beatiff. Theologo. aliisq. Caelicolis a Heliae Capreolo amico cariss. Fr. Io. Ma. Brix. Carmelita dicavit* M. D. II. In-fol.
3. Miracle de St. Grégoire, ressuscitant un jeune garçon, piece marquée: *Opus Frs. Io. Mariae Brixensis. Or. Carmelitarum.* MCCCCC. II. Gr. in-fol.
4. L'Histoire de l'Empereur Trajen. En haut on voit sur un balcon le Pape, et le nom; *Divus Gregorius.* Plus haut: *Opus Fris. Io. Mariae Brixensis. Or. Carmelitarum* M. CCCCC. II. in fol.

II. — JEAN-ANTOINE DE BRESSE, dit BRIXENSIS, graveur au burin, né à Bresse vers 1461, frere de Jean-Marie, il étoit entré comme celui-ci dans l'ordre des Carmes en qualité de frere, et s'étoit appliqué à la gravure. Frere Antoine a beaucoup plus gravé que frere Marie. D'ailleurs ils partagent également la louange et le blâme; le maniment de leur outil est assez net et régulier; mais leurs contours sont indécis et les extremités de leurs figures sont pauvrement dessinés. Malgré cela les estampes des deux freres sont très-recherchées par les curieux.

1. La Vierge assise dans une campagne, allaitant l'enfant Jésus, pièce marquée *Jo. An. Br.* In-8.
2. La Vierge adorant l'enfant Jésus, et St. Joseph endormi. *Jo. An. Br.* In-8.
3. La Flagellation de Jésus-Christ. *Jo Anton. Brixian.* 1503. Gr. in-fol. On a aussi des épreuves avec l'année 1509.
4. Hercule et Antée. *Jo. An. Bx.* gr. in-4. La même pièce qu'a gravée Mantegna.
5. Autre Hercule et Antée. On lit sur une tablette attachée au haut d'un arbre: *Jo An. Bx.* Petit in-fol.
6. Hercule étouffant un lion, pièce marquée au fond: *D. Herc. invicto,* et au bas: *Io. An. Br.* In-4.
7. Une Femme nue, reposant à terre avec un Enfant entre ses jambes, devant elle un Satyre qui joue du chalumeau. On lit sur une tablette suspendue à un arbre: 1507. Io An. $\overline{BX}$. In-8.
8. Un Cheval blanc, le même qu'Albert Durer a gravé. *I. A. Brix.* 1505. In-4.
9. Grotesque en bande, au bas un Satyre et une Femme. En haut sur une tablette: *Victoria Augusta.* *Jo. An.* In-4.
10. La même pièce gravée et marquée de la même maniere.

J. MOCETTO.

JEROME MOCETTO ou MOCETUS, peintre, et graveur au burin et en bois, est né à Vérone vers 1454. La maniere séche avec laquelle ses ouvrages sont exécutés, a fait conclure qu'il faut qu'il ait travaillé vers 1490. Les estampes de cet ancien maître sont peu communes; elles sont gravées au burin, mais il n'a pas excellé dans le maniment de cet instrument. Son style de gravure a de la ressemblance avec celui de Robetta, auquel il n'est pas supérieur. L'étude du clair-obscur étoit presqu'ignorée alors; de-là il ne faut pas s'étonner de voir les productions de ces maîtres absolument destituées d'effet. Il est parlé d'un Jerôme Mocétus, graveur en bois; on croit que c'est le même artiste. On lui attribue une taille de bois, imprimée en clair-obscur, qui représente l'entrée de Jésus à Jérusalem, et qui est daté de 1500. Il marquoit ses estampes avec ces espèces de chiffres :

HE RoM. HE ROM.

1. La Résurrection de Jésus-Christ, avec quatre Soldats au pied de la tombe, in-fol.
2. Sacrifice avec beaucoup de figures, d'après un basrelief antique, in-fol. en t.

NICOLETTO.

NICOLAS DE MODENE, ou NICOLETTO DA MODENA, peintre de perspective et graveur en cuivre, né à Modene vers 1454. Il florissoit surtout au commencement du seizième siecle, et il est rangé dans la classe des plus anciens graveurs de l'école de Lombardie. Les estampes de ce maître ont encore un air assez gothique, et l'exécution mécanique y est très-fautive. Il ne paroît pas qu'il ait eu aucune communication avec Marc-Antoine et ses disciples, dont la gravure est d'une exécution si agréable. Malgré la grossierté du travail, les productions de ce graveur ont pourtant un mérite qui les rend recommandables, savoir l'art avec lequel il a introduit des édifices et des ornemens d'architecture dans son dessin.

Il marquoit communément ses estampes de son nom, mais il se servoit aussi des deux monogrammes suivans:

1. L'Adoration de Bergers, pièce marquée de son nom, p. in-fol.
2. St. Sébastien, pièce marquée de son nom de bâtéme, Nicoleto, sur une tablette.
3. Autre St. Sébastien, avec l'inscription: *Ora pro nobis, sancte Sebastiane*, pièce marquée d'un N. et d'un I. in-4.

4. St.

B. MONTAGNA.

4. St. Jérôme assis, piece marquée de son nom, in-4.
5. St. George, pièce marquée de son nom, p. in-4.
6. St. Martin, avec l'inscription : *Divo Marti*, pièce marquée de son nom sur une tablette, p. in-4.
7. Un Triton embrasse une Sirene, pièce avec une tablette et les lettres N. v. M. in-4.

BENEDETTO MONTAGNA, peintre et graveur au burin, né à Vicence vers 1458. et mort à Veronne vers 1530. Imitateur de Jean Bellin pour la peinture, il a travaillé la plus grande partie de sa vie à Venise; parmi plusieurs tableaux qu'il a peints en cette ville, on en montre préférablement un dans l'église de Ste. Marie d'Artona. Pour les gravures de Montagna elles datent des premiers tems de l'art de graver en Italie; aussi la partie mécanique de ses planches dénote beaucoup de dureté. Ses productions ressemblent assez aux premieres estampes de Marc-Antoine. Elles sont d'ailleurs de la plus grande rareté.

1. La Vierge assise tenant l'enfant Jésus et ayant à ses côtés le petit St-Jean; plus loin se voit St. Joseph; dans le fond une ville avec une riviere traversée par un pont, et dans le haut le nom de Montagna. In-4.
2. Jeune homme assis sur une roche et passant une corde autour d'un palmier. B. M. gr. in-8.
3. Vénus qui fouette l'Amour. In-4.

4. L'Enlèvement d'Europe. In-4.
5. Le Jugement de Midas. In-4.
6. Figure nue debout. In-4.
7. Deux figures. Un homme d'un certain âge et un jeune homme. p. in-4.
8. Trois femmes dans un paysage, dont l'une tire un enfant d'un arbre. Benedetto Montagna. In-4.
9. Paysage avec un hameau, et un vieux homme assis sur un banc. p. in-4.

Il Robetta, ou Rubetta, orfèvre et graveur au burin, naquit à Florence vers 1460. Du reste les circonstances de sa vie nous sont assez inconnues; tout ce qu'on sait est qu'il étoit contemporain de Jean-François Rusticchio, fameux sculpteur, qui passa en France en 1528. Ses gravures consistent en pièces de dévotion, exécutées dans une manière assez ingénieuse, mais dans un style sec et dur, comme la plupart des estampes de ce tems. En général les productions du burin de Robetta et de Montagna paroissent de beaucoup antérieurs à celles de Mantegna. Souvent il signoit son nom en entier et l'inseroit dans une tablette; d'autre fois il le marquoit de cette manière : R. B. T. A.

1. Adam et Eve. Petit in-fol.
2. L'Adoration des Mages. In-fol. presque carré.

LE TITIEN.

3. La Résurrection du Christ. In-fol.
4. L'Age d'or, gr. in-fol.

TIZIANO VECELLI DA CADORE, dit LE TITIEN, fameux peintre, qui selon quelques-uns a aussi gravé à la pointe et en bois, naquit à Cadore dans l'état de Venise en 1477. et mourut dans la même ville en 1576. Le mérite du Titien, comme peintre, est trop connu pour devoir nous y étendre. Il apprit à peindre de Jean Bellin, mais il surpassa bientôt son maître. Il parvint en peu de tems à former des teintes si vraies et si parfaites, qu'aucun peintre n'a rendu la nature avec plus de vérité et plus de fraîcheur. Le talent extraordinaire qu'il avoit pour le portrait le mit dans une haute considération auprès des souverains de son tems; tous vouloient être peints par lui; il avoit fait trois fois le portrait de Charles-Quint. Le Titien a gravé pour son amusement quelques paysages; on prétend même qu'il a taillé quelques-uns de ses dessins en bois. On lui a attribué un Laocoon sous la figure d'un vieux singe, pièce satyrique qu'il avoit faite contre Baccio Bandinelli, qui s'étoit vanté d'avoir fait un Laocoon supérieur à l'antique.

La gravure en bois de ce morceau n'est pas du Titien, mais de Nicolo Vicentino, dit Boldrini, comme nous le dirons ci-après à son article. Les cinq pièces qui passent communément pour être de lui, sont les suivantes; les trois premières à l'eau-forte, les deux dernières en bois.

1. La Mort habillée en Chevalier dans son armure, figure debout. *Etiam ferocissimos* etc. *Venetiis Lucæ Bertelli formis.* In fol.

2. Le Voyageur endormi au clair de la lune, dans un paysage. *Luc. Bertelli exc.* gr. in fol. en t.

3. Pastorale où se voit au bord d'un ruisseau un berger qui marche à la tête de son troupeau en jouant de la flûte. gr. in-fol. en t.

4. Ste. Famille, avec Ste. Cathérine et deux Anges, pièce nommée le Mariage de Ste. Cathérine. Avec cette inscription: *Titianus Vecellius Inventor lineavit.* gr. in-fol.

5. Samson pris par les Philistins, après que Dalila lui a coupé les cheveux. Pièce sans marque, gr. in-fol. en t.

BALDASSARE PERUZZI, ou BALDASARE SENESE, peintre, architecte et graveur en clairobscur, naquit à Volterre en 1481 et mourut à Rome, empoisonné par les envieux de sa réputation en 1536. Son père s'étoit retiré à Sienne à cause des troubles d'Italie; et c'est dans cette ville qu'il se voüa à la culture des arts. L'imitation de la nature et l'étude des grand maîtres furent ses institutrices. Ses progrès furent rapides. Architecte et peintre il donna les plans de plusieurs églises et palais qui furent bâtis à Sienne, à Florence, à Bologne et à Rome, et décoré par lui de beaux tableaux, dont quelques-uns ont été gravés, entre autre sa belle Adoration des Rois, qu'Augustin Carrache publia en 7. morceaux. Il peignit pour le Pape Jules II. et il fit plusieurs tableaux pour les églises de Rome. Son chef-d'œuvre de peinture est la Vierge allant au temple, tableau qui est à l'église de la Madonna della Pace à Rome. Dans une loge du Palais Chisi il peignit en grisaille quelques Génies que tout le monde prend pour des basreliefs de plâtre. A sa mort il emporta les regrets du public, et fut enterré à la Rotonde, près de Raphael. On prétend qu'il a gravé en bois, mais on ne sait rien de positif là-dessus. La pièce suivante, exécuté en clair-obscur, est la seule estampe qui passe pour être de lui.

Apollon, Minerve et les Muses, avec Hercule

qui chasse devant lui une femme chargée de trésors et figurant l'Avarice. Elle porte pour inscription: Bal. Sen. et à l'autre coin de l'estampe: Perugo. In-fol.

La même pièce se trouve gravée par Beatrice, avec la marque d'un B. sur un dez.

DOMINIQUE CAMPAGNOLA, peintre, graveur à l'eau forte et en bois, naquit à Padoue vers 1482. et mourut à Venise vers 1550. On le dit fils de Jérôme Campagnola peintre et sculpteur, et on le croit disciple du Titien; en effet il a peint de paysages tout-à-fait dans le goût de ce dernier. Il peignoit avec un même succès à l'huile et à fresque. Dans les églises et les palais de Venise et de Padoue on voit de lui des peintures dans cette derniere maniere, estimées à l'égal de celles du Titien. Il est enterré à l'église de St. Antoine de Padoue auprès de ses ancêtres. Dominique a gravé à l'eau forte et taillé en bois dans une grande maniere plusieurs de ses compositions. Il se nomme aussi Dominico delle Greche: son chiffre est tantôt D. C. Tantôt DO. CAP.

A. *Pièces à l'eau forte.*

1. L'Adoration des Rois. Grande composition en t. marquée de son nom.

D. CAMPAGNOLA.

2. Le Denier de César, présenté au Sauveur, grandes demi-figures. Luca Bertelli exc. In-fol. en t.

3. La Parabole du mauvais Riche et du pauvre Lazarre, en trois pieces, marquées D. C. In. Luca Bertelli formis. In fol. en t.

4. Les Malades devant le Sauveur. Piece avec son nom. In-fol.

5. Le Don des langues, ou la Mission du St. Esprit, piece en rond, marquée $\frac{DO}{CAP.}$ 1515.

6. Ste Famille, assise dans une campagne. Piece qui porte son nom, mais qui est d'après le Titien. M. D. XVII. Gr. p. en t.

7. Décollation d'une Sainte, agenouillée devant un Empereur; piece presque ronde, marquée de son nom. M. DXVIII.

8. Les Sciences et les Arts, prenant la fuite à l'approche de quelques Guerriers, accompagnés par la Fortune. On y voit deux Soldats qui se saississent d'une femme. Sans nom. Gr. in-fol. en t.

9. Paysage, sur le devant un chariot attelé de deux bœufs. Marquée D. C. gr. in-fol. en t.

10. Autre Paysage, où se voit Jupiter et Calisto, d'après le Titien. De même.

11. Bacchanale où se voit vers la droite un Amour en Faune qui mene une danse. Piece sans nom, d'un beau brut pittoresque. T. gr. p. en t.

12. Vénus nue. Au bas de l'estampe vers la gauche on lit sur un placard: D. O. CAMP. 1517. M. p. en t.

B. *Pièces en bois.*

1. La Vierge qui donne le sein à l'enfant Jésus, accompagné de St. Jean et d'autres Saints dans un paysage. In-fol.

D. CAMPAGNOLA.

2. Trois enfans auprès d'un piédestal, dont un assis, regardant un chien qui ronge un os. Sur le piédestal on voit la lettre D. Gr. p. en t.

3. Grand Paysage où se voit St. Jérôme. Avec le nom de Campagnola. G. p. en t.

4. Grand Paysage où se voit sur le devant un soldat et sa femme, avec leurs enfans. Avec son nom. Gr. p. en t.

5. Le Massacre des Innocens, avec le nom du graveur, sans celui de l'inventeur qui est le Titien. T. gr. p. en t.

6. Pharaon submergé dans la mer rouge. Grande piece en 12 planches, d'après le Titien. Ici il se nomme Dominico dalle Grecche 1549.

Les dessins de Campagnola sont en grande estime auprès des artistes. Le Recueil de Jabach renferme 26. Paysages de ce maître, gravés par les deux Corneilles, par Massè et Pesne; le Comte de Caylus en a gravé seize pour sa part.

Dominique avoit un frere, Jules Campagnola, nommé Antenoreus, qui a gravé, parmi un petit nombre de pieces, les deux suivantes:

1. St. Jean-Baptiste, une coupe à la main; grande figure debout. In-fol. avec son nom.

2. Ganimède enlevé par l'aigle, piece marquée: Julius Campagnola Antenoreus. In-4.

D. BECCAFUMI.

DOMINIQUE BECCAFUMI, dit MICARINO, peintre, sculpteur, fondeur, architecte, graveur en cuivre, en bois et en clair-obscur, naquit à Sienne en 1484, et mourut dans la même ville en 1549. Né de parens pauvres, il passa sa premiere jeunesse, comme Mantegna, à garder les moutons; mais des circonstances plus favorables lui permirent de changer sa houlette contre le pinceau. Instruit dans les principes de l'art par Antoine Vercelli et Pietre Perugin, il se rendit à Rome, où il prit pour modèles les ouvrages de Raphael et de Michel-Ange. Il s'est acquis une grande réputation par ses ouvrages de sculpture et de peinture, surtout par cette fameuse mosaïque qui forme le pavé de la Cathédrale de Sienne et qui a été gravé en clair-obscur par André Andréani. L'Abbé Raguenet vante un tableau de Beccafumi pour la beauté de l'expression, tableau qui se voit au palais Borghese, et qui représente le Martyre de St. Sébastien. Cet artiste s'est aussi distingué dans tous les genres de gravures connus de son tems; les estampes qu'on a de lui font encore le charme des connoisseurs. Une partie de ses pièces ne portent point de marques, d'autres sont marquées: Mi-carino fe. On lui attribue aussi le chiffre

FHE

1. *Paulus III. Pontifex Maximus*, sans nom. 1515. au burin. In-fol.
2. Deux figures académiques, l'une debout, l'autre couchée. Mecarino f. au burin. In-fol.
3. Trois figures académiques, dont l'une couchée, l'autre debout et la troisieme vue seulement en partie. Sans nom, gravé sur cuivre. Gr. in-fol. en t.
4. Grande figure qui tient une tablette; derriere elle on voit la tête d'un vieillard et deux mains. Piece commencée sur cuivre et non terminée. In-fol.
5. La Nativité, piece gravée en bois par Beccafumi. In-fol.
6. La Vierge embrassant l'enfant Jésus; piece anonyme, à trois teintes. In-fol.
7. St. Pierre tenant un livre ouvert de la main droite et les clefs de la main gauche. Clair-obseur, gr. in-fol.
8. St. Philippe lisant dans un livre qu'il tient de la main droite et portant une longue croix de la main gauche. De même.
9. St. André avec sa croix. De même exécution.
10. Un Philosophe assis, enveloppé dans son manteau. De même exécution.
11. St. Jérôme à genoux en méditation sur un crucifix qu'il tient de la main gauche, et une pierre de la main droite. Piece anonyme in fol. en bois.

H. DA CARPI.   59

12—21. Dix pieces représentant des sujets d'Alchymie; au bas de la premiere on lit sur un écriteau: Mecarinus de Sinis inventor. S. in-4. gravées en bois. Voici la description qu'en fait Vasari: *Giove e li altri*
„ *Dei volendo congelar Mecurio lo mettono in un correggi-*
„ *vola legato, e facendoli fuoco attorno Vulcano e Plu-*
„ *tone, quando pensano, che dovesse fermarsi, Mercurio*
„ *volò via, e se n'andò in fumo.*"

V. l'article de Beccafumi du *Dictionaire de Heinecke*.

Ugo ou Hugo da Carpi, peintre, graveur en taille de bois et l'un des premiers graveurs en clair-obscur, naquit à Rome vers 1486. et florissoit en Italie au commencement du seizieme siecle. Pour la peinture on le range parmi les éleves de Raphael; et comme il n'y réussit que médiocrement, il se borna à graver des dessins en bois à plusieurs teintes. On raconte que Hugo, par un tour de force, peignit un tableau sans pinceau simplemet avec le doigt, et qu'il écrivit cette circonstance au bas de son tableau. Michel-Ange à qui on montra ce morceau, comme une grande curiosité, dit froidement que le peintre auroit mieux fait de se servir du pinceau. On dit que ce morceau se voit encore dans la sacristie de l'église de St. Pierre à Rome. Hugo fut le premier en Italie qui pratiqua l'espece de gravure qu'on nomme Clair-obscur ou Camaïeu, qui s'exécute au moyen de trois planches et dont nous avons parlé dans notre Introduction. Cette maniere plut tellement au Peruzzi, au Parmesan et à d'autres, qu'ils exécuterent ou firent exécuter plusieurs de leurs inventions dans le même goût. La plupart des pièces de cet artiste ne portent pas son nom, ni même celui de leur inventeur; et comme Antonio da Trente, André Andréani et quelques autres ont gravé dans le même goût sans avoir marqué leurs estampes, on est embarassé à qui les attribuer. On croit pouvoir assigner à Hugo les pieces suivantes, toutes d'après Raphael et le Parmesan.

1. Une Sibylle assise, tenant des tablettes d'une main et une plume de l'autre, avec un génie qui l'eclaire. Raphael inv. sans noms. Premiere piece de Hugo en camaïeu vert. In-fol.
2. L'Echelle mystérieuse de Jacob. Sans noms. Id. inv. In-fol. en t.
3. David coupant la tête à Goliath Id. inv. Ugo da Carpi fe. gr. in-fol. en t.
4. Le Massacre des Innocens. Sans noms. Id. inv. gr. in-fol. en t.

5. Jésus prechant sur les marches du temple. Sans noms. Id. inv. in-fol. en t.
6. Elimas frappé d'aveuglement, sans noms. Id. inv. in-fol. en t.
7. Ananie frappé de mort. Id. inv. Per Ugo da Carpi. In-fol. en t.
8. Descente de Croix. Id. fec. Ugo da Carpi fe. In-fol.
9. Corps de Jésus-Christ sur les genoux de sa mère. Id. inv. Id. fec. In-fol.
10. St. Jean dans le désert. Sans noms. In-fol.
11. Enée qui porte son père Anchise. Id. inv. Ugo da Carpi f. gr. in-fol.
12. Hercule qui étouffe Antée. Id. inv. Id. fecit.
13. Raphael en conversation avec sa maitresse. Id. inv. Ugo da Carpi fecit. In-fol.
14. La Vierge, avec St. Sébastien et St. Nicolas en évêque. Sans noms. Le Parmesan inv. In-fol.
15. Deux Apôtres, St. Jean et St. Pierre. Sans noms. Id. inv. In-fol.
16. St. Jérôme assis, et à ses pieds quelques livres. Sans noms. Id. inv. In fol.
17. Satyre qui sonde l'eau avec sa flûte. Sans nom. Id. inv. In-fol.
18. Diogène assis devant son tonneau et à côté de lui son coq plumé. Parmesano inv. Hugo da Carpi fec. en quatre couleurs. gr. in-fol. Pièce capitale.

V. l'article de Carpi dans le *Dictionnaire des Artistes de Heineeke*.

MARC-ANTOINE RAIMONDI dit FRANCIA, orfèvre, dessinateur et graveur au burin, naquit à Bologne en 1487. ou 1488. et mourut dans la même ville vers 1539. Les détails de sa vie nous ont été conservés par Vasari. A l'exemple des graveurs ses prédécesseurs, il pratiqua d'abord l'orfèvrerie ; et il y a apparence que c'est d'un orfèvre qu'il apprit à manier le burin. Pour le dessin il l'apprit de François Raibolini, surnommé Francesco Francia. Son attachement pour son maître fut tel qu'on l'appella Marc-Antoine de Francia. Une de ses premieres pieces est Pyrame et Thysbé, d'après son maître, avec son monogramme et la date de 1502.

Marc-Antoine, avide de connoissances relatives à son art, se rendit à Venise pour s'y perfectionner. La il fit l'acquisition des 36. pieces de la passion d'Albert Durer, gravées en bois. Il fut si charmé de ces pieces, qu'il se mit à les copier et, selon Vasari, à les marquer du chiffre d'Albert. Il les imita si parfaitement au burin qu'on les prit en Italie pour des productions originales. Vasari ajoute que Durer, ayant vu à Nuremberg un exemplaire de cette suite, fut si irrité contre Marc-Antoine, qu'il se rendit à Venise et porta plainte contre lui au Sénat; mais tout ce qu'il en put obtenir, fut une défense à son contrefacteur de ne plus usurper son nom. Au reste les copies faites par Marc-Antoine, ou du moins celles qu'on voit aujourdhui, ne portent pas le chiffre d'Albert: elles portent une tablette qui a quelque ressemblance avec ce chiffre et dont il s'est servi dans la suite.

On a lieu de s'étonner que ni Vasari, ni Malvasia, n'ayent fait aucune mention d'un autre ouvrage d'Albert, copié de même par Marc-Antoine. C'est la Vie de la Vierge en 17 pièces in folio. Bien que les originaux soient en bois et les copies au burin, il les a si bien imités, que c'est à s'y méprendre. Le contrefacteur a mis le chiffre de l'inventeur à toutes les pieces, hormis à la derniere où se voit son chiffre ΜΕ. Marc-Antoine a copié encore plusieurs pièces d'Albert avec le chiffre de celui ci; ce qui prouve, ou qu'il a éludé l'arrêt du Senat de Venise, ou que toute cette histoire n'est qu'une fable que Vasari s'est laissé conter.

Marc-Antoine, en quittant Venise, se rendit à Rome, où il s'insinua dans les bonnes graces de Raphael qui, ayant reconnu ses talens, lui fit graver ses dessins et l'aida de ses conseils. La premiere pièce qu'il grava fut une Lucrece, d'une exécution assez médiocre, mais aujourd'hui de la plus grande rareté. Il grava ensuite avec plus de succès le Jugement de Pâris et un grand nombre d'autres estampes qui établirent solidement sa réputation. On prétend que Raphael a manié lui même le burin pour l'instruction de son élève; on ajoute qu'il a gravé les contours sur plusieurs planches pour que son dessin fut rendu avec plus de précision. Ce qui toutefois n'est qu'une conjecture; car ni Vasari ni aucun ancien auteur n'en font mention. Vasari nous apprend seulement, que Raphael fut très-content de son graveur.

La réputation, que Marc-Antoine s'étoit acquise à Rome par ses belles estampes, le fit connoître, non seulement en Italie, mais aussi en Allemagne, et lui amena un grand nombre de disciples, tels que Marc de Ravenne, Augustin de Venise, Jules Bonasone, Eneas Vicus, Nicolas Beatricet, Bartel Beham, Jacob Binck, Grégoire Pins, plus connu sous le nom de George

George Pentz. Tous ces artistes, très-distingués dans l'ancienne gravure travaillerent sous Marc-Antoine.

Du vivant de Raphael, Jules Romain, par égard pour son maître, ne voulut pas employer les talens de Marc-Antoine pour rendre ses inventions; mais après la mort de ce grand homme il lui donna à graver de ses dessins; entre autres ses sujets lubriques avec les sonnets infames de l'Aretin. Marc-Antoine, ayant gravé ces pieces, encourut l'indignation du Pape Clément VII. qui le fit mettre en prison. Il n'en auroit pas été quitte pour ce châtiment, sans l'intercession du Cardinal Jules de Médicis, et du peintre Baccio Bandinelli qui travailloit alors pour le Pape. Remis en liberté, il voulut reconnoître le service que lui avoit rendu Bandinelli en gravant un grand dessin de ce maître, savoir le Martyre de St. Laurent. Cette estampe, une des plus belles de Marc-Antoine, plut tellement au Pape qu'il prit le graveur en affection. Mais il ne jouit pas longtems de cette faveur par les troubles qui agiterent l'Italie. Les Espagnols ayant pris Rome d'assaut en 1527, y commirent d'horribles excès, Marc-Antoine, après avoir tout perdu par le pillage de la ville, se vit obligé d'aller chercher un azyle à Bologne, lieu de sa naissance. Là il vécut retiré jusqu'en 1539. La Bataille des Lapites porte la date de cette année. Depuis ce tems on ne sait rien de certain, ni de sa vie ni de ses travaux. Malvasia raconte qu'il fut assassiné par un gentilhomme romain, pour avoir gravé une seconde fois contre leur convention le Massacre des Innocens, dont on a l'estampe marquée d'un petit arbre et appellée pour cette raison le Massacre au Chicot. Du reste Vasari ne fait aucune mention de cette circonstance de sa mort; et Baldinucci qui a tiré cette histoire de Malvasia, ajoute que Marc-Antoine avoit été marié à une femme qui s'occupoit de la gravure.

Le plus ancien Catalogue qu'on ait des estampes de Marc-Antoine est celui que donna Vasari, augmenté ensuite par Malvasia; mais il est imparfait à tous égards. Le plus fautif de tous les Catalogues de ce maître est celui que Florent le Comte ajouta à la suite de son œuvre de Raphael. Outre que les pièces y sont mal spécifiées, il a tout confondu, celles du maître et de ses élèves. Par-là il a induit en erreur ceux qui depuis lui ont traité la même matière. Le Catalogue le plus complet de cet ancien graveur est celui de M. de Heinecke : le nôtre n'en est qu'un extrait, soit pour la spécification soit pour le nombre.

Le choix des épreuves est un objet important dans les estampes de Marc-Antoine. Ses planches, après avoir passé du fond de Thomas Barlacchi dans ceux d'Antonio Lafreri, de Nicolas van Aelst, de Rossi et d'autres, ont éprouvé, par des retouches réitérées, des altérations considérables. Les meilleures épreuves qui portent le nom d'un de ces éditeurs, sont celles avec le nom de Salamanca. Mais pour les avoir pures, il faut qu'elles ne portent le nom d'aucun de ces marchands d'estampes. Ce n'est qu'alors qu'on peut juger du mérite de cet ancien graveur.

L'œuvre de Marc-Antoine est le plus considérable des anciens graveurs d'Italie. Cet artiste a gravé nombre de pièces sans aucune marque; mais le plus communément il marquoit ses estampes de la maniere suivante :

MF. ⌂ La piéce de Pyrame et Thysbé est marquée ⌣1502⌣

A. Portraits.

1. Portrait de Marc Antoine dans sa vieillesse, avec sa barbe et ses cheveux. Piéce en ovale, gravée par Jules Bonasone. In-4.
2. Portrait de l'Aretin, vu de face, avec l'inscription : *Petrus Aretinus acerrimus virtutum ac vitiorum demonstrator non minus artificis mage dignum os pingere, non os hoc pingi poterat nobiliore manu ; pellaeus juvenis si viveret hoc volo dextra pinguier ; hoc tantum diceret ora cani.* Une des plus belles gravures de Marc-Antoine avec son chiffre. Gr. in-4.
3. Portrait d'un homme assis sur des gradins, enveloppé dans son manteau ; à droite une petite table, et à gauche une palette avec des couleurs. Petit in-4. Sans marque.

Malvasia nous apprend que cette figure représente Raphael, méditant sur la composition d'un tableau, et qu'elle est du dessin et de la gravure de Marc-Antoine.

4. Portrait de Charles-quint dans sa jeunesse, en médaillon, et avec l'inscription : *Carolo Aug. Ger. Isp. Imp.* Pr. 5 p. 6 l. en carré. Sans marque.
5. Portrait du Pape Clément VII. en médaillon. De 4 p. 4 l. de diametre.

M. ANTOINE. 69

6. Portrait du Pape Jules II, buste vu de profil et portant bonnet, avec l'inscription : *Julius II. Pon. Max.* Carré de 7 p. Pièce douteuse.

7. Portrait du Prince Octave Farnese, en buste et vu de profil, avec l'inscription : *Octavius Franc. Urbi Praef.* In-4. Pièce douteuse.

8. Portrait d'une femme, portant ses cheveux en tresses et un vêtement à bandes noires sur sa manche, d'où sort un bout de main dont on ne voit que deux doigts.

B. *Sujets de la Bible.*

1. Figure d'homme debout, qu'on prend pour Adam, montrant un miroir à Eve qui tient dans sa main droite des serpens entortillés. Pièce gravée d'après un anonyme, avec le chiffre. In-4.

2. Adam et Eve mangeant du fruit de l'arbre défendu. Belle pièce fort rare, d'après Raphael. Petit in-fol. Sans marque.

Joseph Strutt a supérieurement bien gravé cette pièce dans la manière pointillée, et l'a mise à la tête du second volume de son Biographical Dictionary.

3. Adam et Eve chassés du Paradis terrestre. D'après Michel-Ange, de la Chapelle Sixtine. In-fol. Sans marque.

4. Noé sacrifiant après la sortie de l'arche. D'après Raphael. In-fol. Sans marque.

5. La Bénédiction d'Abraham. C'est ainsi qu'on nomme généralement la pièce qui représente Noé à genoux, tenant un de ses fils entre ses bras, pendant que l'Eternel, porté par les Anges, lui apparoît en songe. D'après Raphael. In-fol. sans marque.

6. Dieu apparoissant à Isaac qui est à genoux et qui tient de la main gauche un long bâton, D'après Raphael. In-fol. sans marque.

7. Joseph fuyant la femme de Potiphar. D'après Raphael. Petit in-fol. en t. avec la tablette.

8. David coupant la tête à Goliath, et l'armée des Philistins en fuite. D'après Raphael. In-fol. en t. avec la tablette.

9. David, figure en pied, peu drapée, et relevant de ses deux mains la tête de Goliath. D'après un anonyme. Pièce très-rare, in-8. avec le chiffre.

10. La Nativité, ou l'Adoration des Bergers, avec le nouveau né couché à terre sur un morceau de linge, la tête sur un coussin où se voit le chiffre. D'après Francia ou de Marc-Antoine lui même. Pièce in-fol.

11. Le Massacre des Innocens. Sur un piédestal vers la gauche est écrit: *Raph. Urb. inven.* Le chiffre se trouve au-dessous. In-fol. en t.

12. La même pièce où le graveur a ajouté une pointe d'arbre dans la forme d'un if qui s'élève au-dessus des autres arbres, et qu'on appelle la Fougere ou le Chicot, en italien la Felcetta.

Nous avons dit ci-devant que Marc-Antoine fut assassiné au sujet de cette pièce, dont les bonnes épreuves sont très-difficiles à trouver.

13. La Vierge, figure entière, reposant à terre avec l'enfant Jésus, assis sur une espèce de berceau et prenant un écriteau que lui présente le petit St. Jean, derrière lequel on voit St. Joseph. D'après Raphael.

Pièce marquée de la petite tablette, et appellée la Vierge à la longue cuisse. In-fol.

14. La Vierge et Ste. Elisabeth, assises dans une campagne, avec l'enfant Jésus, reposant sur les genoux de sa mère, et donnant la bénédiction au petit St. Jean, agenouillé devant lui. D'après Raphaël. Pièce marquée de la tablette et nommée la Vierge au palmier. In-fol.

15. La Vierge assise au milieu d'une chambre, tenant l'enfant Jésus sur un berceau pour le donner à Ste. Anne. Derrière la Vierge est une vieille, qui étend les deux bras en signe d'admiration, avec d'autres accessoires. Pièce avec la tablette, et nommée par quelques-uns La Vierge au berceau. D'après Raphaël. Petit in-fol.

16. La Vierge assise sur une chaise, et baisant l'enfant Jésus qui est debout et qui se gratte la tête de la main gauche. D'après Raphaël. Pièce sans marque, in-4.

17. La Vierge assise sur une chaise, et lisant dans un livre, pendant qu'elle tient dans ses bras l'enfant Jésus, habillé et debout. D'après Raphaël. Pièce gr. in-4. sans marque.

18. La Vierge tenant l'enfant Jésus, accompagnée de St. Joseph qui est couché sur le devant. D'après une peinture de Michel-Ange, de la Chapelle Sixtine. In-8. sans marque.

19. Ste. Famille, avec la Vierge assise, tenant l'enfant Jésus émailloté sur ses genoux; derrière elle se voit St. Joseph, et au milieu le jeune St. Jean placé sur un piédestal et tenant un dévidoir vis-à-vis de Ste. Elisabeth, qui dévide du fil. D'après un Anonyme; pièce rare, in-fol. sans marque.

20. La Vierge assise sur une espèce de siège élevé sous

un grand rideau, tenant l'enfant Jésus qui pose un pied sur les genoux de sa mère et qui est empressé de prendre un poisson que lui présente le jeune Tobie accompagné par l'Ange. De l'autre côté se voit St. Jérôme à genoux lisant dans un grand livre sur lequel l'enfant porte la main. Pièce nommée la Vierge au poisson et gravée d'après un tableau de Raphael, fait pour l'église des Dominicains de Naples et conservé aujourd'hui à la Galerie de l'Escurial. Petit in-fol. marqué de la tablette avec le chiffre, et gravé souvent depuis.

21. La Vierge assise sur les nues, tenant sur ses genoux l'enfant Jésus, qui saisit de ses deux mains le manteau de sa mère pour s'en couvrir. D'après Raphael. Petit in-fol. avec la tablette.

Augustin Carrache, ayant fait l'acquisition de cette planche la retoucha et y ajouta deux belles têtes de Chérubins.

22—38. La Vie de la Vierge, copiée au burin en grosses tailles, d'après les tailles de bois d'Albert Durer, consistant en 17. pièces, marquées du chiffre d'Albert à l'exception de la dernière, où se trouve le chiffre de Marc-Antoine, MF. et en bas la marque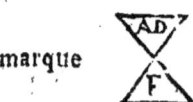

Ces pièces, dont la première représente St. Joachim et la dernière l'Adoration de la Vierge, sont de format petit in-fol. Suite précieuse de la plus grande rareté.

M. ANTOINE.

39—74. La Passion de Jésus-Christ, en 36 pièces, commençant par Adam et Eve, et finissant par le Jugement dernier: elles sont gravées au burin à grosses tailles, à l'imitation des tailles de bois d'Albert Durer, et marquées, au lieu du chiffre d'Albert, de la tablette ordinaire de Marc-Antoine gr in-8.

On rencontre souvent cette suite gravée assez finement au burin et portant le chiffre des originaux. Quelques uns l'ont attribuée à Marc-Antoine; mais les connoisseurs la jugent de Wierx, ou d'un graveur inférieur.

75. Jésus-Christ assis entre deux colonnes, entouré de ses disciples à l'entrée du temple auquel on monte par un grand escalier. Pièce gravée d'après Raphael et marquée de la tablette. In-fol. en t.

76. La Madeleine aux pieds du Sauveur, à table chez Simon le Pharisien. D'après Raphael, avec la tablette. In-fol. en t.

77. Jésus-Christ célébrant la Sainte Cène avec ses disciples. Estampe appellée la piece des Pieds, parce qu'on voit sous la table les pieds des Apôtres. D'après Raphael, avec la tablette. In-fol en t.

78. Jésus-Christ qu'on descend de la croix, contre laquelle il y a deux échelles deplantées, sur l'une desquelles Joseph d'Arimathie détache un bras du sauveur avec des tenailles. Au bas la Vierge évanouie est seconrue par les Saintes Femmes. D'après Raphael, avec la tablette. In-fol. en t.

79. Corps de Jésus-Christ étendu sur un espece de sépulcre devant la Vierge plongée dans la douleur, et les bras étendus D'après Raphael, avec la tablette. In-fol.

80. La même composition, hormis que dans celle-ci la Vierge est plus jeune et a le bras sans draperie; il y manque aussi l'arbre sec dans le paysage qui lui sert de fond. Pièce rare, connue sous le nom de la Vierge au bras nud. In-fol. sans marque.

81. Corps de Jésus-Christ, la tête reposée sur les genoux de la Vierge et les pieds sur ceux d'une des Saintes Femmes, dont les deux autres donnent des soins à la Vierge évanouie. On y voit trois Disciples et Nicodème. Le lointain offre le Calvaire avec trois croix. D'après Raphael, avec la tablette. Petite in-fol.

Ces trois pieces 79-81. sont aussi designées par le titre: Les Vierges de douleur.

82. Jésus-Christ dans une gloire, entre la Vierge et St. Jean-Baptiste; au bas St. Paul, et Ste. Catherine. D'après Raphael, pièce connue sous le nom des cinq Saints. In-fol. avec la tablette.

83. Ananie frappé de mort, d'après le dessin des tapisseries du Vatican. *Raph. Urb. inven.* Pièce gravée conjointement par Marc-Antoine et Augustin Vénitien, sous la direction de Raphael. In-fol. en t. sans marque.

84. Elymas le Magicien frappé d'aveuglement, ou la conversion du Proconsul Sergius. D'après Raphael, avec l'inscription: *L. Sergius Paulus Asiæ Proconſ. Christianam fidem amplectitur Sauli Prædicatione.* In-fol. en t. sans marque.

On a des épreuves avec le nom de Raphael.

85. St. Paul prêchant à Athènes, d'après le dessin de Raphael pour les tapisseries du Vatican; épreuve remarquable par les deux figures qu'on voit en haut sur

la balustrade du Temple de Mars. In-fol. en t. avec la tablette.

86. La même pièce, avant les deux figures sur la balustrade. Elle est extrêmement rare.

87. Ste. Cécile, accompagnée de la Madéleine, de St. Paul et de deux autres Saints. On voit à terre une harpe sur laquelle la Sainte pose le pied, et sur laquelle est écrit: **MF.** *Raph. inv.* Petit in-fol.

Les belles épreuves de cette estampe ont une ombre forte qui se trouve au cou de Ste. Cécile, comme si c'étoit un collier; et par cette raison on l'appelle la Sainte Cécile au collier. Dans les épreuves médiocres cette ombre est plus foible.

88. Le Martyre de Ste. Félicité. La Sainte se voit dans une chaudière, les mains jointes et regardant un Ange, qui lui montre une couronne. Sur le piédestal de la statue de Jupiter est écrit: *Ra. Ur. in.* avec le chiffre. In-fol. en t.

89. La même estampe, avec la seule différence que la Sainte n'a point d'oreille droite. Elle est plus estimée que la précédente.

90. Sainte Catherine, figure bien drappée, s'appuyant de ses deux mains sur la moitié de la roue et tenant la palme du martyre. D'après Franceia, avec le chiffre. In-8.

91. Ste. Cathérine et Ste. Lucie, deux figures debout sur un terrein où l'on voit de chaque côté un arbre. D'après le même, avec le chiffre. In-fol. On a des épreuves sans marque.

92. Sainte-Martine, figure en pied, tenant de la main gauche la palme du Martyre, et posant la droite sur un dragon. D'après le même, avec le chiffre. Petite pièce, in-12.

93. Martyre de St. Laurent, grande composition. *Baccius Bandin. inven.* avec le chiffre, pièce appellée en italien: *La graticola di S. Lorenzo.* gr. in-fol. en t.

C'est cette pièce qui remit Marc-Antoine en grace auprès du Pape Clément VII.

94. Saint George combattant le dragon, monté sur un cheval sans bride, tandis que la Reine de Lydie s'enfuit vers la droite. Pièce marquée ⊕ *Mar.* ⊕. *Ant.* la seule avec le nom du graveur, qu'on croit aussi l'inventeur. In-fol. en t.

95. Le Sauveur et les Apôtres. Le Sauveur est vu de face, donnant la bénédiction et tenant une bannière; 13. pièces gravées d'après Raphael. Gr. in-8. sans marque.

Vasari nous apprend que Marc-Antoine a gravé environ 8. petites pièces de Saints et de Saintes de différens formats, qu'on trouvera spécifiées à l'article du graveur dans le Dictionnaire de Heinecke.

96. Saint Grégoire célébrant la messe, environné de ses suffragans; pièce gravée d'après le Mystère de la messe de la gravure en bois d'Albert Durer. In-fol. Sans marque.

C. *Sujets historiques.*

1. Alexandre faisant serrer les livres d'Homere dans le coffre de Darius, en présence de plusieurs savans

et gens de guerre. Cette piece gravée d'après Raphael, est aussi nommée avec plus de raisons: Les livres des Sibylles mis dans le tombeau de Numa Pompilius. In-fol. en t. avec la tablette.

2. L'Enlevement d'Hélene, grande composition. Le rivage est à droite, et la mer avec les vaisseaux à gauche. D'après Raphael. In-fol. en t. Sans marque.

3. Enée portant sur ses épaules son pere Anchise, précédé du jeune Ascagne qui porte une petite lanterne, avec cette inscription: Queste colui, chea Troja il padre Anchise trasse del foco e doppo longo errore sotto la rupe Autandra a posar mise. D'après Raphael. Petit in-fol. sans marque.

4. Enée, abordé en Afrique, reconnoît Vénus qui lui apparoit sous la forme d'une chasseresse. Un des premiers ouvrages de Marc-Antoine. De même.

5. Didon debout auprès d'un arbre, tenant de la main droite un poignard, étendant la gauche vers un bucher allumé. Au pied de l'arbre est écrit sur une table: ΑΥΤΤΕΙC. ΘΑΝΑΤΟC ΖΩΗ. De la mort à la vie. D'après Raphael. in-8.

6. Lucrece debout auprès d'une table dont on ne voit que la moitié, et à laquelle est attaché un cartouche avec ces mots: ΑΜΕΙΝΟΝ ΑΠΟΘΝΑΙΚΕΙΝ ἩΑΙΣΧΡ ΧΡΩΣ ΖΗΝ. Mieux vaut-il mourir que vivre deshonorée. Le bras étendu elle tient le poignard, prête à se percer. C'est la premiere planche que Marc-Antoine a gravé d'après Raphael. Petit in-4. sans marque.

7. La Bataille au coutelas; sur le devant un sabre à terre, et au fond une ville embrasée. D'après Raphael. Gr. in-fol. en t. sans marque.

La même pièce est gravée par Augustin Vénitien, avec son chiffre.

M. ANTOINE.

D. *Sujets fabuleux.*

1. Les trois angles de la Loge de Chigi, d'après Raphael, in-fol. 1) Jupiter caressant Cupidon; avec la tablette et le chiffre. 2) Cupidon et les trois Graces, avec la tablette, sans le chiffre. 3) Mercure qui descend de l'Olympe sur la terre. Sans marque.

2. Le Jugement de Paris. Très grande composition, avec cette inscription: *Zordent prae forma. Ingenium Virtus. Regna aurum.* Raphael Urbi. inven. Avec le chiffre. Gr. in-fol. en t.

3. Mars assis dans un paysage sur un banc de gazon entouré d'arbustes; à côté de lui Vénus debout qui veut se retirer et qui est retenue par l'Amour; figures nues. Cette pièce, avec le chiffre, paroit gravée d'après Mantegna. In-fol.

Les épreuves avec le nom de Rossi sont retouchées.

4. Vulcain devant sa forge battant un morceau de fer sur l'enclume, avec Vénus assise, tenant d'une main une pomme et de l'autre une flèche, dont Cupidon veut s'emparer; pièce exécutée sur un fond de paysage, avec la tablette et le chiffre. D'après Raphael. In-fol.

5. Vénus accroupie contre un piédestal sur lequel Cupidon pose le pied droit. Pièce, qui paroit être du Francia, avec le chiffre. In-4. Les belles épreuves en sont rares.

6. Vénus, forte de chair, sortant de la mer et arrangeant ses cheveux; elle est debout contre un arbre, où est attachée une pomme traversée d'une flèche. D'après un Anonyme, avec le chiffre sur la tablette et les années 1506 — 1511. In-4.

7. Apollon, appuyé sur le berger Hyacinte, accompagné d'un petit Amour. Trois figures debout, au pied d'un rocher, avec des troncs d'arbres, à la branche d'un desquels est appendue une flûte à neuf trous, et plus haut la tablette avec le chiffre et l'année 1506. Ae. 19. In-fol.

8. Galathé sur les eaux dans un char traîné par des dauphins et accompagnée de Tritons. D'après Raphael, avec la tablette. Les belles épreuves sont sans lettres; les plus mauvaises sont avec des noms de van Aelst et de Rossi. Gr. in-fol. Pièce capitale.

9. Le Parnasse. Grande composition, qui diffère du tableau peint au-dessus d'une porte du Vatican où Apollon joue du violon, pendant que dans l'estampe il tient une lyre. *Raphael pinxit in Vaticano*, avec le chiffre. Gr. in-fol. en t.

10. Bacchus assis sur une cuve élevée, le bras droit appuyé sur un tonneau, pendant qu'un homme agenouillé verse d'une corbeille du raisin dans une autre cuve. Une femme debout et deux enfans portent sur leurs têtes des paniers remplis de raisins et de fruits. Belle pièce, dessinée par Raphael d'après un bas-relief antique, marquée du chiffre. In-4.

11. Bacchus et Silene, ou plutôt deux Bacchants, l'un vieux l'autre jeune, se tenant embrassés. Le vieux a le bras droit sur sa tête et tient une grappe de raisin, le jeune porte de la main gauche un thyrse; avec plusieurs accessoires et le chiffre. D'après Raphael ou Jules Romain. In-4.

12. Hercule levant de terre le géant Antée pour l'étouffer. D'un côté de l'estampe on voit un ancien temple un peu ruiné, de l'autre côté des broussailles et un arbre contre lequel est posé la massue et la peau de lion.

Piéce marquée de la petite tablette et gravée suivant les uns d'après Raphael et suivant d'autres d'après Michel-Ange. in-fol.

13. Bataille des Lapithes ou enlevement de Déjanire. D'après Jules Romain ; frise marquée du chiffre de Marc-Antoine, avec l'année 1539. large de 13 p. 3 l. haute de 3 p. 6. l.

14. Orphée assis auprès d'un arbre, jouant du violon, ayant à ses pieds un chien et devant lui un ours. Pièce avec le chiffre, in-4.

15. Pyrame et Thysbé. Pyrame s'étant tué, est étendu par terre, et Thysbé accourt toute éplorée. Le fond offre un paysage où se voit un tombeau, avec les lettres S. R. N. Cette pièce, gravée d'après le Francia, porte le petit cartouche dont nous avons parlé ci-devant. En carré de 9. pouces.

16. Les deux Sibylles, dont l'une pose son pieds sur un piédestal, occupée à écrire dans un livre, et l'autre leve ses regards vers le ciel. Pièce gravée d'après Raphael, avec le chiffre. In-fol. Les bonnes épreuves sont sans lettres.

17. Le Quos ego, ou Neptune appaisant la tempête, excitée par Eole contre la flotte d'Enée, avec neuf sujets de l'histoire de ce héros gravés à l'entour. D'après Raphael, sans marque, avec l'inscription : *Cui Venus Ascanii sub imagine mittit amorem.* Gr. in-fol.

Les belles épreuves sont difficiles à trouver ; aux secondes les muscles de l'estomac de Neptune ont été retouchés ; ce qui rend l'estampe d'une dureté désagréable.

18. Un Satyre lascif qui s'efforce de découvrir une femme couchée au pied d'un petit rocher, avec un enfant

qui

qui a pris un pigeon. Pièce ceintrée, in-4. et une des premières gravures de Marc-Antoine, datée de 1506.

19. L'histoire de Psyché, tirée d'Apulée, attribuée pour la gravure à Marc-Antoine et pour l'invention à Raphaël.

On croit communément que Marc-Antoine n'y a eu d'autre part que la direction, et que Augustin de Venise et Marc de Ravenne en ont été les véritables graveurs. Quant au premier la chose est incontestable, attendu que cette suite renferme trois morceaux avec les lettres A.V. Ces feuilles, au nombre de 32., chacune avec 8. vers italiens, sont en in-fol. et en travers. Elles ont été souvent copiées.

20. Les Amours des Dieux et des Déesses, ou les Postures, et au bas les sonnets de l'Arétin.

Ces pièces infames, gravées d'après les dessins de Jules Romain, sont aujourd'hui de la plus grande rareté, si tant est qu'elles existent encore. Cette suite ou nombre de 20. morceaux in-4. se trouve insérée dans le Catalogue de Mariette, à l'article du III. Volume de l'œuvre de Marc-Antoine. On m'a dit qu'elle a été vendue 80000. L.

M. ANTOINE.

En *Inventions.*

1. La Peste, pièce nommée en italien il Morbetto. On voit vers la gauche dans une voute un homme malade, en compagnie de deux femmes, et on lit: *Effigies sacræ divum Phrigi.* Au milieu sur un piédestal se trouvent ces mots: *Linquebant dulces animas aut ægra trahebant corp. Inven. Rap. Ur.* Avec le chiffre. In-fol.

Cette pièce, retouchée souvent, est difficile à trouver belle d'épreuve. Dans la Collection Impériale de Vienne il s'en trouve une de la dernière beauté.

2. Les Grimpeurs, trois figures, tirées du carton de la Guerre de Pise, fait par Michel-Ange. Au milieu d'une terrasse est attaché un écriteau avec l'année 1510. In-fol.

3. La Sorcellerie, en italien le Stregozzo, ou la Carcasse, parce qu'on voit une sorciere, assise sur la carcasse d'un monstre, traîné par deux hommes nuds, avec un jeune homme monté sur un bouc et sonnant du cor. Grande pièce en t.

L'invention est attribuée par les uns à Raphael et par les autres à Michel-Ange; et la gravure à Marc-Antoine, dont on voit la tablette; mais aux épreuves postérieures on y trouve aussi les lettres initiales d'Augustin Vénitien.

4. Le Triomphe de l'Amour, pièce nommée en italien: il Pito. On y voit un jeune homme nud, un casque en tête et un petit manteau sur l'épaule gauche;

figure qui doit représenter le Génie de Rome, foulant des armes sous ses pieds et s'appuyant sur un des deux captifs, avec d'autres accessoires. Allégorie attribuée à Mantegna, sans nom et sans chiffre. Gr. in-fol. en t.

5. L'Empereur Trajan, couronné par la Victoire, et haranguant ses Soldats, avec quantité d'accessoires. D'après un bas-relief antique de l'Arc de Constantin. Pièce marquée du chiffre, gr. in-fol. en t.

6. Chasse au lion, où l'on voit cet animal en fureur et où on lit sur la marge: *Que stubant vix hospitibus spectanda sepulchra. Quilibet arbitrio jam videt illa suo. Romæ in Pluvio S. Petri.* Bas-relief antique, avec le chiffre. Gr. in fol. en t.

7. Offrande à Priape, grande Bacchanale en forme de frise, où Silene, habillé d'un long vêtement, se voit au milieu de l'estampe, conduit par deux Bacchantes. Sur la gauche se trouve le therme de Priape, devant lequel est une Satyresse le pied posé sur un petit piedestal où on lit: *Rom. Ae. ad S. Marc.* Pièce lubrique, attribuée à Raphael, avec le chiffre. Large de 19 pouces et haute de 5 pouces.

8. Autre Offrande à Priape, avec sa statue en therme, placée au milieu et caressée par une femme; à gauche une autre femme lui présente un enfant mâle. Pièce licentieuse, marquée de la tablette. In fol.

9. Jeune homme d'une belle proportion et de bonne mine, dans une niche, légérement drapé à l'antique, la main droite passé par dessus la tête et tenant de la main gauche une espèce de cassette de bois. Pièce marquée du chiffre. In fol.

10. Grouppe de trois femmes, portant une cassolette; pièce nommée la Cassolette, gravée sur le dessin de Raphael, marquée de la tablette. In-fol.

A. DE VENISE.

11. Cléopâtre, statue de la cour du Belvédère, couchée et endormie sur un lit, les deux bras passés sur sa tête. D'après le dessin de Raphael, et marqué de la tablette. In-4.

12. Apollon, statue dans une niche, tenant d'une main sa lyre et s'appuyant de l'autre sur un tronc d'arbre, autour duquel est entortillé le serpent Python. D'après le dessin de Raphael, et avec la tablette. In-4.

13. Les trois Graces debout, bas-relief avec l'inscription : *Sic Romae nivo ex Marmore fculp.* sans marques. In fol.

14 Danse de neuf Enfans, pièce gravée d'après Raphael. Large de 6 p. h. de 4 p. 3 l.

Voyez, pour le reste de l'œuvre de Marc-Antoine, *Dictionnaire des Artistes de Heinecke*, Tom. I. p. 276.

AUGUSTIN VENITIEN ou DE MUSIS, de son nom de famille, dessinateur et graveur au burin, naquit à Venise vers 1490. et mourut à Rome vers 1540. Augustin se rendit de Venise à Rome pour se perfectionner dans la gravure sous la direction de Marc-Antoine qui en fit un de ses meilleurs disciples. Il s'est souvent servi d'une petite tablette, semblable à celle de son maître ; mais il se trouve aussi des pieces où les lettres A. V. sont mises tantôt sur cette tablette, tantôt tracées séparément: ce qui fait croire ou qu'Augustin a retouché ces planches, ou qu'il les a gravées à l'aide de son maître. Vasari nous apprend que parmi les jeunes artistes venus à Rome ceux qui montrerent le plus de talens et dont leur maître commun tira le plus de partie, furent Augustin de Venise et Marc de Ravenne.

Après la mort de Raphael ces deux artistes, qui se concertoient dans leur travail, se séparèrent et travaillèrent chacun pour son compte. Le sac de Rome, arrivé en 1527. dispersa la plupart des artistes; ils allèrent chercher de l'occupation dans d'autres villes, en attendant le retour de la tranquillité.

Augustin s'étoit rendu à Florence, dans l'intention de s'attacher à André del Sarto. Mais ayant gravé une pièce, représentant un Christ mort soutenu par des Anges, il n'eut pas l'approbation du peintre qui ne voulut jamais permettre ensuite qu'on gravât d'avantage d'après lui de son vivant.

Quoiqu'il en soit, Augustin occupe un rang distingué parmi les graveurs de ce tems reculés. Il égale souvent Marc-Antoine

86   A. DE VENISE.

pour la finesse de son burin, mais il lui est inférieur pour la correction du dessin.

L'œuvre de ce maître est un des plus difficiles à completter, surtout par rapport aux bonnes épreuves. Les estampes de ces premiers graveurs tomboient presque toutes entre les mains des peintres et des autres artistes, attendu que le nombre des amateurs étoit encore peu considérable, et que ceux-là ne prennent pas toujours le même soin des pièces que ceux-ci. De-là ces anciennes épreuves, qui ne brillent pas par la bonté de la conservation, se distinguent par la vigueur de l'exécution. Ajoutons à cela l'industrie des marchands d'estampes qui, trouvant du débit de leurs marchandises, faisoient retoucher si souvent leurs planches que les épreuves ne ressemblent plus aux premieres impressions.

Augustin marquoit régulierement ses planches des lettres A. V. ou de A. V. en y ajoutant l'année, dont la date ne commence pas avant 1509. et ne va pas au-delà de 1536.

A. *Portraits.*

1. Portrait du Pape Paul III. en profil et en calotte.

pièce marquée : *Paulus III.* etc. *Mar.* *An. M. D. XXXVI.* Gr. in-fol.

2. Le même Portrait, avec la couronne papale et l'année M. D. XXXVI. Gr. in-fol.

3. Portrait de Charles V. tenant l'épée de la main droite. Gravé d'après le Titien et marqué A. V. avec 16. vers italiens. in-fol.

4. Autre Portrait de Charles V. marqué A. V. avec l'inscription : *Progenie, divum quintus sic &. Aet. sua XXVI. A. M. D. XXXVI.* In-fol.

5. Portrait de Ferdinand, Roi des Romains, marqué A. V. et portant l'inscription : *Proximus a summo Ferdinandus &c. aet. suae XXXIIII. An. M. D. XXXVI.* In-4.

6. Portrait de François I. Roi de France. Pièce marquée 1536. A. V. et *Franciscus Gallorum Rex Christianissimus.* Gr. p. in-fol.

7. Portrait de l'Empereur Soliman, vu de profil. Pièce marquée 1535. A. V. et *Suliman Ottoman. Rex Turc. X.* Gr. in-fol.

8. Portrait de Barbarousse portant un turban. Marqué 1535. A. V. *Ariadenus Barbarussa Cirthae Tunet. 19. Rex. ac Ottomanicae &c.* Gr. in-fol.

B. Histoire sacrée.

1. La Création des animaux, pièce d'après Raphael, gravée conjointement avec Marc de Ravenne, portant pour inscription : *Exc. Deus enim Omnia &c.* In fol. en t.

2. Le Sacrifice d'Isaac, où l'ange retient le bras d'Abraham. Pièce marquée A. V. In-fol.

3. La Bénédiction d'Isaac, avec le nom de Raphael, les lettres A. V. et l'année 1522. In-fol.

4. La même pièce avec des différences et la date de 1524.
5. Le Passage de la mer rouge. Pièce gravée d'après Raphael conjointement avec Marc de Ravenne. In-fol. en t.
6. La Manne recueillie dans le désert. Pièce d'après Raphael, gravée sans et avec les lettres. A. V.

On croit qu'Augustin a retouché, ou terminé la planche que Marc-Antoine avoit commencée.

7. Samson lié par les Philistins, pièce en rond, de 9. pouces de diamètre, marquée A. V. On la croit de son invention.
8. La Reine de Saba visitant Salomon. Pièce d'après Raphael sans nom et sans marque, attribuée communément à Marc-Antoine; mais elle est plutôt l'ouvrage de Marc de Ravenne et d'Augustin de Venise, et encore une de leurs premieres productions. In-fol. en t.
9—12. Les quatre Evangélistes sur des nues; quatre pièces gravées d'après Jules Romain et marquées A. V. 1518. In 4.
13. L'Annonciation, où le Pere éternel dans les airs donne la bénédiction. Pièce sans nom et sans marque, d'après Raphael, attribuée par Vasari à Augustin et à Marc de Ravenne. In-fol.
14. La Nativité où l'on voit les têtes de l'âne et du bœuf près du berceau. Pièce gravée d'après Jules Romain et marquée 1531. A. V. In-fol. en t.
15. St. Jean Baptiste assis dans le désert, levant la main droite et tenant son bâton de la main gauche. Pièce d'après un Anonyme, sans autre marque que l'année 1532. In-4.

A. VENITIEN. 89

16. Le Massacre des Innocens, copié d'après l'estampe de Marc-Antoine par Augustin avec son chiffre. In-4. ent. très-rare.

17. La Sainte Cène, d'après la gravure en bois de Durer, copiée au burin par Augustin, avec la date de 1514. et les lettres A. V. In-fol.

18. Le même sujet, vu par la porte d'une chapelle, pièce sans noms, attribuée à Raphael. Petit in-fol. très-rare.

19. Portement de Croix, d'après Raphael avec la date de 1519. et marqué (Voy. N. 7.) In-fol.

20. Corps de Jésus-Christ posé sur une pierre, entre deux Anges. D'après André del Sarto, avec l'année 1516. et les lettres (Voy. N. 7.) In-fol. V. ce qui a été dit ci-devant de cette pièce.

21. Jésus-Christ aux limbes, d'après la gravure en bois de la Passion de Durer, avec l'année 1512. et les lettres A. V. Petit in-4. très-rare.

22. L'Archange Michel debout, tenant sa lance de la main droite. D'après Raphael, avec la marque A. V. In-fol.

23. La Vierge à mi-corps, couronné par un Ange, et tenant sur ses genoux l'enfant Jésus auquel le petit St. Jean présente du raisin. Pièce marquée A. V. Petit in-fol.

24. La Vierge levant de terre l'enfant Jésus retenu par le petit St. Jean, et accompagné de deux Anges. Pièce gravée d'après le Francia et marquée (Voy. N. 7.) 1516. Petit in-fol.

25. La Vierge assise sur une espèce de piédestal dans une niche et portant l'enfant Jésus; au-dessus de sa tête se voit un petit tableau tenu par deux Anges et représentant un Ecce Homo. Le tout est accompagné de six

90 A. VENITIEN.

Religieux et d'une Religieuse. Pièce sans nom et sans marque, mais certainement d'Augustin. In-fol.

26. Six figures de Saints et de Saintes, parmi lesquels on voit St. Dominique et St. Pierre Martyr. Dans les airs paroit le Sauveur en croix, avec des Anges qui reçoivent le sang qui coule de ses playes. Pièce marquée de l'année 1528, sans chiffre. In-fol.

27. Saint Jérôme au petit lion; pièce ainsi nommée, à cause d'un petit lion qui s'avance vers St. Jérôme, assis au milieu de l'estampe. Pièce d'après Raphael, marquée A. V. In-4.

28. Sainte Marguerite à genoux auprès d'un démon sous la figure d'un serpent, qu'elle met en fuite en lui montrant une espèce de miroir convexe. Pièce marquée August. et faite sans doute avant qu'Augustin eût fréquenté l'école de Marc Antoine. Petit in-4.

C. *Sujets historiques et mythologiques.*

1. Diogène nud couché sur son vêtement sous un arbre au bord d'une rivière, et caractérisé par sa tasse qui est à côté de lui. D'après Baccio Bandinelli, petite pièce marquée (Voy. No. 7 Hist. sacr.)

2. Iphigénie en Tauride, reconnoissant Oreste son frère et Pilade, qu'on lui amène pour être sacrifiés. Pièce anonyme et une des plus belles d'Augustin. In-4.

3. Les amours d'Alexandre et de Roxane. Pièce sans nom et sans marque, attribuée par Vasari à Raphael et à Augustin. In-fol. en t.

4. Les Sabins accablant de leurs boucliers Tarpéïa qui leur avoit livré le Capitole. In-8.

5. Tarquin faisant violence à Lucrèce. D'après Raphael, pièce marquée A. V. In-4.

A. VÉNITIEN. 91

6. Lucrèce gravée par Marc-Antoine, et copiée en contre-partie par Augustin, avec des vers latins: *Proh dolor sævo &c.* Petit in-4. très-belle.

7. Camille survenant lorsqu'on pese l'or pour le tribut imposé par les Gaulois. Pièce qu'on croit de Baccio Bandinelli, marquée de la tablette avec les lettres A. V. et l'année 1531. *Dum à Romanis solvitur &c.* In-4. en t.

8. Cléopâtre, figure nue et debout, pièce d'après Baccio Bandinelli, marquée A. V. avec l'année 1518. Petit in-fol.

9. Représentation du Camp de l'armée de Charles-quint en 1532. avant la bataille contre Soliman. Pièce marquée A. V. 1532. avec une dédicace au Marquis Sforza Pallavicini, par Sébastien de Valentinis. In-fol.

10. Mars nud, à l'exception d'un petit manteau qui pend par derrière, portant au bras un bouclier rond. D'après Raphael, pièce attribuée à Marc-Antoine, mais elle est d'Augustin. In-8.

11. Vulcain donnant des flèches à Vénus pour les mettre dans le carquois de Cupidon. Pièce gravée d'après Raphael et marquée d'une tablette avec les lettres A.V. et l'année 1530. In-fol.

12. Vénus voguant sur l'onde, montée sur un dauphin et accompagnée de Cupidon qui porte un flambeau, avec un papillon dans les airs. D'après Raphael, sans marque, in-fol.

13. L'Assemblée des Dieux au sujet de Psyché et de Cupidon. D'après Raphael, pièce sans marque, mais gravée selon Vasari, par Augustin et Marc de Ravenne. Gr. in-fol. en t.

14. Festin nuptial de Psyché et de Cupidon; pendant

de la pièce précédente, attribuée aux mêmes graveurs, avec le nom de Raphael.

15. La suite de l'Histoire de Psyché, dont il a été question à l'article de Marc-Antoine; renferme trois sujets avec les lettres A. V. savoir les No. 4. 7. 13.

16. Léda couchée et caressée par le cigne, pièce licencieuse, marquée A. V. Petit in.4. en t.

17. Apollon et Daphné changée en laurier, pièce sans nom, marquée de l'année 1518. et attribuée par quelques-uns à Marc-Antoine, d'après le dessin de Raphael. In-4.

18. Phaëton dans les airs précipité de son char, attelé de quatre chevaux. Pièce attribuée pour le dessin à Raphael et marquée avec les lettres A. V. sur une petite tablette. Avec huit vers italiens. Petit in-fol.

19. Dispute des Muses avec les Piérides, en présence des Dieux et des Déesses sur un fond de paysage, avec l'inscription: *Ausæ cum Musis committere &c.* sans nom de peintre ni de graveur; pièce attribuée par Vasari au Rosso, et en France, où se trouve le tableau, à Perin del Vaga; elle est gravée, à ce qu'on croit, par Augustin. Gr. in-fol. en t.

Cette pièce a été retouchée par Enea Vico et publiée par Lafreri en 1553. avec ces mots: *Aeneas Vicus restituit.*

20. Neptune métamorphosé en cheval-licorne amoureux de Phylire qui tient le cheval par la bride et qui est assise au pied d'un édifice. Pièce gravée d'après Jules Romain, et marquée (Voy. No. 7. Hist. sacr.) avec l'année 1516. In-8.

21. Silene monté sur un âne, et conduit en triomphe par des Satyres et des Bacchanales. Pièce d'après

A. VENITIEN.

Raphael et marquée des lettres A. V. sur une tablette. In-4. en t.

Mariette en attribue l'invention à Raphael dal Colle.

22. Orphée, touchant la lyre, fait taire le chien Cerbère, qui est à l'entrée des enfers. Petite pièce d'après Jules Romain, marquée des lettres A. V. et de l'année 1525.

23. Hercule enfant déchire deux serpens en présence de ses parens. Pièce d'après Jules Romain, marquée d'une tablette avec les lettres A. V. et la date de 1533. Petit in-fol.

24. Hercule étouffant Antée, où la terre est représentée par une vieille femme. Pièce d'après Michel-Ange, marquée A. V. et datée de 1533. Petit in-fol.

25. Hercule étouffant le lion de la forêt de Némée. Pièce d'après Raphael, marquée A. V. avec l'année 1528. In-8.

26. Sujet emblématique où se voit une Femme qui sonne de la trompette en présence des Dieux à une table au haut de l'Olympe; toutes petites figures entourées de nues. Pièce marquée (Voy. No. 7. Hist. sacr.) 1516. espèce de frise large de 10 p. 2 l. et haute de 4 p. 6 l.

Mariette attribue l'invention à Baccio Bandinelli.

D. Inventions.

1. La Providence. Pièce marquée d'un A. V. et des mots : Caufar. Cognitio sur une tablette portée par deux Anges. Sujet gravé aussi par Marc-Antoine. Petit in-fol.

2. La Sibylle de Cume, qui obtient du soleil que le

sable qu'elle porte dans une corbeille soit changé en or. Pièce d'après Raphael, marquée A. V. 1516. In-4.

3. Le Souvenir de la Mort, ou le Cimetiere. On voit la Mort tenant un livre dont elle déchire les feuillets au milieu d'une troupe d'hommes et de femmes tout décharnés. D'après Baccio Bandinelli; pièce nommée les Squelettes de Baccio, et marquée: *Augustinus Venetus de Musis faciebat* 1518. Gr. in-fol. en t.

4. La Bataille de Charles le téméraire, sujet ainsi nommé par quelques-uns. On y voit deux armées en présence, sur le devant des canons, et sur l'un des étendarts le chiffre (Voy. No. 7. Hist. sacr.) avec l'année 1518. Petit in-fol. en t.

On a plusieurs copies de cette pièce, entre autre une de Jérôme Hopfer.

5. Les Grimpeurs, pièce pareillement gravée par Marc-Antoine, mais moins riche en figures que celle-ci. Sur une tablette on lit: *Michel Angelus Bonarota*, et sur une pierre carrée M. D. XXIIII. A. V. Gr. in-fol. en t.

6. L'Académie de dessin de Baccio Bandinelli, où le peintre est assis au milieu de ses éleves, occupés à dessiner d'après la bosse. Pièce marquée Baccio, avec les lettres A. V. et l'année 1531. Gr. in-fol. en t.

7. Combat de cinq Guerriers. On voit exposée hors d'une tour une tête mise au bout d'un bâton. Pièce anonyme, d'un carton de Pise de Michel Ange. In-4.

8. Bain de quatre femmes dans une chambre, où l'on voit dans le lointain par une porte une femme couchée sur un lit. Pièce marquée A. V. attribuée à Raphael. In-fol.

9. Un Homme habillé à l'antique, assis au pied d'un laurier entre deux Femmes. Pièce gravée par Au-

A. VENITIEN.   95

gustin d'après Raphaël, quoiqu'elle porte la tablette de Marc-Antoine. In-fol.

10. Trois femmes ayant leurs têtes couvertes de longs manteaux, sujet nommé: les trois Femmes allant au sépulcre, et attribué à Michel-Ange. Pièce sans nom et sans marque. In-fol.

11. Un Vieillard nud, se soutenant sur une béquille et voulant relever un homme à terre, dans un paysage où l'on voit des ruines d'un amphithéâtre. Pièce marquée (Voy. No. 7. Hist. sacr.) In-8.

12. Un Soldat armé, frappant de son sabre un homme nud, terrassé à ses pieds. Pièce très-rare, d'un des cartons de Pise de Michel-Ange. In-4.

13. Un Gladiateur nud frappant de sa massue, qu'il tient de la main gauche, un homme étendu à terre, la tête sur une pierre. Pièce semblable à la précédente. In-fol.

14. Un Berger assis, caressant sa Bergere. Pièce gravée d'après Raphael, et marquée A. V. In-fol.

15. Deux femmes assises à terre l'une vis-à-vis de l'autre. Celle qui est à droite tient sur sa main une petite Victoire, et celle qui est à gauche une clochette. Le fond est un paysage. Pièce anonyme, petit in-4.

16. Une Femme à demi drappée, tenant d'une main un casque et de l'autre un sceptre, accompagné d'un petit Amour. Pièce avec le chiffre d'Augustin sur la base d'un petit pilastre et l'année 1528. In-4.

17. Le Porte-enseigne, pièce marquée des lettres A. V. sur une tablette, d'après Raphael. In-fol.

18. L'Homme qui porte sur ses épaules la base d'une colonne, pièce marquée de même, d'après le même. In-fol.

19. Un Soldat debout arrangeant ses chausses, pièce tirée des cartons de Pise et marquée A. V. 1517. In-4.

A. VENITIEN.

20. Un vieux Philosophe, ou Magicien, assis à terre dans un paysage, mesurant d'avec le compas un disque sur lequel on voit le soleil et la lune, portant la date de 1509. D'après Dom. Campagnola. Petit in-4.

21. Une Femme deshabillée et assise sur une pierre, se tirant un épine du pied. Pièce d'après Raphael, marquée de 1532. In-4.

22. Une Femme debout, bien drapée, portant sur sa tête un vase qu'elle soutient de la main gauche. Pièce d'après Raphael, marquée A. V. In-4.

23. Femme presque nue, sa main droite sur un vase et portant la gauche à son cou. Elle est debout devant un pilastre dans un paysage. Pièce sans nom et sans marque. Petit in-4. Très-rare.

24. Danse de six figures, trois Faunes et trois Bacchantes. Frise gravée sur deux planches, d'après un bas-relief antique, sur un dessin que les uns attribuent à Raphael, les autres au Primatice. Pièce marquée 1518. (Voy. N. 7. Hist. Sacr.)

25. Feuillage, où se voit Cupidon tenant la moitié d'un disque, sur lequel on voit les lettres A. V. et la date de 1530. Pièce qu'on croit gravée sur le dessin de Jean da Udine. In-fol. en. t.

26--37. Douze pièces de Thermes ou de Cariatydes, marquées: *Sic Romae in Pluvio ex marmore sculp.* 1536. In-4.

38--53. Seize pièces de Vases antiques de bronze et de marbre, gravées en 1530 et 31. marquées: *Sic Romae antiqui sculptores ex aere et marmore faciebant.* Petit in fol.

54--89. Trente-six pièces de Grotesques, d'après le dessin de Raphael, y compris une suite de six pièces qu'on trouve séparément. Plusieurs sont marquées des lettres

A. VENITIEN.

lettres A. V. les autres sont gravées par Marc de Ravenne et par d'autres éleves de Marc-Antoine. In-4.

90—137. Quarante-huit pièces nommées les Bustes d'Augustin, sous le titre: *Illustrium viror. ut extant in Urbe expressi vultus. Romae 1569. Cum privil. Summ. Pont. Formis Ant. Lafreri. in-4.*

Cette suite, dont les feuilles sont numérotées, commence par le buste d'Heraclite N. I. et finit par celui de Janus, N. XLVIII. Mathaeus Bolzetta a recueilli de nouveau ces planches et les a mises au jour sous le titre: *Illustrium virorum in Urbe vultus, coelo Augustini Veneti. Romae 1569. Prostant apud Matthaeum Bolzettam de Cadorinis. Patavii 1548. D. D. Joanni Cottonio, Patricio Veronensi.* Avec son portrait gravé par G. Gregori.

Cette suite commence par le Buste d'un Inconnu, et finit par celui de Janus sous N. LII.

138. *Arco Constantino in Roma;* inscription écrite sur un rouleau, tenu par un Génie. Pièce en rond, marquée A. V. 1517.

V. Dictionnaire des Artistes de Heinecke, Tome I. pag. 605.

MARC DE RAVENNE, MARCO RAVIGNANO, graveur au burin, né à Ravenne vers 1496.

et mort à Rome vers 1550. Eleve de Marc-Antoine, conjointement avec Augustin de Venise, il travailla pendant quelque tems en commun avec ce dernier. Quoique Marc ne fut pas de la force d'Augustin qui montre en général un burin plus ferme et une plus grande correction dans son contour, il ne laisse pas d'être recherché par la propreté de son travail et par la facilité de son exécution. Au reste pour l'apprécier il faut le juger d'après de bonnes épreuves.

En 1520. après la mort de Raphael, nos deux condisciples se séparerent comme il a déja été dit, et travaillerent chacun en particulier. Il est probable que ce n'est que depuis ce tems qu'ils ont marqué leurs estampes chacun de son chiffre ou des lettres initiales de son nom.

Vasari, en avançant que Marc de Ravenne désignoit ses estampes gravées d'après Raphael par les lettres R. S. a été cause, que plusieurs ont été induit à croire, que ces lettres indiquoient toujours Raphael Sancio, tandis qu'il est prouvé que ni le chiffre R. S. entrelacé, ni la lettre R. seule ne sauroient signifier autre chose que :

Ravignano sculpsit. De-là il est certain que le chiffre composé d'un R. et d'un S. qui se trouve sur le Massacre des Innoccens de Baccio Bandinelli, pièce gravée deux fois, ne peut s'expliquer par Raphael Sancio, attendu que le nom de Baccio se trouve sur l'une de ces gravures, et le chiffre de Ravenne sur toutes les deux. Il est vrai, Vasari prétend qu'Augustin a travaillé à ces pièces; il est pourtant probable que Marc y a eu la plus grande part, puisque son chiffre y a prévalu.

Du reste il paroît que cette méprise en a occasionné une autre par l'explication de l'Abbé de Marolles, qui a cru trancher la difficulté en faisant deux artistes d'un seul. Il a le premier avancé que le chiffre S. R. signifie Silvestre de Ravenne, ou Ravennas, nom qui fut ensuite généralement adopté, quoiqu'il n'ait jamais existé de graveur de ce nom. M. Basan ne manque pas de dire, dans un article de son *Dictionnaire des graveurs:* „Silvestre de Ravenne — nommé par les Italiens Silvestre Ravennas, ou Ravignano."

Il en est de même de l'explication de la lettre R. toute seule. Sans doute elle dénote quelquefois Raphael; mais d'autres fois elle ne peut s'expliquer que par Ravignano. Le Cimetiere, ou le Souvenir de la mort, gravé d'abord par Augustin de Venise, et regravé ensuite par Marc de Ravenne, est marqué de son grand R. Or comme il est manifeste que le dessin de cette piece est de Baccio, dont le nom se trouve exprimé sur l'estampe d'Augustin, cette R. ne sauroit désigner Raphael sur l'autre piece.

En résumant toutes ces remarques, nous trouvons son nom entierement exprimé dans son estampe de la statue de Laocoon; toutes les autres pièces que nous avons de lui portent le chiffre d'un R. et d'un S. ou d'un grand R. seul; quelquefois aussi elles ne portent pas d'autre marque qu'une MR.

A. *Sujets sacrés.*

1—12. Suite de frises de l'Histoire de la Bible; 12. petites pièces, en t. gravées d'après les peintures du Vatican, du dessin de Raphael, et marquées du chiffre de Ravenne.

13. Le Massacre des Innocens, où se voit Hérode sur un perron entouré de ses officiers. Pièce marquée

du chiffre de Ravenne, et inscrite: *Bacius Florentinus*. Gr. in-fol. en t.

14. La même pièce dans l'autre sens, avec le même chiffre, sans le nom du peintre.

15. La Transfiguration, d'après le dessin de Raphael; pièce marquée d'un R. sur un tronc d'arbre où est assis un apôtre. In-fol.

16. La Cène appellée la Pièce des Pieds, gravée pareillement par Marc-Antoine, et marquée d'un R. In-fol. en t.

17. La Vierge à la longue cuisse, gravée aussi par Marc-Antoine, avec cette différence qu'on trouve ici un baril suspendu à une muraille, avec le chiffre ordinaire de Ravenne. In-fol.

18. La Sainte Famille, où la Vierge est assise, avec l'enfant Jésus, sur une espèce de tribune, pièce avec le chiffre ordinaire de Ravenne. Sans le nom du peintre, qui est Polidore. In-fol.

19-31. Le Sauveur et les Apôtres, 13. pièces, les mêmes que Marc-Antoine avoit gravées d'après Raphael. Elles sont marquées du chiffre de Ravenne. gr. in-4.

Il y a des épreuves avec le nom de Salamanca.

32. Saint Michel foulant le démon à ses pieds, et tenant sa lance de la main droite. Pièce d'après Raphael, et marquée du chiffre ordinaire. Petit in-fol.

33. Le Cimetière, ou le Souvenir de la mort, pièce gravée pareillement par Augustin d'après Bandinelli avec les noms du graveur et du peintre. Celle-ci est marquée d'un gr. R. In-fol. en t.

Cette estampe paroît être gravée sur un autre

dessin de Baccio. Elle diffère beaucoup de celle d'Augustin, tant pour l'exécution en général que pour les figures en particulier.

B. *Sujets profanes.*

1. L'Enlevement d'Hélène, pièce gravée aussi par Marc-Antoine, d'après Raphael. Celle-ci est marquée d'un grand R. in-fol. en t.

2. Aléxandre faisant enfermer les livres d'Homere dans le coffre de Darius; pièce copiée d'après l'estampe de Marc-Antoine, dont l'original est de Raphael. Sans marques, avec le nom de Salamanca.

3--4. Deux pièces d'après Jules Romain: 1) Entrevue de Scipion et d'Annibal en présence de leurs armées. 2) Victoire de Scipion sur Annibal. La derniere est marquée d'un R. in fol. en t.

5. Jupiter, armé de sa foudre, se repose à terre près de son aigle. Petite pièce anonyme, attribuée à Salviati et à Ravenne.

6. Vénus quittant Junon et Cérès, sujet de la fable de Psyché. Pièce gravée d'après Raphael et marquée d'un R. Petit-in-fol.

7. Le Triomphe de Galatée; pièce gravée pareillement par Marc Antoine d'après Raphael, et marquée d'un R. Gr. in-fol.

8. Jupiter et Antiope, avec la statue de Priape. sans nom et sans marque. Petit in-4. en t.

9. Euridice sortant des enfers, morceau anonyme, dont le dessin paroît être de Jules Romain, et la gravure de Marc de Ravenne dans le goût de Marc-Antoine. In-4.

10. Nymphe couchée sur le dos d'un Triton, qu'elle

serre dans ses bras. Pièce anonyme, d'après Raphael. In-4.

11. Poliphême poursuivant Galathée, accompagnée d'un Amour. Pièce sans marque, gravée d'après Raphael. In-4. en t.

12. Galathée sur les eaux debout, sur une conque marine, traînée par deux dauphins fuyant Poliphême. Pièce sans marque, gravée d'après Raphael. In-4. en t.

13. Apollon gardien des troupeaux d'Admete; bergerie dans le goût antique. Pièce anonyme, d'après Raphael. In-4.

14–16. Trois pièces, les trois Nymphes de Marc-Antoine d'après Raphael. La premiere, accompagnée de Cupidon, est montée sur deux monstres marins; la seconde est épiée par un Satyre; et la troisieme se tire une épine du pied. Pièces avec quelques différences et de chiffre ordinaire de Ravenne.

17. Vénus sur les eaux, figure nue debout, le pied gauche posé sur une coquille, où se trouve le chiffre ordinaire de Ravenne. D'après Raphael, in-fol.

18. Cupidon monté sur un dauphin, tenant de la main gauche une espèce de conque. Pièce gravée d'après Raphael et marquée de la lettre R. In-4. en t.

19. Vulcain, accompagné de l'Amour, forgeant une flèche. Pièce gravée d'après Raphael et marquée du chiffre ordinaire de Ravenne. In-4. en t.

20. Silène ivre, monté sur un âne qui brait, et soutenu par deux Bacchantes, tandis qu'un vieux Satyre nain mène l'âne. Pièce anonyme. In-4. en t.

21. Un Satyre portant dans ses bras une femme nue. Pièce anonyme, attribuée pour le dessin à Jules Romain, et pour la gravure à Marc de Ravenne. In-4.

22. Un Satyre qui fait assaut contre un bouc, entre eux une espèce de colonne. Pièce sans marque, gravée, à ce qu'on croit, d'après Raphael. In-4. en t.

23. Combat d'Entellus et de Daret; pièce gravée d'après Raphael, et marquée du chiffre ordinaire de Ravenne, avec l'inscription: *Entelli et Daret. Cestum Cert.* In-fol.

24. Orphée assis, la lyre sur les genoux; auprès de lui un bœuf, derriére lui un chien, ainsi qu'un tronc d'arbre avec un serpent. Pièce d'après un maître inconnu et marquée d'un chiffre ℞ qu'on prend aussi pour celui de Ravenne. In-4. en t.

25. La Poësie, pièce gravée aussi par Marc-Antoine, sur la tablette se trouvant les mot: *Numine afflatur.* La différence est, qu'on trouve ici l'année 1542. In-4.

26. Bacchanale d'enfans, où se voit un jeune garçon qui tient une lyre et qui porte le pied droit sur une piere marquée d'un MR. Le dessin est attribué à Jules Romain. in fol.

27. Emblème où se voit un Lion, un Renard et un Dragon, avec le mot: *Ergo*, et le chiffre ordinaire de Ravenne. Moyenne pièce en ovale et en t.

28. La même pièce sans chiffre.

C. *Bas-reliefs et Statues.*

1. Ancien Sacrifice; au milieu de l'estampe un autel et un chaudron qui fume; le sacrificateur et le jeune victimaire à droite, et l'homme qui amène un bouc à gauche. Pièce gravée d'après un bas-relief antique, et marquée du chiffre ordinaire de Ravenne. In-4. en t.

2. La même pièce en contre-partie, aussi avec le chiffre.

3. Bas-relief de l'Arc de Constantin, où se voit un

guerrier monté sur un cheval qui se cabre, et sous lequel se trouvent deux hommes terrassés. Pièce avec le chiffre. In-fol-en t.

4. Frise antique, avec une décoration d'architecture, devant laquelle on voit trois Amours dont l'un porte un trident et les deux autres tiennent une conque. Monument de sculpture conservé à Ravenne, dans l'église de S. Vital, avec cette inscription: *Opus hoc antiquum repertur Ravennœ in Aed. divi Vitalis M. D. XVIII.* Pièce avec le chiffre. In-fol. en t.

On a des épreuves sans chiffre.

5. Bataille où se voit un Soldat qui donne un coup de pique dans le derrier d'un cheval qui rue. Pièce avec le chiffre ordinaire de Ravenne. In-fol. en t.

6. Une Femme conduisant un Lion vers une espèce de bucher. Pièce attribuée par quelques uns à Marc-Antoine malgré le chiffre de Ravenne. In-4.

7—10. Quatre sujets de Bas-reliefs, tirés de la Colonne Trajane; le premier représente une Légion romaine, précédée de ses enseignes; le second et le troisième des Cavaliers romains, faisant abreuver leurs chevaux; le quatrième des Soldats travaillant à fortifier un camp. In-fol en t.

Ces quatre morceaux non finis et sans marques, sont assez généralement attribués à Ravenne.

11. La statue du Laocoon, marquée sur la base: MRCVS. RAVENAS. Gr. in-fol.

Cette estampe, la seule dont le nom du graveur se trouve ainsi exprimé, est très-rare et très-remarquable, parce qu'elle nous représente ce monument dans l'état qu'il étoit lors de sa découverte et qu'elle nous fait connoître les parties qui en ont été restaurées.

12. Autre estampe de cette Statue, marquée du chiffre ordinaire et de l'inscription : *Prout in II. Aeneidos. P. V. Maronis.* In-fol. en t.

On prétend que Raphael en a fait le dessin ; du moins Ravenne y a bien saisi la manière de ce grand maître.

13. La statue équestre de Marc-Aurele. Pièce marquée du chiffre ordinaire et de l'inscription *Sic Romae acre sculp. ante Portam Eccl. S. Io. Iauts Lather.* In-fol.

14. Les trois Graces, d'après le marbe antique ; pièce avec le chiffre ordinaire de Ravenne. In-4.

15. Une Femme nue, assise auprès d'un grouppe d'arbres et s'ôtant un épine du pied ; pièce nommée la Venus au lapin. In-4.

16. Les deux Femmes qui portent une Cassolette ou un encensoir : grouppe d'après le dessin de Raphael, avec le chiffre de Ravenne. In 4.

17. Statue de l'Homme assis, se tirant une épine du pied. Pièce avec son chiffre et l'inscription : *Roma in Capitoli.* In-4.

18. Statue mutilée d'un Empereur ; auprès d'un tronc d'arbre. Pièce marquée d'un grand R. Petit in-fol.

Voyez le *Dictionnaire des Artistes de Heinecke*, Tome I. p. 642.

J. BONASONE.

Jules Bonasone ou Bolognese, peintre, dessinateur et graveur au burin, naquit à Bologne vers 1498, et mourut à Rome vers 1564. Il apprit les principes de son art de Laurent Sabbatini, peintre Bolonois, et suivit dans la gravure la maniere de Marc-Antoine. Bonasone travailla d'après Raphaël, Michel-Ange, le Parmesan et d'autres grands maîtres d'Italie, mais surtout d'après ses propres inventions. A une grande facilité il joint beaucoup d'élégance ; du reste il n'est pas si ferme, ni si pur dans le contour que Marc-Antoine, son compatriote. Son dessin est souvent incorrect et les extrémités de ses figures son fréquemment négligées. Rarement les plis de ses draperies sont bien entendus, et les fonds de ses estampes, surtout dans ses paysages, sont extrêmement roides. Malgré ces défauts, qui ne concernent pas tous ses ouvrages, ses meilleures estampes sont en haute estime aux yeux des amateurs judicieux. On y admire particulierement l'attention qu'il a eue pour conserver les masses, et pour distribuer les jours et les ombres, soit sur les groupes en général, soit sur les figures en particulier.

Enfin ce qui caractérise singulierement les productions de Bonasone, c'est la gentillesse de son travail, et le bon goût de ses compositions, joint à la tournure agréable de ses figures. Mais pour y trouver ces qualités, il faut juger ses estampes d'après les meilleures épreuves; celles qu'on rencontre communément, sont si pâles et si usées, qu'elles n'offrent plus gueres que l'ombre de l'esprit original.

Outre le Catologue de Bonasone, publié par Malvasia le siecle passé, feu M. Mariette avoit composé un Catalogue raisonné d'après l'œuvre superbe qu'il possédoit de ce maître et qui consistoit en 190. pieces du plus beau choix. Du reste on n'a pas jugé à propos jusqu'ici de donner au public ce Catalogue.

Bonasone avoit différentes manieres de marquer ses estampes. Tantôt il employoit les lettres initiales de son nom B. — I. B. — I. B. F. tantôt il se servoit de son chiffre $\mathcal{VB}$. — Le plus souvent il mettoit son nom, tantôt tout au long, tantôt en abrégé, ainsi figuré: *Julius Bonasonius* F. — *J Bonasone inventore.* — *Julio*

J. BONASONE.

Bonisoni. — Julio Bonaso. — IV. Boneso. — Bonaso I. Vintor — Julio b. et de différentes autres façons, toutes plus bizarres les unes que les autres.

A. Portraits.

1. Le Pape Marcelle II. sans le nom du graveur. In-4. Très-rare.
2. *Philippus Hispaniarum Princeps, Caroli V. filius.* Julio b. f. gr. in 4.
3. Le Cardinal Pietro Bembo. Aet 77. Pièce anonyme. D'après le Titien. In-4.
4. Raphael d'Urbin, avec et sans le nom. In-4.
5. Michel-Ange Buonarotti, âgé de 72 ans, dans un rond de sculpture. In-4.

On a des épreuves sans et avec le nom de Bonasone.

6. *Francisci Flori Antverpiani inter Belgas pictoris* — In-4. avec et sans le nom de Bonasone.
7. *Joannes Bernardinus Bonifacius, Oriæ Marchio, Aetatis suæ anno XXXIII. M. D. XLVIII.* Pièce anonyme, in-4.
8. *Nicolo Ardinghello, Cardinalis, annum agens XLIII.* posé sur un monument.

B. Sujets sacrés.

1. La Création d'Eve, d'après Michel-Ange. Avec le nom de Bonasone.
2. Adam et Eve, assis sous un arbre, se tenant embrassés. De l'invention de Bonasone.
3. Adam qui bêche la terre, pendant qu'Eve file à la genouille entourée de deux enfans. Pièce de son invention sans nom. P. in-fol. en t.

4. Adam et Eve chassés du paradis terrestre; composition bizarre, d'après Amico Aspertini. Pièce anonyme in-fol. en t.

5. Sortie de l'Arche, d'après Raphael, avec et sans le nom, 1544. In-fol. en t.

6. Joseph vendu par ses frères. Pièce d'après Raphael, marquée B. V. au lieu de B. F. In-fol. en t.

7. La Coupe dans le sac de Benjamin. Avec les noms de Raphael et de Bonasone. In-fol. en t.

8. La Manne recueillie dans le désert, et Moïse frappant le rocher, sur une même estampe. *F. Parmesanino IV intor. Julio Bolognesi f.* 1546. In-fol. en t.

9. Judith, sortant avec sa servante de la tente d'Hollofernes. D'après Michel-Ange. Gr. in-fol. en t.

10. *Nativitas beati Joannis Baptistæ*, Jacobus Florentinus, dit le Pontorme. *Inventor Julio. B. F.* In-fol. en t.

11. La Nativité. *Julius Bonasone. Invent.* In-4. en t.

12. Autre Nativité, grande composition. Pièce que Malvasia attribue à Jules Romain. Gr. in-fol. en t.

13. Autre Nativité, où l'enfant Jésus, couché dans la crèche, est adoré par la Vierge, St. Joseph et six Bergers. Pièce anonyme, attribuée par Malvasia au Parmesan, et retouché par Salamanca. In-fol. en t.

14. Ste. Famille composée de beaucoup de figures, entre autres de trois enfans. Pièce anonyme, attribuée à Jules Romain, in-fol. en t.

15. Ste. Famille, où St. Joseph est assis sur le bâts de son âne. *J. Bonafone inventore.* In-fol.

16. Corps de Jésus, étendu sur le tombeau devant la Vierge, avec le nom de Raphael, sans celui de Bonasone. In-fol.

17. Le Sauveur assis sur son tombeau, soutenu par deux

J. BONASONE.

Anges, et accompagné de la Vierge et de St. Jean. Pièce marquée de l'année 1532. et d'un B. d'après Polidore. In-fol.

18. Jésus mis dans le tombeau, d'après le Titien, avec le nom des artistes et l'année 1563. In-fol.

19. La Résurrection. *J. Bonasone inventor.* 1561. In-fol.

20. St. Pierre, établi chef de l'église. D'après Raphael. In-fol.

21. St. Jean et St. Pierre, guérissant le boiteux. Pièce en forme de panneau, d'après Perino del Vaga, avec le nom des artistes. In-fol.

On a des épreuves sans noms.

22. St. Paul prêchant le peuple. Ovale, d'après le même, avec les noms des artistes.

23. Le Jugement dernier, avec l'inscription: *Julius Bonasonius Bonon. propria Michaelis Angeli Pictura, quæ est in Vaticano, nigro lapillo excepit in æsque incidit.* Gr. pièce en t.

24. Jesse. David. Salomon. Peinture de la Chapelle Sixtine de Michel-Ange. *Julio Bonasone imitando pinsit & celabit.* Gr. pièce en t.

25. St. Joachim et Ste. Anne, présentant Marie leur fille au Grand-prêtre. Pièce anonyme, d'après le Parmesan. Petit in-fol.

26. Le Sauveur venant à la rencontre de St. Pierre aux portes de Rome. D'après Raphael, avec et sans les noms des artistes. Petit in-fol.

27. La Vierge dans le ciel, avec l'enfant Jésus. D'après le Parmesan. F. P. IV. *J. Bonasonis imitando pinsit & celavit.* In-fol.

28. La Sainte Cécile de Raphael, gravée en 1533. Petit in-fol.

29. Le St. George de Jules Romain, avec les noms des artistes. P. in-fol.

30. L'Empereur Auguste, auquel la Sibylle montre l'image de la Vierge dans les nues. Pièce anonyme, d'après le Parmesan, de l'œuvre de Mariette. In-fol.

31—49. Vingt-neuf sujets de la Passion, sous le titre : *Paſſio Dni. nri Jeſu Chriſti. Julii Bonaſonis Opus. In Bologna, apreſſo Gio. Pierre Rodolfo Pederzani*. Cette suite, p. in-4. commence par l'Annonciation, et finit par la Distribution du Rosaire de la Vierge.

50—62. Treize sujets de la Vie de la Vierge, marqués d'un B. et quelques-uns d'un D. Suite in-8. commençant par la Verge de Joseph qui fleurit, et finissant par la Verge sur un croissant.

C. *Sujets profanes.*

1. Achille, traînant le corps d'Hector, d'après le Primatice, avec et sans les noms. In-4. en t.

2. Prise de Troie. D'après le Primatice. *Bol. inventor.* 1545. *Bonaſonis* F. Grande pièce de deux feuilles en t.

3. Le Naufrage d'Enée. Pièce anonyme, d'après le Parmesan, avec la figure de Neptune très-mal dessinée. P. in-fol. en t.

4. Aléxandre et Bucéphale, avec Roxane, composition circulaire. *Julio Bonaſone inventor.* In-fol. en t.

5. Cimon nourri par sa fille, composition de plusieurs figures, frise, d'après Polidore, sans les noms des artistes.

6. Clélie à cheval, portant une de ses compagnes en croupe et traversant le Tibre. D'après le Rosso. IV. *Bonaſo imitando pinſit & celavit.* Gr. in-fol. en t.

7. Combat de Cavalerie, où l'on voit deux figures dans

J. BONASONE.

dans les airs, première idée de Raphael pour son tableau d'Attila, avec le nom de Bonasone, 1544. In-fol. en t.

8. Scipion blessé, retiré du combat. *IV. Bonaso: imitando pinsit & celabit. Ae. sqlebat.* In-fol. en t.

9. Le mystérieux Saturne, avec ses trois fils. D'après Jules Romain, et les noms des artistes. Petit in-fol.

10—31. L'Histoire de Junon, sous le titre: *Les amours, les dédains et les jalousies de Junon*; 22 pièces in-12. de l'invention et de la gravure de Bonasone, avec des vers italiens.

32. L'Enlèvement d'Europe, avec les noms de Raphael et de Bonasone. Gr. in-fol. en t.

33. Mars et Vénus, deux figures en racourci. Pièce anonyme, d'après le Primatice. In-fol. en t.

34. Vulcain découvrant les Amours de Mars et de Vénus. Pièce anonyme, in-4. en t.

35. Les Vendanges de Vénus, *J. V. Bonaso* Gr. in-fol. en t.

36. Vénus assise, servie par les trois Graces. Pièce anonyme, d'après Raphael. In-4.

37. Naissance d'Adonis. Pièce marquée 1586. B. F. p. in-fol.

38. Le Triomphe de Cupidon et de Psyché qui est nue et assise avec lui dans un beau char. *Julio Bonasono inventor.* In-fol. en t.

39. Apollon sur son char, accompagné des Heures et du Tems. *Julio Bonasone inventore*, et au-dessous IB. In-fol. en t. Sujet libre.

40. Les Enfans de Niobé tués à coup de flèches par Apollon et Diane. Pièce anonyme, d'après Perino del Vaga, gr. in-fol. en t. *Ant. S. Romæ* 1541.

41. La Chute de Phaëton, où se voit un homme qui

verse de l'eau sur la tête du fleuve Pénée. Pièce anonyme d'après Michel-Ange. Gr. in-4.

42. Grouppe de trois Femmes habillées, portant des voiles sur la tête. Pièce anonyme d'après Michel Ange. In-fol.

D. Bustes, Statues, Bas-reliefs, et morceaux d'Architecture.

1. Buste de Jupiter. *Giove* In-8.
2. Buste de Junon. *Giunone.* In-12.
3. Buste de Latone. In-8.
4. Buste de Bellone. In-8.
5. Buste de Pallas. In-8.
6. Hercule et Déjanire, en deux thermes sur une planche. *F. Bonaso* F. In-4.
7. Un Silvain et une Nymphe. *J. Bonaso* F. In-4.
8. Le jeune Olympus tenant dans ses mains une flûte. Pièce anonyme. In-4.
9. Le savant bas-relief antique qui représente la fuite de Médée. *J. Bonasone* F. Gr. in 4. en t.
10. Bas-relief, où se voit une Femme assise et deux Enfans. Pièce anonyme. Gr. in-4. en t.
11. Frise où l'on voit entre des feuillages deux Amours et un Centaure en grotesque soutenant un vase. *J. Bonaso* F.
12. Le Temple de Jupiter. *Tempio di Giove.* Pièce anonyme in-fol.
13. Décoration extérieure d'un Temple en Rotonde, où l'on voit sur le portail Jupiter foudroyant les Géants. Pièce anonyme. Gr. in-fol.
14. Le Temple de Neptune. Pièce marquée I. B. F. 1541. Gr in-fol.

J. BONASONE. 115

E. Pieces libres.

1. Mars et Vénus avec Cupidon qui feint de dormir, et Mercure dans l'air. *Julio Bonasone Inventor*. Petit in-fol.
2. Offrande à l'Amour dans un paysage où plusieurs hommes et femmes s'amusent. Cupidon se voit sur un char dans les nues. 1545. IV. Bonaso I. VINTOR. *Tom. Barlachi exc.* Gr. in-fol. en t.
3. L'Amour dans les champs Elisées, attaché par les mains à un arbre, grande composition. *Julio Bonasone In. Ventore 1563*. Gr. in-fol. en t. *Volò ne campi elisi un giorno amore &c.*
4. Neptune caressant une Nymphe, à côté une femme endormie. *Julio Bononiensi iventor 1546*. In-4. *Dormio dum biando &c.*
5. Quatre Najades, assises sur les eaux à une table, accompagnées de vieux Tritons. *Julius Bonasonius F.* Pièce in-fol. ceintrée.
6. Deux Satyres, avec trois Nymphes dans le creux d'un rocher. *Julio Bonasone F.* Pièce in fol. en t.

F. Suite de vingt-trois pieces libres.

1. Le titre: *Amorosi diletti degli Dei*. Pieces presque toutes in 8.
2. Ixion embrassant une nuée au lieu de Junon avec la marque (V. Sujets profan. No. 39.) *Non bianca nube &c.*
3. Jupiter abusant de Calisto sous la forme de Diane. *I. Bonasone Inventor. Chiamermi posso ben Bacco, &c.*
4. Léda debout, vue par le dos, embrassant le Cigne. *Tu mi fai male &c.*

J. BONASONE.

5. Naissance de Bacchus. *Giove si pose in corpo &c.*
6. Apollon qui a jetté Leucothoé sur un lit. *Figlia mia cara &c.*
7. Vénus embrassant Mars accompagnée de Cupidon. avec la marque (V. Bustes N. 1.) B. Inven. *Deh! cortatevi giù madre mia bella &c.*
8. Junon dans les airs, regardant Jupiter qui caresse Io, sous la forme d'une Vache. *Io ti veggio &c.*
9. Danaé recevant la pluye d'or. *Ogni alto muro ascende &c.*
10. Vénus et Adonis; elle a un pied dans l'eau. *Aspett' Adone mio, chio esca dell' acque &c.*
11. Mars embrassant Vénus, et Cupidon se grattant la tête. *Finiamo — — Marte mio bravo &c.*
12. Sémelé sur un lit, accablée par la foudre. *L'inganno di Giunone &c.*
13. Apollon s'approchant de Daphné qui veut se réfugier sur un lit auprès d'une Femme, avec Cupidon auprès d'elle. *Julio b. inventor.*
14. La même piece, où Daphné est couchée sur le lit sans la femme, ayant Cupidon auprès d'elle. *Ascolta quei d'amor e i miei preghi &c.*
15. Pluton et Proserpine. *Se voi, che io entri nel letto &c.*
16. Mélanthe et un Dauphin avec la tête duquel Cupidon s'amuse. *Muta pur questa forma &c.*
17. Un homme assis sur un lit retenant une femme qui ôte sa chemise. *Lasciatemi cader pur la cimascia &c.*
18. Apollon, accompagné de Cupidon, commence à peindre une femme. *Voglio far questo braccio a modo mio &c.*
19. Les amours de Vénus et de Mars découverts par Apollon. *Tu m'hai scoperto al vecchio mio Vulcano &c.*

20. Un Dieu-Fleuve et dans le lointain deux Pélerins. Vénus dans les airs, avec deux Amours.
IV. B. *Corrette amanti vo, che amore &c.*

21. Naissance d'Adonis, piece entourée d'un cadre et
marquée: *J. Bonasone Inventor. Celesta Dea del parto
alma Lucina &c.*

22. Une Nymphe embrassée par son Amant, et Cupidon gardant son manteau.

23. Vénus avec Cupidon, et un Therme de Priape.

Voyez l'article Bonasone dans le Tome troisieme du *Dictionnaire des Artistes de Heinecke.*

I. JEAN-BAPTISTE FRANCO, SEMOLCO, peintre, dessinateur, graveur à la pointe et au burin, naquit à Venise en 1498. et mourut dans
la même ville en 1561. Il apprit les principes
du dessin dans sa ville natale. Suffisamment
instruit dans cette partie, il se rendit à Rome
où il étudia de préférence les ouvrages de Michel-Ange. Selon Vasari il avoit fait un
dessin d'après le fameux Jugement dernier
de ce maître, qui passoit de son tems pour un
chef-d'œuvre. Franco avoit un excellent
goût de dessin et une parfaite connaissance de
l'anatomie. Rien de plus recommandable que
la correction de ses contours et la maniere savante avec laquelle il indiquoit le jeu des muscles. Mais les qualités de peintre lui man-

quoient; faute de connoître au même degré la composition et le coloris, sa peinture étoit dure et sans harmonie. Il sentit lui-même l'imperfection de ses tableaux qui étoient dans une médiocre estime, et quittant la peinture il se borna au dessin et à la gravure. On ignore de quel maître il apprit l'art de graver; on prétend qu'il est un éleve de l'école de Marc-Antoine. En effet il se trouve quelque ressemblance, quant à la partie mécanique, entre les estampes de Baptiste Franco et de Jules Bonasone. Il s'est beaucoup servi du burin; cependant plusieurs de ses gravures décèlent la pointe. Son goût de gravure est libre et dans une grande manière. Ses figures, presque toujours d'une proportion un peu grande, sont très-variées et bien contrastées. Ses têtes sont souvent un peu petites; mais toujours bien dessinées et bien caractérisées : les autres extrémités sont rendues de main de maître.

D'ordinaire Franco marquoit ses planches de cette manière : B. F. V. F. C'est-à-dire : *Batista Franco Venetus fecit.*

1. Abraham recevant Melchisedec. Pièce marquée : *Batista Franco fecit.* Petit in-fol.

B. FRANCO. 119

2. Le Sacrifice d'Abraham. De même.
3. Moïse frappant le rocher; in-fol. en t.
4. Les Israelites recueillant la manne dans le désert. Gr. in-fol. en t.
5. Les Rois captifs amenés devant Salomon. Gr. in-fol. en t.
6. L'Adoration des Bergers, où se voient six Anges dans le ciel; in-fol. en t.
7. La Vierge assise au pied d'un rocher, caressée par le petit Jésus et plus loin se voit le petit St. Jean, in-fol. en t.
8. St. Jean Baptiste couché à terre; in-fol. en t.
9. Saint Jérôme au pied d'un rocher, tenant une tête de mort. Gr. in-fol.
10. Jésus disputant dans le temple avec les Docteurs de la loi, petit in-fol. en t.
11. Les Disciples mettant le corps de Jésus dans le tombeau; grandes figures, et grande pièce en t.
12. Simon le Magicien, faisant ses prestiges devant les Apôtres.
13. Un Cyclope dans sa forge, à côté de lui l'Amour. Gr. p. en t.
14. Hercule, tenant son arc bandé contre le Centaure Nessus, ravisseur de Déjanire. Gr. in fol. en t.
15. Deux Léopards, deux Lions, un Bouquetin et un Grifon, d'après l'antique. Gr. in-fol. en t.
16. La Donation faite à l'Eglise Romaine par l'Empereur Constantin, d'après Raphael. Gr. p. en t.
17. Une Bacchanale, grande composition, d'après Jules Romain. Gr. p. en t.
18. Triomphe de Bacchus, grande composition. Gr. in-fol. en t.
19. Le Déluge universel, petit in-fol. en t.

II. JACQUES FRANCO, dessinateur et graveur, né à Venise vers 1560. Il étoit probablement de la même famille que Baptiste Franco. Son goût de gravure a beaucoup de ressemblance avec celui d'Augustin Carrache, dont il étoit contemporain. Bon dessinateur, il marquoit bien ses têtes et en général les extrémités de ses figures. Parmi un bon nombre d'estampes de sa main on estime les suivantes :

1. Une partie des figures qui se trouvent dans l'édition de la Jérusalem du Tasse, faite à Gênes en 1590. d'après le dessin de Bernardo Castelli et dont Augustin Carrache à gravé le reste. In-4.
2. *Habiti delle Donne Veneti*, publiés en 1626. Collection de Portraits des grands hommes, datée de 1596.
4. Crucifiement, petite pièce, marquée Giacomo Francho fec.
5. Saint Jérôme. *J. Franco. Roma fc.* petite pièce.
6. Hercule entre la Vertu et la Volupté. Bas-relief antique, in 8. en t.

Diverses autres pièces d'après Baptiste Franco.

NICOLAS BEATRICE, ou BEATRIZET, graveur au burin, naquit, à ce qu'on croit, à Thionville en Lorraine, vers 1500. Il passa ensuite en Italie, et travailla à Rome depuis

1532. jusqu'en 1562. On prétend qu'il fréquenta l'école d'Augustin de Venise, et ses ouvrages semblent assez le prouver. Cependant il n'égale pas toujours son maître, ni pour la fermeté du burin, ni pour la correction du dessin. Cela n'empêche que les estampes de ce graveur ne soient recommandables à bien des égards, et sur-tout par les grands maîtres d'Italie qu'il a fait connoître.

Beatrice marquoit assez régulièrement ses estampes de son nom, ou de son chiffre NB. ou des lettres N. B. L. On lui attribue encore les pièces marquées d'un B. sur un dez, mais avec peu de fondement, attendu que la manière de ce dernier diffère de celle de Beatrizet.

A. Portraits.

1. Buste du Pape Pie III. sur lequel on lit : *Nicolaus Beatricius Lotaringus incidit et formis suis excudit*; gr. in-fol.
2. Le Pape Paul III. sans nom de peintre ni de graveur, dans un ovale orné d'un cartouche avec ces mots : *Paul III. Pont.* in-fol.
3. Le Pape Paul IV. gravé en 1558. Gr. in-fol.
4. Le Pape Pie V. Gr. in-fol.
5. Henri II. Roi de France, pièce historiée. NB *Lot. f.* 1558. Gr. in-fol.

6. Autre Portrait de Henri II. avec des accessoires, gravé en 1556. marqué P. R. et attribué à Rosso Rossi. Gr. in-fol.
7. Hippolite Gonzague, fille de Ferdinand de Gonzague, in-fol.
8. Jean Valverdus, Espagnol, avec des attributs, gr. in-4.
9. Don Juan d'Autriche, en ovale sur un monument orné de figures; au bas la bataille de Lépante dans un cartouche, pièce sans nom, marquée: *Generale della Legha*. Gr. in-fol.
10. L'Arbre généalogique des premiers douze Empereurs et Impératrices, avec leurs Portraits tirés des Médailles. Gr. pièce en deux planches.
11. Suite des Rois de Pologne, en Médaillons mis sur l'aigle blanc, avec l'inscription: *Reges Poloniæ*. Gr. in-fol.

B. *Histoire sacrée.*

1. Le Sacrifice et le Meurtre d'Abel. D'après les loges de Raphael, sans nom de peintre ni de graveur; pièce marquée A. Lafrery 1544. et gravée dans le goût de Beatricet, in-fol. en t.
2. Caïn tuant Abel, avec l'inscription en bas: *Fatricidium Abelis.* — *A. S. excudebat.* 1540. N. B. F. In-4.
3. Joseph expliquant les songes à ses frères. D'après Raphael, pièce marquée de son nom et du chiffre NB.F. Gr. in-fol. en t. Une des plus belles estampes de Beatrice.
4. Abigaïl à la rencontre de David, pièce sans nom de peintre ni de graveur, marquée A. N. *S. Exc. Romæ* 1543. avec huit vers italiens qui commencent: *Perseguir David, Principi altieri* — — Gr. in-fol. en t.

N. BEATRICE. 123

Pour la gravure on attribue assez généralement ce morceau à Beatrice; mais pour l'invention on le donne tantôt à Jules Romain, tantôt à Baccio Bandinelli, et aussi à Michel-Ange.

5. La Nativité de la Vierge. D'après Baccio Bandinelli. *Nicolaus Beatricius restituit et formis suis exc.* Gr. in-fol. en t.

Il paroît que cette pièce a été gravée plus anciennement et que Beatrice l'a retouchée.

6. L'Annonciation; avec les noms de Michel-Ange et de Beatricet. Gr. in-fol. en t.

7. L'Adoration des Rois, sans le nom du peintre, qui est le Parmesan, pièce marquée N. B. L. F. Gr. in-fol.

8. La Vierge assise dans un paysage avec l'enfant Jésus, St. Joseph et le petit St. Jean. *Nicolaus Beatricius Lotharingus incidit & formis suis, &c. Romæ Ant. Lafrery. Jérôme Mutien pinx.* In-fol.

9. La Samaritaine. *Michel-Angelo inv.* Pièce marquée N. B. L. in-fol.

10. Jésus sur la montagne des Olives, d'après le Titien; pièce marquée N. B. F. in-fol.

11. Le Cruciement où se voit au bas la Vierge, St. Jean et la Madéleine, avec le soleil et la lune des deux côtés. *Mucianus Brixianus inv. Nicolaus Beatricius Lotaringus incidit & formis suis exc.* Gr. in-fol.

12. Une Vierge de douleur, ou le corps de Jésus sur les genoux de Marie, au pied de la croix d'une singulière construction. D'après Michel-Ange. Pièce marquée NB. *Romæ* 1547. Gr. in-fol.

13. Descente de la Croix, pièce marquée B. *Romæ.* d'après Nic. Circignani. *Ant. Lafrery.* In-fol.

14. Le Christ aux limbes, retirant les ames du purgatoire; pièce marquée du nom de Raphael et du chiffre de Beatrice. *Tom. Barl. exc.* 1541. et ensuite Lafrery 1571. In-fol.

15. L'Ascension de notre Seigneur, d'après Raphael, avec le chiffre de Beatrice. 1541. In-fol.

16. La Conversion de St. Paul. *Michel-Angelo pinx. in Vaticano. ex typ. Ant. Salam.* Pièce marquée NB. Gr. in-fol. en t.

17. St. Michel, foulant le démon à ses pieds, d'après Raphael. Pièce marquée N. B. L. in-fol.

18. La Vierge assise sur un trône distribuant des rosaires. Grand ovale marqué: *Nicolas Beatricus formis suis exc.* avec des accessoires.

19. La Ste. Croix adorée dans le monde entier. Tableau d'autel ceintré. Pièce marquée du chiffre NB. F. et l'inscription: *Crux illustris ave &c. Romæ an.* MDLVII. Gr. in-fol.

20. Le Prophète Jérémie de la Chapelle Sixtine, d'après Michel-Ange, avec les noms du peintre et du graveur. Gr. in-fol.

21. St. Jérôme à genoux devant un Crucifix attaché à un arbre, pièce marquée N. C. L. F. sans le nom du peintre qui est le Titien. Gr. in-fol. en t.

22. Ste. Elisabeth, Reine de Hongrie, guérissant et secourant les malades et les malheureux. Pièce gravée d'après le Mucien. Gr. in-fol.

23. Le Jugement dernier, gravé d'après Michel-Ange en 1562. avec le nom du peintre et du graveur; très-grande pièce en 11. planches à coller ensemble.

C. Sujets profanes.

1. Sacrifice d'Iphigénie; sur l'autel est écrit: *Iphigenia*, et au bas de l'estampe on lit: N. B. L. F. Gr. in-fol. en t. Cette pièce est gravée selon les uns d'après Salviati, selon d'autres d'après Perin del Vaga.

2. Ganymède enlevé par l'aigle de Jupiter, d'après Michel-Ange, avec l'inscription: *Ganimedes juvenis Troianus raptus a Jove*. In-fol.

3. La Chûte de Phaëton, d'après Michel-Ange, pièce rétablie par Beatrice. In-fol.

4. Titius déchiré par un vautour, d'après Michel-Ange. *Ant. Salamanca exc.* In-fol. en t.

5. Bacchanale, où l'âne de Silène est porté par des enfans, d'après Michel-Ange. N. Beatrice. f. gr. in-fol. en t.

6. Le Songe de la vie humaine, sujet emblématique, d'après Michel-Ange, sans marque. In-fol.

7. Les Tireurs d'arc, d'après Michel-Ange, pièce attribuée pour la gravure à Beatrice. In-fol. en t.

8. Vertumne et Pomone, d'après Jacobo Fiorentino, dit le Pontorme, gravure attribuée à Beatrice, in-fol.

9. Le Combat de la Raison et de l'Amour, d'après Bac. Bandinelli, nommé ici Brandin. Avec le chiffre de Beatrice. Gr. in-fol. en t.

10. Combat de cinq Hommes contre cinq Animaux féroces, deux Lions, un Ours, un Taureau et un Sanglier. Pièce anonyme, marquée de l'année 1532. attribuée pour l'invention à Jules Romain et pour la gravure à Beatrice. Gr. in-fol. en t.

11. Bataille des Amazones, d'après le grand bas-

relief d'une urne sépulcrale du Capitole, avec l'inscription: *Amazonum Pugna &c.* grande pièce de 2. planches en t. gravée le 1. Janvier 1559.

12. Bataille des Daces, bas-relief de l'Arc de Constantin, pièce marquée du chiffre NB. avec l'inscription: *Tabula marmorea Pugnæ Daciæ &c. Ant. Lafrery Sequani formis Romæ* 1553.

13. L'Empereur Trajan sur un char de triomphe, bas-relief gravé en 1560. pièce grande in-fol.

14. Le Panthéon de M. Agrippa, aujourd'hui la Rotonde, pièce marquée NB. F. gr. in-fol. en t.

15. Le Temple de la Fortune: *Templum fortunæ &c.* d'après le dessin de Raphael. Pièce marquée NB. F. Gr. in-fol.

16. Le Grand Cirque, marquée *N. Beatrizet Lotaringiæ.* Gr. p. en 2 planches en t.

17. *Exterior Orthographia Frontis Farnesianæ domus.* NB. F. *Ant. Lafrery.* 1548. D'après le dessin de Michel-Ange. In-fol. en t.

18. Statue de Moïse assis, d'après Michel-Ange: *Moysis ingens ex marmore simulacrum.* Pièce anonyme, in-fol.

19. Statue du Christ debout, d'après le même, avec le nom de Beatrice, in-fol.

20. Statue équestre de Marc-Aurele, pièce in-fol. gravée en 1558.

21. Statue d'un Philosophe qui lit dans un livre, avec l'inscription: *Anaximenes, Alexandri Magni Præceptor,* grande pièce in-fol. marquée du nom de Beatrice. Cette pièce a été retouchée, et du Philosophe on en a fait un St. Paul.

22. Le Château de St. Ange, in-fol. en t.

23. Siege et Prise de Thionville, vu à vol-d'oiseau. *Nic. Beatrizet, Lotaringus incidit,* 1558. Gr. in-fol. en t.

LEO DARIS.

Voyez l'article de Beatrice dans le *Dictionnaire des Artistes* de M. de Heinecke. L'auteur a inséré à la suite du Catalogue de ce maître des pièces marquées d'un B sur un dez.

LEO DARIS, nommé communément *Leon Daven*, ou *Louis d'Avesne*, graveur à l'eau forte et au burin, né vers 1500. On ignore d'ailleurs les circonstances de sa vie. Par la date de quelques unes de ses estampes on voit qu'il étoit contemporain de Beatrice, et par conjecture on le croit son compatriote. Tout ce qu'on sait est, qu'il a travaillé à Rome et à Florence, et qu'ensuite il est venu en France avec Primatice. Sa maniere de graver est assez singuliere : elle consiste en traits interrompus, ou en une espece de grignotis. La plupart de ses estampes sont marquées L. D. Celle qu'on trouvera spécifiée ci-après est avec le nom de Leo Daris et gravée dans le même goût que les pièces avec les lettres L. D. De-là nous croyons avec M. de Heinecke, que Leo Daris est son véritable nom. Au reste, les estampes de ce maître sont fort recherchées des connoisseurs, quoiqu'elles ne flattent pas les yeux.

LEO DARIS.

1. Vénus qui bande les yeux à l'Amour. *Leo Daris fe Romæ Sup. perm.* in 4.

2. Une Femme assise sur une pierre carrée, montrant deux enfans assis sur un lit. Pièce in-4. avec le chiffre NR. les lettres L. D. et l'année 1540. gravée aussi par le Parmesan.

3. Le Sauveur dans une gloire d'Anges, sans le nom du peintre qui est le Primatice. Pièce marquée L. D. Gr. in fol. en t.

4. La Vierge dans les cieux, pareillement dans une gloire d'Anges. Pièce semblable à la précédente.

5. Sainte Famille, la Vierge donnant le sein à l'enfant Jésus qui tient un oiseau, accompagnée du petit St. Jean, conduit par Ste. Elisabeth, et dans le fond St. Joseph portant un sac sur son bâton. Pièce anonyme d'après le Primatice, in fol.

6. Le Christ victorieux, tenant son étendart de la main gauche et tirant de la droite un vieillard des limbes, avec une autre figure. Pièce marquée HD, d'après le Primatice, in-fol.

7. Sainte Marie Egyptienne, portée au ciel par les Anges. Pièce marquée L. D. d'après le Primatice, in fol.

8. Aléxandre domptant le cheval Bucéphale. Au bas on voit le bouclier, l'épée et le manteau du prince. Pièce marquée Bol, ou le Primatice, et les lettres L. D. Ovale.

9. Mariage d'Aléxandre et de Roxane, où l'époux présente l'anneau nuptial à l'épouse. Pièce anonyme d'après une peinture de Fontainebleau du Primatice, in fol. en t.

10. Cléopâtre nue et debout sous une tente, tenant l'aspic

l'aspic de la main droite et ayant la gauche appuyée sur un vase. Pièce marquée L. D. d'après le Primatice, in-fol.

11. La Continence de Scipion, où la fiancée toute nue est présentée au général sur son tribunal. Pièce marquée sur le bord d'un bassin. *Bologna* et des lettres L. D. In-fol.

12. L'Enlèvement d'Europe. Pièce marquée *Bologna* L. D. petit in-fol.

13. Danaé avec la pluye d'or, et une Vieille tenant un vase, arrêtée par Cupidon. Ovale d'après le Primatice.

14. Jupiter pressant les nuages pour faire pleuvoir sur la terre, où sont les Dieux Fleuves. Pièce anonyme, d'après le Primatice, gravée au burin, in-fol.

15. Bain de Vénus, grande composition, où se voit au fond une vieille qui apporte des rafraîchissemens. Pièce anonyme dans une bordure de sculpture, gr. in-fol. en t. d'après le Primatice.

16. Vénus nue, prête à entrer dans une cuve, où Mars l'attend. Sur le devant des Amours qui jouent avec les armes de Mars, et au fond deux Femmes avec des vases. Pièce anonyme gravée d'après la peinture d'une voûte du Primatice. Gr. in-fol en t.

17. Les Forges de Vulcain, pièce anonyme d'après le Primatice. L. D. Gr. in-fol. en t.

18. L'Enlèvement de Proserpine par Pluton, qui la porte dans ses bras sur son char. Pièce anonyme d'après le Primatice. Gr. in-fol. en t.

19. La Chasse au Cerf qui est aux abois. Pièce marquée *Bologna*. L. D. In-fol. en t.

20. Repos de Diane après la chasse; elle est couchée à

III.   I

côté de son gibier, tenant un chien sous son bras. Pièce marquée : Fontainebleau, in-fol. en t.

21. Hercule se faisant deshabiller pour entrer au bain avec Omphale. Pièce marquée L. D. Fontainebleau. Gr. in-fol. en t.

22. Hercule surpris la nuit par des Faunes avec des flambeaux entre les bras d'Omphale. Pièce marquée L. D. d'après le Primatice, in-fol. en t.

23. Cadmus armé d'une pique combattant le Dragon et marchant sur les corps que le monstre a tués. Pièce marquée L. D. d'après le Primatice, in-fol. en t.

24. Une Caravane, où des marchands chargent un chameau. Pièce marquée : Bol. inventeur à Fontainebleau, L. D. in-fol. en t.

25. Grand nombre de spectateurs qui contemplent un Eléphant couvert d'une housse aux fleurs de lys et avec le chiffre de François I. Pièce anonyme, d'après le Primatice. Gr. in-fol. en t.

26. Masquerade où l'on voit quelques hommes nuds, dont le premier porte un flambeau allumé, et derrière lui, un autre qui joue du fifre ; parmi la foule qui descend les degrés il y a deux figures qui marchent sur les mains, et à qui deux femmes attachent des grelots aux pieds. Pièce anonyme d'après le Primatice.

27. François I. environné de sa Cour, tenant une grenade que lui présente un enfant à genoux. Pièce anonyme d'après le Rosso. Gr. in fol. en t.

28. François I. marchant vers le temple de la gloire. Pièce anonyme d'après le Rosso. Gr. in-fol. en t.

29 Amphiaraüs et son frere Amphinomus sauvant leurs parens de l'embrasement de Syracuse. Pièce anonyme d'après le Rosso. Gr. in-fol. en t.

30. Adonis blessé, et étendu sur une chaise ; il est

soutenu par les Nymphes et par les Amours; dans les airs on voit Vénus qui s'arrache les cheveux. Pièce anonyme d'après le Rosso. Gr. in-fol. en t.

31. Dispute de Neptune et de Minerve. Neptune veut arrêter le cheval qu'il vient de créer, et Minerve, ayant à côté d'elle Mercure qui tient le rameau d'olivier, dont elle a fait présent à la Terre. Dans les airs on voit Jupiter, Saturne et d'autres Divinités. Pièce anonyme, d'après le Rosso. Gr. in-fol. en t.

32. Un Homme et une Femme avec cinq bœufs. En haut on voit une grande lumière d'où partent des rayons. Pièce marquée L. D. d'après le Rosso, in-4.

33. Jupiter assis sur son trône, tenant un arbre, et entouré des autres Divinités tenant pareillement des arbres. Au bas on lit dans un cartel: *Arborum nomina numinibus suis dicata* — Pièce marquée L D. 1547. d'après Luca Penni. in fol.

34. Le Cheval de bois traîné dans la ville de Troie. Pièce anonyme, d'après L. Penni. In-fol.

35. Psyché, voulant puiser de l'eau dans la fontaine gardée par des dragons, est aidée par l'aigle de Jupiter. Pièce marquée: *Julius Inventor.* L. D. In-fol.

36. Le Parnasse, avec Apollon et les Muses, ainsi que quatre Nymphes qui dansent, et l'Amour qui tire des flèches sur les Muses. Pièce marquée L. D. attribuée à Jules Romain ou à Lucas Penni. Gr. in-fol. en t.

37. Corps de Patrocle retiré du combat. Pièce marquée L. D. d'après Jules Romain. Gr. in-fol. en t.

38. Circé qui boit en présence des compagnons d'Ulysse. Pièce anonyme, d'après le Parmesan. In-fol.

39. Bataille, où se voit un soldat qui prend un cheval

par la queue. Pièce anonyme, gravée d'après un bas-relief antique, in fol. en t.

V. l'article de Léon Daven dans le *Dictionnaire des Artistes de Heinecke*.

Lucas Penni, peintre et graveur à l'eau-forte, naquit à Florence vers 1500. Frère de Jean-François Penni, surnommé il Fattore, il fréquenta pendant quelque tems l'école de Raphael. Il acheva de se former sous Perin del Vaga, et il peignit avec succès des sujets historiques. Après avoir travaillé à Gènes et à Luques, il parcourut plusieurs autres endroits d'Italie. De-là il passa en Angleterre, où il fut employé par Henri VIII. Il vint ensuite en France, et fit plusieurs ouvrages à Fontainebleau. A son retour en Italie il essaya de graver à l'eau-forte, et il réussit très-bien; on prétend aussi qu'il a gravé en clair-obscur. Martin Rota, George Ghisi, Ph. Galle et plusieurs autres ont gravé d'après les dessins de L. Penni. Lui-même a gravé plusieurs sujets de son invention; mais la plupart de ses estampes sont d'après le Rosso et le Primatice.

1. Deux Satyres qui donnent à boire à Bacchus, d'après le Rosso, in-4.

2. Léda qui tire les flèches du carquois de Cupidon, d'après le même, p. in-fol.

3. Susanne au bain surprise par les Vieillards, d'après le même, p. in-fol.

4. Abraham, prêt à sacrifier son fils Isaac, d'après le Primatice, p. in-fol.

5. Le Mariage de Ste. Cathérine, d'après le même, p. in-fol.

6. Jupiter métamorphosant Calisto en une ourse, d'après le même, p. in-fol.

7. Pénélope, travaillant avec ses femmes, d'après le même, p. in-fol.

FRANCESCO MARCOLINI, imprimeur, graveur en bois et architecte, né à Forli vers 1500. et établi à Venise vers 1540. Il a fait et imprimé un livre, portant pour titre: *Giardino de Pensieri*, orné d'ingénieuses tailles de bois, d'après le dessin de Giuseppe Porta de Castelnuovo de Grafagnana, dit Joseph Salviati. Dans ce livre on trouve plusieurs sujets de caprice et d'emblêmes, tels que le Destin, l'Envie, la Misere, la Terreur, et une infinité d'autres choses piquantes et d'une belle exécution. En fait d'architecture il avoit un si heureux génie qu'il se trouva capable de donner le projet d'un pont pour Murano, qui fut approuvé par le célèbre

B. VICENTINO. J. B. MANTUAN.
Jacques Sansovino. V. *Lettere sulla pittura &c.* T. III. p. 98.

BATISTA VICENTINO, peintre et graveur à l'eau-forte, né à Vicence vers 1500. Selon Vasari, dans sa vie de Marc-Antoine, Batista grava, conjointement avec Jean-Baptiste del Moro, 50. paysages ornés de ruines et d'architecture d'une touche ferme et agréable. Il marquoit ses estampes: *Batista P.V.F.* et les accompagnoit d'une inscription latine qui spécifie les sujets. Celles que j'ai sous les yeux sont ainsi indiquées:

1. *Prospectus Colossæi cum Aedibus & variis Ruinis illi contiguis.* In-fol. en t.
2. *Hæc ostendit Equos marmoreos in Monte Quirinali*, in-fol. en t.
3. *Hæc ostendit Insulam in Tiberi, Pontem Fabricii & Pontem Cestii.* In-fol. en t.
4. *Hæc partem faciei Termarum Diocletiani, quæ spectat occidentem.* In-fol. en t.

Joseph Strutt fait mention d'un André Vicentino de Venise, contemporain de Batista, qui, selon Florent le Comte, a gravé: l'Entrée de Henri III. à Venise.

I. JEAN-BAPTISTE GHISI BERTANO ou BRITANO, dit le MANTUAN, peintre, sculpteur, architecte et graveur au burin, naquit à Mantoue vers 1500 et travailla dans plusieurs villes d'Italie. Jean-Baptiste est le chef de la famille de Ghisi, si féconde en habiles artistes, dont tous les membres ont pris le nom de Mantuan. Selon Vasari il fut disciple de Jules Romain. On ne sauroit dire avec certitude de qui il apprit à graver au burin. Son goût de gravure a quelque ressemblance avec celui de Marc-Antoine dans quelques-unes de ses pièces. Cet artiste entendoit très-bien le traitement du corps. Son dessin en général est correct; mais sa gravure est dure et dans un style maniéré. Ses jours sont crus, et partout également fort, ce qui donne à ses productions une apparence de discordance qui détruit l'effet.

Ce maître marque le plus souvent ses pièces des lettres initiales de son nom: I. B. M. ou avec ce chiffre sur une tablette: $\boxed{\begin{array}{c}\text{IBM}\\\text{1538.}\end{array}}$

1. Quelques Têtes avec des casques et des ornemens dans le goût antique, in-4.
2. La Vierge qui donne le sein à l'enfant Jésus J. B. Mantuano fe. In-4.

3. Un jeune Guerrier enlevant une jeune Femme, ou Pâris et Hélène, 1539. Petit in-4.
4. Un Dieu-Fleuve, d'après Lucas Penni. In-4.
5. Le Dieu Mars assis sur un lit ; à côté de lui Vénus qui contemple un Cupidon couché, gr. in-fol.
6. David coupant la tête à Goliath, d'après Jules Romain, gr. in-fol. en t.
7. Combat naval, grande composition, gr. p. en travers.
8. L'Embrasement de Troie, grande composition, pièce capitale, marquée I. B. M. gr. in-fol. en t.

II. GEORGE GHISI, dit le MANTUAN, peintre, dessinateur et graveur au burin, naquit à Mantoue en 1524. et travailla à Rome jusque vers la fin du XVI. siècle. Fils de Jean Baptiste, il apprit les principes de l'art dans la maison paternelle. Il y fit des progrès rapides, et sans adopter entièrement la manière de son père, il tâcha de produire un effet plus agréable. Les ouvrages de George attestent qu'il apportoit une grande attention à bien rendre les extrêmités de la figure humaine. Il exprimoit avec beaucoup de précision les attachemens des membres. Les genoux de ses figures sont presque toujours dessinés d'une manière agréable. L'on diroit qu'il n'a étudié que d'après un seul modèle. Comme il a plus travaillé d'après Michel-Ange que d'après aucun autre maître, son style s'en ressent. Les contours des figures d'après ce maître sont durs et souvent exagérés, et le renflement des muscles est rendu avec trop de force. De-là les jours se trouvent divisés et les masses confondues, ce qui détruit la rondeur des objets. Vous rencontrez une grande partie de ces défauts dans le fameux Jugement dernier que George a gravé d'après ce grand maître. Toutefois ces défauts ne prédominent pas partout, et sont suffisamment compensés par des beautés que nous trouvons dans les ouvrages de cet admirable artiste. Aussi ses estampes sont-elles en haute estime aux yeux des vrais connoisseurs, sur-tout les bonnes épreuves devenues très-rares.

La plupart des pièces de ce maître sont marquées de son nom: *George Ghisi de Mantoue fecit*, ou elles portent ce chiffre: GMF.MT 1569.

1. Le Mystere de la Trinité, 1576. de sa composition. Gr. in-fol.
2. Les Prophètes et les Sibylles de la Chapelle Sixtine au Vatican. D'après Michel-Ange, en six grandes feuilles en forme de voûte.
3. Le Jugement dernier de la Chapelle Sixtine au Vatican, en 11. feuilles à coller ensemble, d'après Michel-Ange. Très-grande pièce.

4. Le Pape Jules II. d'après Raphael; in-fol.
5. Sainte Famille, où la Vierge, accompagnée de St. Joseph, découvre l'Enfant Jésus couché sur un lit; demi-figures d'après Raphael, sans son nom, et avec le chiffre de Mantuan in-fol.
6. L'Ecole d'Athènes ou la Philosophie naturelle et morale, d'après le fameux tableau de Raphael du Vatican, 1570, très-gr. p. en t.
7. La Dispute sur le S. Sacrement. D'après le même, par le même, 1552. Pendant.
8. Le Songe de Raphael, nommé aussi la Mélancolie de Michel-Ange. On y voit un Sage dans un horrible désert, considérant les différens objets effrayans qui l'entourent, tandis qu'une femme de bonne mine semble venir à son secours; pièce, marquée sur une tablette: GEORGIVS GHISI MAT. Très-gr. in-fol. en t.
9. Femme assise dans un bateau, à laquelle un Vieillard apporte un Enfant nouveau né. 1548. Gr. in-4. en t. Sans nom du peintre.
10. Femme debout ailée et drapée, portant sous son bras un grand globe, in-4.
11. Allégorie sur la naissance d'un Prince de la maison de Gonzague, d'après Jules Romain in fol. en t.
12. L'Amour et Psiché, couronnés par l'Hymen. Gr. in-fol. d'après le même.
13. La Naissance de Memnon, d'après le même. Gr. in-fol. Une des plus belles pièces du Mantuan. Gr. in-fol. en t.
14. Céphale et Procris, d'après le même. Gr. in-fol. en t.
15. Entrevue d'Annibal et de Scipion avant la bataille de Zama, une riviere entre les deux Généraux; sans marques des artistes, tr. gr. pièce en t.

16. Régulus bafoué par les Carthaginois et conduit au supplice, d'après le même. Très-gr. in-fol.
17. Régulus enfermé dans un tonneau garni en dedans de clouds, d'après le même. Gr. in-fol. en t.
18. Vénus dans les forges de Vulcain qui ferre des traits, tandis qu'un Amour souffle le feu, d'après Perin del Vaga, in-fol. en t.
19. Vénus couchée, recevant Mars qui quitte ses armes, d'après Raphael da Reggio. Gr. in fol.
20. La Calomnie traîne l'Innocence au tribunal de la Sottise, d'après Luca Penni. Gr. in-fol.
21. Endymion portant Diane sur le dos pour aller à la chasse, d'après le même. Gr. in-fol.
22. Une Adoration des Bergers, d'après Angele Bronzino, 1554. T. Gr. in-fol. en deux planches.
23. Jésus-Christ célébrant la cène avec ses Apôtres, d'après Lambert Lombart. Gr. in-fol. en t.
24. La Naissance de la Vierge, d'après Barth. Spranger. Gr. in-fol.
25. Hercule nud, vainqueur de l'hydre de Lerne avec un cadre d'ornement, d'après J. B. Bertano Mantuano, in-fol.
26. Le Jugement de Pâris, grande composition, d'après J. B. Bertano, Mantuano. Gr. in-fol. en t.
27. Les Héros de la Grèce devant Troie, d'après le même. Gr. in-fol. en t.
28. La Prise de Troie, d'après le même. Gr. in-fol. en t.
29. Un Cimetière, rempli de squelettes, d'ossemens et de morts qui ressuscitent, grande composition, d'après le même. Gr. in-fol. en t.
30. Vénus et Adonis, d'après Théodore Ghigi de Mantoue, petit in-fol.

31. Angelique et Médor assis dans un paysage, gravant leurs noms sur l'écorce d'un arbre. *Teodor. Ghisi inv.* in-fol.

III. Adam Ghisi, dit Mantuano, dessinateur et graveur au burin, né à Mantoue vers 1530. Cet artiste, qui passe pour le frere puîné de George, a gravé d'après plusieurs grands maîtres italiens. Son dessin est correct, et ses estampes, quoiqu'elles n'ayent pas toute la perfection de celles de son aîné, ne laissent pas d'avoir leur mérite.

Sa marque, composée d'un A. et d'un S. est ainsi figurée : [monogram] et sa signature la plus ordinaire est : *Adamo Scultore, Mantuanus.*

1. *Nativita di Nro Signore.* En haut le Pere éternel dans une gloire d'Anges, plus bas le St. Esprit dans une Gloire de soleil, et à terre la Vierge et St. Joseph accroupis, emmaillottant l'Enfant Jesus. *Giulio Romano inv. Adamo Scultore Mant. fc.* Gr. in-fol.
2. La Présentation au Temple, d'après Nicolas Martinellis. *Romae* 1581. *Adamo Scultore Mant. fc.* Gr. in-fol.
3. Une Vierge de pitié, ou le Corps de Jésus-Christ sur les genoux, d'après le Marbre de Michel-Ange. *Adam. Mantuano* 1566. avec le chiffre du graveur et une grande inscription : MIC. ANG. BONAROTA. etc. Pièce gr. in-fol. sur un fond blanc.

Cette pièce a été retouchée et le fond a été changé en un paysage; du reste elle porte le même chiffre et la même inscription, à quoi on a faussement ajouté: *Romae, Ant. Lafreri sc.*

4. Un Amour portant les armes de Mars, avec le chiffre d'Adam, in-8.
5. Vénus nue se baignant les cheveux, avec le chiffre d'Adam, in-8.
6. Diane partant pour la chasse, avec le chiffre d'Adam, in-4.
7. Le jeune Mars prêt à partir pour la guerre, précédé par Cupidon, avec le chiffre d'Adam in-4.

L'invention de ces quatre pieces est attribuée à Jules Romain.

8. Angélique et Médor écrivant leurs noms sur l'écorce d'un arbre, sans les noms des artistes, in-4.
9. Endymion regardant la lune d'après Jules Romain, in-4.
10. Hercule assis à côté d'Iole, d'après le même, in-4.
11. Hercule sur le chemin fourchu, délibérant entre la Vertu et la Volupté, d'après le même. Gr. in 4. en t.
12. Deux Amours conduisant un char, avec la figure d'un Fleuve, d'après le même. Ovale in-4.
13. Deux Amours se promenant sur la mer, montés sur des Dauphins, d'après le même. Ovale in-4.
14. Le Dieu Pan jouant de la flûte à sept trous; à son côté Vénus et un petit Amour, avec le chiffre d'Adam, ovale in-4.

IV. Diana Ghisi Mantuana, dessinatrice et graveuse au burin, née à Mantoue vers 1536. Fille de Jean-Baptiste, et sœur de George et d'Adam, elle étoit un membre distingué de cette famille d'artistes. Probablement elle aprit le dessin et la gravure de son frere George, dont elle saisit très-bien la maniere. Nous avons plusieurs excellentes estampes de cette habile graveuse.

Elle avoit coutume de marquer ses planches du nom de *Diana*.

1. Trois figures assises autour d'une table, dont une Femme qui parle à deux Hommes. *Diana*. Sans autre nom. in-4. en t.

2. La Vierge assise sous un pavillon, soutenant d'un bras l'enfant Jésus, auquel le petit St. Jean baise le pied, tandis que St. Joseph arrive avec des fruits dans une corbeille. *Diana Mantuana incidebat Romae. A. M. D. LXXV.* Sans nom de peintre. in-fol.

3. La Vierge assise dans un paysage orné de ruines, avec l'enfant Jésus sur les genoux, et plus loin St. Joseph travaillant à son métier. *Ant. de Correge* inv. *Diana Mantuana incid. Romae 1577.* Gr. in-fol.

4. Sainte Famille, où le petit St. Jean pose un pied sur le berceau et présente un billet à l'enfant Jésus, moitié assis sur les genoux de sa mere. Derriere elle se voit St. Joseph qui se repose sur une base d'architecture. D'après Raphael, sans son nom, mais avec celui de Diana. in-fol.

5. La Vierge accroupie, caressant l'enfant Jésus, d'après F. Salviati. *Diana Mantua, Romæ incidebat,* 1576. petit in-fol.

6. La Vierge Marie assise dans les nues avec l'enfant Jésus; au bas se voient les trois Archanges, Michel, Gabriel et Raphael. Pièce marquée R. V. I. et *Diana Mantuana,* avec l'inscription: *Regina Angelorum.* Les meilleures épreuves sont sans inscription. Gr. in-fol.

7. St. Pierre institué chef de l'Eglise, accompagné des dix Apotres, il est prosterné devant le Sauveur, sur un fond de paysage. D'après Raphael. *Diana Mantuana.* Gr. in-fol. en t.

8. La Femme adultère au portique du Temple. D'après J. Romain. *Diana Mantuana.* Gr. in-fol. en t.

9. Horatius Coclès, après avoir défendu le Pont Sublicius contre le Roi Porsenna, passe le Tibre à la nage. D'après le même. *Diana.* Petit in fol. presque carré.

10. La Continence de Scipion, d'après le même. *Diana sc.* Petit in-fol. en t.

11. Naissance de Castor et de Pollux, d'après le même. Gr. in-fol. en t. Une des belles pièce de Diana.

12. Grande Bacchanale des Dieux, avec cette inscription: „Ce festin des Dieux, Bains de Mars et de „Vénus, faite de stuc sous la conduite et sur les des„sins de Jules Romain au palais du T. à Man„toue, est gravé par Diane, fille née à Mantoue." Très-gr. pièce, en trois planches en t. Estampe Capitale.

FRANÇOIS MAZZUOLI PARMEGGIANO, dit le PARMESAN, peintre et graveur à l'eau-forte, naquit à Parme en 1505. et mourut à Casal maggiore en 1540. Il apprit les élémens de la peinture dans le lieu de sa naissance de deux de ses oncles qu'il devança bientôt. Les dispositions qu'il avoit reçues de la nature se développerent de si bonne heure qu'à l'âge de seize ans il avoit peint un Baptême de Jésus par St. Jean, qui étonna tous les connoisseurs. La réputation de Michel-Ange et de Raphael exciterent sa curiosité; il se rendit à Rome pour les étudier. Il s'y fit bientôt connoître, et le Pape Clément VII, lui commanda plusieurs ouvrages; mais il fut interrompu dans ses travaux par le pillage de Rome survenu dans ce tems-là. De Rome il se retira à Bologne, où il eut le malheur de se voir enlever ses dessins et ses planches de bois par son graveur, Antoine de Trente. De retour à Parme il fut chargé de peindre la voûte della Steccata; mais par l'inconstance de son humeur il abandonna ce travail. Les Confrères de cette église qui lui avoient avancé beaucoup d'argent, le poursuivirent en justice. Pour se soustraire à cette poursuite, il s'enfuit à Casal maggiore. Là, dévoré de chagrins et dénué de tout, la fièvre le prit et l'emporta

en

en peu de jours, à la fleur de son âge. Le Parmesan fut malheureux toute sa vie, en partie par sa faute, en partie par les coups du sort. Il a peint avec succès l'histoire, le portrait et le paysage. Avec plus de constance dans le caractère, avec plus de perséverence dans le travail, il auroit pu s'élever à cette hauteur de l'art, qu'avoient atteint ses modèles.

Comme c'est moins le peintre que le graveur que nous cherchons à faire connoître, nous ne nous étendrons pas davantage sur les qualités pittoresques du Parmesan. On sait qu'il n'est pas l'inventeur de la manière de graver à l'eau-forte; mais il a été le premier parmi les peintres italiens qui se soit servi de cette manière de graver pour mettre au jour quelques-uns de ses dessins. Rien de plus spirituel ni de plus piquant que les petites pièces qu'il a exécutées dans ce genre. Au reste il est très-difficile de rencontrer de bonnes épreuves; la plupart de celles qu'on trouve ont été retouchées ou copiées, et on a de la peine à distinguer les copies des originaux. Son œuvre, gravé par les meilleurs artistes, est considérable et se monte à près de 500. pièces. Feu M. Mariette avoit rassemblé jusqu'à 100. pièces de la main de ce maître.

On a aussi du Parmesan un grand nombre d'excellens morceaux qu'il a fait graver en bois et imprimer avec plusieurs planches dans la manière appellée clair-obscur. Ces sortes de pièces exécutées d'après ses dessins par Hugo da Carpi, Antoine de Trente et d'autres, ont été considérablement augmentées depuis par Antoine-Marie Zanetti, qui a publié une suite de 90. sujets, la plupart d'après le Parmesan.

A. *Eaux fortes du Parmesan.*

1. Dieu parlant à Moïse dans le buisson ardent; pièce qu'on croit être la première eau forte du Parmesan, in-8.
2. Judith tenant un sabre d'une main et la tête d'Holoferne de l'autre, met cette tête dans un sac que lui présente sa servante, in-4.
3. Joseph, sollicité par la femme de Potiphar, laisse son manteau, petit in-4.
4. Sacrifice antique, où le feu brûle sur l'autel, p. in-4. en t.
5—17. Suite de treize pièces, représentant le Christ et les douze Apôtres, petites figures in-12.
18. La Vierge en extase recevant l'inspiration du St. Esprit. In-12.
19. La Nativité, ou l'Adoration des Bergers, in-8.
20. Le Mariage de Ste. Cathérine, petit in-4.

LE PARMESAN. 147

21. Sainte Famille, où le petit St. Jean présente au petit Jésus une corbeille de fleurs. De même.
22. Sainte Famille, où se voit le grand Prêtre Zacharie, in-4.
23. La grande Ste. Famille, accompagnée d'un Evêque et d'une Sainte, in-fol.
24. Sainte Famille dans un paysage, où St. Jean embrasse l'enfant Jésus; pièce gravée au burin, marquée: *Franc. Parm. fecit.* in-fol. belle et rare.
25. Un Christ au tombeau, avec les trois Maries, gr. in-4.

Le Guide a copié cette pièce de la même grandeur.

26. La Résurrection du Sauveur, avec des Soldats. In-4.
27. Un Homme assis, vu par le dos; à côté de lui une femme dans un paysage, in-8.
28. Un Berger appuyé sur sa houlette. In-8.
29. Un Jeune homme avec deux Vieillards. In-8.
30. Une femme qui court tenant un arc à la main, avec trois autres femmes couchées à terre. In-8.
31. St. Pierre et St. Jean guérissant le Boiteux, pièce d'après la tapisserie du Vatican, marquée I. V. R. sans le nom du graveur. In-fol. en t.
32. Pénélope travaillant à des ouvrages de broderie avec ses femmes. In-4. en t.
33. Diogène, assis à l'entrée de son tonneau, traçant des lignes de mathématiques sur le sable; à côté de lui son coq plumé. In-fol.

C'est la même pièce qu'Hugo da Carpi a gravé en clair-obscur.

34. L'Adoration des Rois, en clair-obscur. F. P. petit in-fol.

DOMINIQUE DEL BARBIERE OU DE LA BARRIERE, connu sous le nom de Domenico Fiorentino, peintre, sculpteur ou stucateur, et graveur à l'eau forte et au burin, né à Florence vers 1506. Eleve du Rosso il passa en France, en 1544. et travailla aux ouvrages de stuc exécutés à Meudon et à Fontainebleau d'après les dessins de son maître et de ceux du Primatice, ouvrages très estimés. On ne peut pas faire le même éloge de ses gravures, dont le plus grand mérite consiste dans leur rareté : l'exécution en est dure, et elles font peu d'effet. Cependant on y reconnoit encore la main du peintre. Il marquoit ses estampes quelquefois de son nom, et quelquefois d'un D. F. B.

Il ne faut pas confondre cet artiste avec Dominique Barriere de Marseille, dont il sera question à l'Ecole Françoise.

1. Un Ange debout sur un globe, tenant deux trompettes : *Dominico del Barbiere, Fiorentino*, in-fol.
2. Un Repos dans la fuite en Egypte, où la Vierge est assise avec l'enfant Jésus au milieu de l'estampe, entre St. Joseph et St. Jean. En haut quelques Anges. Pièce marquée D. F. Gr. in fol.
3. Corps de Jésus-Christ, détaché de la croix et re-

posant sur les genoux de sa mere, et sur un piédestal orné de figures de Satyres. Pièce gravée à l'eau forte et marquée (V. p. 148. la seconde marque) sans le nom du peintre qui est le Salviati; petit in-fol.

4. Lapidation de St. Etienne, pièce marquée sur un placard: *Domenico Fiorentino*, sans le nom du peintre qui doit être le Salviati, petit in-fol.

5. Amphiarée qui suscite un orage contre Enée, pièce marquée au fond: *Amphirao*, sans le nom du peintre qui est le Primatice, in-fol.

6. Vénus couchée à terre près du dieu Mars et de l'Amour, pièce marquée D. F. d'après le Rosso, in-4.

7. Banquet dans le goût antique, pièce marquée: *Dom. Fiorentino*, d'après le Primatice. in-fol. en t.

ANTOINE DE TRENTE, peintre et graveur en clair-obscur, né dans le Trentin vers 1508. Il étudia la peinture sous le Parmesan et seroit devenu un excellent peintre, si son maître l'eut voulu et ne se fut pas attaché d'en faire un graveur en clair-obscur. Il ne paroît pas qu'il ait regné une parfaite harmonie entre le maître et le disciple; les historiens du Parmesan disent, qu'étant à Bologne, de Trente lui avoit enlevé tous ses dessins et ses planches, et ils ajoutent qu'il les lui rendit ensuite. Sans doute ils se sont enfin accordés. Quoiqu'il en soit, le plus grand nombre de ses estampes est d'après le

Parmesan. Antoine étoit un homme d'une grande capacité, et ses pièces en clair-obscur sont très recherchées des connoisseurs, malgré les négligences des extrémités, défauts qui peuvent être attribués au maître.

1. La Vierge embrassant l'enfant Jésus, d'après Beccafumi. In-fol.
2. La Vierge assise avec l'enfant Jésus, d'après A. de Sarto. in-fol.
3. La Sibylle Tiburtine, montrant à l'Empereur Auguste la Vierge avec l'enfant Jésus dans les nues, d'après le Parmesan, sans le nom des maîtres. En camaïeu vert. Gr. in-fol.
4. Un Homme assis tenant une Lyre, d'après le même, in-fol.
5. Un Homme appuyé sur un coteau et vu par le dos, et plus loin une tête de Femme d'après le même, in-fol.
6. Circé recevant les compagnons d'Ulysse, d'après le même; Octogone in-fol.
7. Le peuple rendant les honneurs divins à la belle Psyché qui marche en procession, d'après le même. Octogone in-fol.

Pièce, ainsi que la précédente, gravée par Ant. de Trente, et publiées par And. Andréani.

8. La décollation de St. Pierre et de St. Paul, d'après le même. Gr. in-fol. en t.

Pièce citée par Vasari dans sa vie de Marc-Antoine.

N. V. BOLDRINI.

NICOLAS VICENTINO, autrement BOLDRINI, peintre et graveur en bois, né à Vienne vers 1510. Les notices sur cet ancien maître sont aussi rares que celles sur l'artiste suivant. On croit assez généralement qu'il a été du nombre des élèves du Titien; du moins on sait qu'il a taillé en bois plusieurs inventions de ce grand maître. Son chiffre est ainsi figuré ·B·

1. Jean Baron de Schwarzenberg, entouré d'une bordure d'armoiries, d'après Alb. Durer. In-fol.

2. L'Adoration des Rois, d'après le Titien, avec le chiffre de Boldrini. Très-gr. p. en t.

3. St. Jérôme en prières au pied d'un rocher dans un paysage, d'après le même. T. gr. p. en t.

4. St Sébastien et Ste. Cathérine, avec quatre autres Saints. D'après le même. T. gr. p. en t.

5. Grand Paysage montagneux, avec des bestiaux, et une femme qui trait une vache, avec un jeune homme qui porte une cuve. Gr. p. en t.

6. Un vieux Singe au milieu de deux de ses petits, entortillés de Serpens, pièce satyrique du Titien contre Baccio Bandinelli qui, ayant fait un Laocoon de marbre, s'étoit vanté d'avoir surpassé l'antique. Gr. p. en t.

Cette taille de bois a été attribuée au Titien lui-même; mais on sait qu'elle est de Boldrini. Au reste toutes ces pièces sont de la plus grande rareté.

152. J. N. VICENTINO. A. SALAMANCA.

Jean Nicolas Vicentino, autrement Rossigliani, peintre et graveur en clair-obscur, né à Vicence vers 1510. On a peu de notice de ce maître ; on sait seulement qu'il a gravé en bois avec trois planches, la première pour les contours, la seconde pour les ombres, et la troisième pour les jours.

1. Hercule tuant le lion, gravé en bois, avec le nom de Raphael et celui du graveur. In-fol.

On a la même pièce gravée en clair-obscur par Andreani.

2. Une Sibylle lisant dans un livre, pièce en clair-obscur, marquée d'un R. sans le nom du graveur.
3. Vénus et l'Amour qui s'embrassent, avec la date de 1566. In-fol.
4. La Mort d'Ajax, d'après Polidore, in-fol. en t.

Aux épreuves postérieures on a substitué au nom de Jo. Nic. Vicent. le chiffre d'Andréani, in-fol. en t.

Antoine Salamanca, graveur et fameux marchand d'estampes, né à Rome vers 1500. et établi dans cette ville. Tout ce qu'on sait de Salamanca est qu'il a été un des premiers marchands d'estampes établi à Rome en cette qualité. On croit assez généralement qu'il a manié le burin lui même ; du moins est-il certain qu'il a retouché les planches qu'il avoit acquises des artistes de son tems, et qu'il en a employé plusieurs pour augmenter son fond. Comme quantité d'estampes anciennes ne portent pas d'autres noms que ceux des marchands ou des éditeurs, il sera toujours très-difficile d'y déchiffrer les véritables auteurs. De-là il ne reste le plus souvent que des conjectures pour attribuer une pièce à tel ou tel maître. Ses estampes datent depuis 1521 jusqu'en 1562.

1. Baccio Bandinelli, Florentin, figure en pied, historiée. A. S. 1548. Gr. in-fol.
2. Dieu créant les animaux. *Raphael pinx. Excudit Ant. Salamanca* M. D. XL. Gr. in-fol. en t.

ANTOINE LAFRERY, graveur et marchand d'estampes, né en Bourgogne vers 1512, et établi à Rome vers 1540. Tout ce que nous avons dit ci-dessus de Salamanca est également appliquable à Lafrery. Il paroît cependant que Salamanca est antérieur à Lafrery; du moins les épreuves avec la marque du premier sont plus recherchées des curieux que celles avec le nom du second.

1. Sacrifice appellé Suovetorilia, d'une Truye, d'un Belier et d'un Taureau, d'après un bas-relief antique. *Antonii Lafrerii formis Romæ* 1553. Gr. in-fol. en t.

2. Recueil d'Antiquités portant pour titre : *Speculum romanæ magnitudinis* 1575. ouvrage composé de 118. planches, et le plus considérable du fond de Lafrery.

3. Naissance d'Adonis, où Diane, accompagnée de ses Nymphes, se charge de l'enfant nouveau né. *Salviati inv. Ant. Lafrery Sequani formis. Romæ* 1544. In-fol.

4. Jupiter foudroyant les Géants. *Ant. Lafrery Sequani formis.*

On attribue l'invention à Raphael et la gravure à Caralius.

JEAN-JACQUES CARALIUS, ou CARAGLIO, nommé aussi JACOBUS VERONENSIS dessinateur, graveur au burin et en creux, né à Veronne vers 1512. et mort dans un âge avancé dans l'état de Parme. Caraglio vint à Rome, déja instruit dans son art, et imita les ouvrages de Marc-Antoine. Le Rosse, ou Maître Roux, avant son voyage en France, lui donna plusieurs de ses ouvrages à graver. Caraglio, après avoir pratiqué avec succès la gravure au burin d'après les plus fameux maîtres d'Italie, s'appliqua avec un égal succès à la gravure en creux sur les pierres fines et sur les cristaux. Il exécuta aussi quelques médailles qui ajouterent encore à sa réputation. Sigismond I. Roi de Pologne, instruit de son habileté, l'appella à sa cour et lui commanda plusieurs ouvrages, dont il s'acquitta à la grande satisfaction du prince. Cet artiste, riche de la munificence royale, s'en retourna en Italie et acheta un joli bien de campagne dans l'état de Parme, où il finit ses jours au milieu de ses amis et de ses élèves.

Caraglio, comme graveur, occupe un rang distingué parmi les artistes d'Italie en fait de gravure. Grand dessinateur, ses têtes sont en général bien caractérisées et d'une belle expression. On désireroit dans la plupart de ses estampes une meilleure entente du clair-obscur. Il marquoit ordinairement ses estampes de son nom, et on lui attribue aussi ce ℭℜ.

1. La Vierge assise avec l'enfant Jésus, sous un oranger. *Jacobus Veronensis* f. in-4.
2. Sainte Anne assise avec la Vierge agenouillée, tenant l'enfant Jésus, avec plusieurs autres Saints. *Jo. Jacobus Veronensis.* in-4.
3. Sainte Famille, d'après le fameux tableau que Raphael fit pour François I. si connu par la belle estampe d'Edelinck. Sans noms; mais on a des épreuves avec le nom de Caralius. Gr. in-fol.
4. Sainte Famille, d'après Raphael, où se voit la Vierge assise, tenant l'enfant Jésus debout sur

sur un berceau, et caressant le petit St. Jean, amené par Ste. Elisabeth. Pièce marquée d'un R. *Jacobus Veronenſis*. In-fol.

F. de Poilly a aussi gravé cette pièce avec l'inscription: *Deliciae meae esse*. —

5. Les Fiancailles de la Vierge, d'après le Parmesan. *Jac. Caraglio*. Gr. in-fol.

6. L'Annonciation. *Titiani figurarum ad Coſareni exemplar, Jac. Caraglio f.* Le peintre regardoit ce tableau comme son meilleur ouvrage, de sorte qu'il avoit mis: *Titianus fecit, fecit*. Gr. in-fol.

7. Le Supplice de Tantale dans les enfers, d'après le même. *Jac. Caralius fec*. Gr. in-fol.

8. L'Enlevement de Ganymede, où le jeune homme est nud et où l'on voit au bas ses parens. D'après Michel-Ange. Pièce attribuée à Caraglio, mais sans son nom. In-4.

9. Figure anatomique, tenant une tête de mort; elle est assise sur un serpent, et un cigne qui chante. P. Rosso del. In-4.

10. Hercule perçant de ses flèches le Centaure Nessus. D'après le même. Gr. in-4.

11. Hercule tuant le brigand Cacus, d'après le même. Gr. in-4.

12. Troupe de Nymphes et de jeunes hommes, cultivant un jardin, au milieu duquel se voit la statue de Priape. D'après le même. Gr. carré in-fol.

13—32. Divinités dans des niches, avec leurs attributs, suite de 20. pièces, d'après le même, petit in-4.

33—52. Les Métamorphoses des Dieux, suite de vingt morceaux, dont 2. du Rosso et 18. de Perin del Vaga, in-4.

J. ROBUSTI. d. LE TINTORET.

53. Défi des Piérides et des Muses, et métamorphoses de celles-là en pies, vaincues dans le combat du chant par celles-ci. D'après Perin del Vaga. *J. J. Caraglio Veronese. Aen. Vicus Parmæ restituit* 1553. Gr. in-fol. en t.

54. La Mort de Méléagre, d'après Perin del Vaga. *Jac. Carulius fec.* Gr. in-fol. en t.

55. La Création de l'Univers, d'après le même, pièce en demi-cercle, par le même. Gr. in-fol. en t.

56. Bataille où se voit un vieux homme à genoux, maltraité par un guerrier à cheval; sur le devant un bouclier et une pique. Pièce marquée: *R. J. Jacobus Ver. Fec.* Gr. in-fol. en t.

57. L'Enlevement des Sabines, d'après le Rosso. Gr. in-fol.

La prise et le pillage de Rome survenus alors empêcherent Caralius d'achever cette planche.

Jacques Robusti, dit le Tintoret, de la profession de son père qui étoit teinturier, peintre Vénitien, naquit à Venise en 1512. et mourut dans la même ville en 1594. Il montra dès son enfance une inclination si extraordinaire pour la peinture que ses parens le mirent dans l'école du Titien, où il fit en peu de tems de si grands progrès que son maître en devint jaloux et le renvoya de son école. Le Tintoret croyant en savoir assez pour ce qui regardoit le coloris, prit alors pour guide, dans la partie du dessin, le célèbre Michel-Ange, et devint un des plus grands peintres de l'école Vénitienne. C'est le génie le plus fécond que la peinture ait produit; il a souvent abusé de la facilité de son pinceau. De-là cette inégalité dans ses productions. Annibal Carrache écrit de Venise à son cousin Louis, qu'il avoit trouvé le Tintoret souvent égal au Titien, et aussi souvent très au-dessous de lui-même. On peut se former une idée de la manière de ce maître par les estampes qui composent son œuvre, dans lequel on distingue sur-tout les pièces gravées par Augustin Carrache.

On ne connoit du Tintoret qu'un seul morceau gravé à l'eau-forte, c'est:

Portrait du Doge Pascal Ciconia, in-4.

I. Jean-Baptiste d'Angeli del Moro, surnommé Torbido, peintre et graveur, naquit à Verone vers 1512. Dans sa jeunesse il avoit fréquenté l'école du Titien; puis il étoit entré dans celle de François Torpido del Moro. De disciple, Jean-Baptiste devint le gendre et l'héritier du nom et de la fortune de son

J. B. A. DEL MORO.

nouveau maître. Devenu bon peintre, il enrichit les villes de Véronne et de Venise d'un grand nombre de tableaux, tant à l'huile qu'à fresque. Parmi les parties de la peinture qu'il possédoit de préférence, étoit sur-tout le coloris. — Jules d'Angeli del Moro, frère de Jean Baptiste, est aussi connu pour un bon peintre. Au palais de Trevisani à Murano il avoit peint à fresque conjointement avec P. Veronese.

Del Moro a gravé d'une pointe très-spirituelle plusieurs estampes dans lesquelles on admire le dessin des extrêmités dans les figures. Parmi ses ouvrages il se trouve 50. beaux paysages qu'il a gravés conjointement avec Baptista Vicentino, de qui nous avons parlé ci-devant.

1. La Nativité, avec les Bergers qui offrent leurs dons. D'après le Parmesan, par Bapt. del Moro, in-fol.
2. La Vierge agenouillée, prêt à baigner l'enfant Jésus, où se voit le petit St. Jean qui verse de l'eau dans un bassin. *Bat. Angelo del Moro fecit.* In-fol.
3. Sainte Famille, où la Vierge assise prend des fruits que lui présentent deux Anges; elle tient sur ses genoux l'enfant Jésus, à qui le petit St. Jean, tenu par Ste. Elisabeth, offre des dattes. *Joh. Bapt. del Moro Veron.* sans le nom du peintre qui est Raphael. In-fol.

4. Sainte Famille, où la Vierge, assise à côté de Ste. Elisabeth, reçoit sur ses genoux l'enfant Jésus, auquel le petit St. Jean offre des fruits. Pièce exécutée sur un fond de paysage, où l'on voit St. Joseph. Avec les noms de Raphael et de Baptiste. Gr. in-fol.

5. Grande Bataille, composée de beaucoup de figures; sur le devant on voit un casque, et au coin à gauche un soldat qui dépouille un mort. *Id. pinx. id. fc. Camocci exc.* Gr. in-fol.

6. Le Martyre de Ste. Cathérine, d'après Bern. Campi de Crémone. Gr. in-fol.

7. Un Berger, tenant sa houlette et accompagné de son chien, est visité par un Ange. Sans noms. Gr. in-fol.

Dans la salle du Grand Conseil de Venise on conserve une très-grande composition de Jules del Moro portant pour titre: *Papa Alessandro terzo che dona al Doge li standardi e trombe nella Chiesa di S. Giovanni.* h. 13 p. 6 l. l. 18 p. 8 l.

II. MARC D'ANGELO DEL MORO, fils de Jean Baptiste, peintre et graveur, né à Venise en 1530. et mort à Rome encore jeune. Élève de son père, il ne lui est pas inférieur dans aucune partie. Le père et le fils ont travaillé ensemble à fresque et à l'huile. On voit de beaux tableaux de Marc à Veronne et à Venise. Il ne s'est pas moins distingué dans

la

la gravure; on a de lui une trentaine d'estampes d'une savante exécution.

1. La Nativité, ou l'Adoration des Bergers; en haut plusieurs Anges avec les instrumens de la Passion. *Marco del Moro* 1585. Gr. in-fol.

2. Sainte Famille, dans un beau paysage. *Marco del Moro fec.* Gr. in-fol.

3. L'Adoration des Rois, *Lucæ Bertelli formis*, sans le nom de Marco. Gr. in-fol.

4. Le Baptême de Jésus-Christ. *Marco del Moro inv. & fecit.* Gr. in-fol. en t.

AENEAS VICUS VICO, ou VIGHI, antiquaire, dessinateur, graveur en cuivre et en bois, naquit à Parme vers 1512, et finit ses jours à Ferrare vers la fin du seizième siècle. On prétend qu'il apprit les principes du dessin de Jules Romain. Il a beaucoup travaillé d'après ses propres dessins et d'après les plus habiles maîtres d'Italie. Ayant appris la grande réputation que Marc-Antoine avoit acquise à Rome par ses gravures, il se rendit en cette ville pour être son disciple. Génie ardent et industrieux, il n'a pourtant pas toujours atteint dans ses estampes la perfection de celles de son maître: ce qui paroît lui avoir manqué pour cet effet, c'est la patience dans l'exécution mécanique. Il dessinoit très-bien la figure humaine, et quand il vouloit il ne manquoit pas de correction. Dans plusieurs de ses productions nous voyons les contours de ses figures trop ressentis, les extrémités seulement indiquées et les proportions négligées. Ses estampes nous offrent rarement cette pureté de dessin, cette précision de burin qu'on admire dans celles de Marc-Antoine. Malgré ces imperfections, les ouvrages de ce maître sont très-recherchés des vrais connoisseurs. Vicus a gravé aussi avec succès en bois; il paroît même que les morceaux dans ce genre doivent être rangés parmi ses premières productions. De ce nombre est le portrait de Charles V. entouré de figures emblématiques, pièce composée avec goût et d'un dessin correct. — Mais Vicus n'a pas moins bien mérité des Antiquaires par les Livres de Médailles qu'il a accompagnés de planches de son dessin et de sa gravure. Il en est de même d'un Recueil de 36. pièces de Pierres gravées d'après l'Antique, exécutées par lui. — Cet artiste laborieux alla finir ses jours à la Cour d'Alphonse II. Duc de

Ferrare, où il composa l'Arbre généalogique de ce Prince.

1. Quatre Médaillons: 1.) *Giesu Christo, figliuol di Dio.* 2.) *Ludovico Ariosto.* 3.) *Gio Batista Geli, Fiorentino.* 4.) *Anton Francesco Doni. Enea Vico da Parma inv. et fec.* De la suite de ses médailles. in-8.
2. Le Portrait de Charles V. entouré de figures emblématiques, belle taille de bois. Gr. in-fol.
3. Buste de Jean de Médicis, dans une bordure historiée 1550. Gr. in-fol.
4. Buste de Cosme de Médicis, dans sa jeunesse. Gr. in-fol.
5. Buste d'Alfonse II. Duc de Ferrare, portrait historié. Gr. in-fol.
6. Sacrifice dans le goût antique, en camaïeu vert, 1542. in-4. de sa composition.
7. Les trois Graces. *Exemplar Charitum, ex Policleti opere marmore fumtum*, 1542. E. V. petit in-fol.
8. Virgile, grand magicien, ayant éteint tous les feux dans la ville de Rome, oblige les gens de venir allumer leurs chandelles à sa maîtresse, qui l'avoit offensé. Avec l'inscription: *Virgilium eludens meritas dat fœmina pœnas. Romae* 1542. in-fol en t.

Ce sujet a été souvent traité par les anciens maîtres allemands.

9. Le Passage de l'Elbe par l'armée de Charles V. sur son propre dessin. Gr. in-fol.
10. Bataille des Amazones, de son invention, portant pour inscription: *Bellum Amazonum*, 1543. Gr. ovale, en t.
11. Figure de Femme debout, le bras droit étendu,

avec un oiseau qui vole en l'air. *Ant. Lafrery exc. Romae.* Gr. in-fol. en t. Sans marques, d'après le Parmesan.

12. Vulcain travaillant dans sa forge, et Vénus sur un lit avec Mars, pièce libre d'après le Parmesan, datée de 1543. Les épreuves postérieures sont sans la figure de Mars. Gr. in-fol. en t.

13. Combat des Centaures et des Lapithes aux noces de Deidamie, d'après le Rosso 1542. Gr. in-fol. en t.

14. Dispute de Cupidon et d'Apollon en présence de tous les Dieux, grande composition de Baccio Bandinelli. Gr. in-fol. en t.

15. L'Académie de dessin, de Baccio Bandinelli, avec son portrait, grande composition. *Enea Vigho Parmegiano sc.* Gr. pièce en t.

16. La Conversion de St. Paul, grande composition, d'après F. Salviati. Gr. pièce en t. et capitale.

17. St. George combattant le dragon, dans un beau paysage, d'après Jules Carvatinus, in-fol. en t. et rare.

18. Judith et sa servante qui emporte sur un plat la tête d'Holoferne, d'après Michel-Ange, de la Chapelle Sixtine. In-fol. en t.

19. Jupiter en cigne, caressant Léda dans un paysage, d'après le même, in-fol. en t.

20. Baccanale, où des enfans portent l'âne de Silene, et où d'autres enfans font cuire dans un chaudron un quartier de porc, d'après le même. *Enea Vico 1546.* Gr. in-fol. en t. Pièce aussi gravée par Beatrizet.

21. Un Christ près d'être mis au sépulcre, où se voit la Vierge évanouie qui se trouve avec d'autres Saints devant la porte du tombeau, d'après Raphael. 1548. in-fol.

22. Un Christ mis au tombeau, où Nicodème soutient le corps, d'après Raphaël, gravé en 1543, in-fol.
23. Lucrèce debout, prête à se percer de son poignard. *Tom. Burl. exc.* 1541. Avec une inscription grecque. La même pièce est gravée par M. Antoine. Gr. in-4.
24. Vénus assise dans une chambre, s'essuyant le pied droit avec un grand linge; vis-à-vis d'elle Cupidon, qui pleure et qui se gratte la tête, d'après le même. Pièce marquée : *Aene. Vicus. P. inu.* 1546, in-4. La même pièce est gravée par Marc-Antoine.
25. L'Annonciation de la Vierge, d'après le Titien. Petit in-fol.
26--37. Suite de douze beaux Vases, d'après le dessin de Polidore de Caravage, in fol.
38--87. Suite de cinquante feuilles d'Habillemens de différentes nations, de son invention, in-8.
88. La Colonne Trajanne. *Aeneas Vicus, Parmensis Fecit. Ant. Sal. exc. Gr. in-fol.*

MARTIN ROTA, dessinateur et graveur au burin, naquit à Sebenigo en Dalmatie vers 1561, travailla à Rome et à Venise jusqu'à la fin du seizième siècle. On ignore de quel maître il apprit les principes du dessin et de la gravure; mais ses ouvrages prouvent, qu'il saisit en habile homme les règles du bon et du beau. Il dessinoit la figure humaine avec beaucoup de correction et rendoit les extrémités de ses figures, tant grandes que petites, avec une précision surprenante. Rota se distingue par une extrême finesse de burin sans sécheresse. Parmi ses ouvrages qui font suite on trouve les Portraits des Empereurs romains depuis Jules César jusqu'à Aléxandre Sevère, ouvrage qu'il publia à Venise en 1570. in fol.

Ordinairement il marquoit ses estampes de son nom, ou d'un chiffre parlant, figurant une roue parce que Rotta signifie une roue en latin.

A. *Portraits.*

1. *Maximilianus II. Rom. Imper.* 1575. Gr. in-4.
2. Le Buste de l'Empereur Rodolphe II. avec une armure historiée, 1592. et avec son chiffre, in-fol.
3. Le Portrait de l'Empereur Ferdinand I. dans le costume de son tems. 1575. in-fol.
4. Le Portrait de Henri IV. Roi de France, in-fol.
5. Le Portrait d'Antonius Abundius, 1577. in-4.

B. *Sujets historiques.*

1. La Résurrection, pièce de son invention, datée de 1577. d'une exécution de la plus grande finesse, in-4.
2. La Résurrection, pièce de son invention, autrement traitée et d'une exécution plus large. Gr. in-fol.
3. Le Massacre des Innocens, pièce de son invention, petit in-fol. en t.
4. La Bataille de Lépante, défaite de la flotte Turque, pièce de son invention, datée de 1572. Gr. in-fol. de la plus grande rareté.
5. Le Tribut de César, trois figures jusqu'aux genoux. *Titianus inven. Martino Ruota Sebenzan. fec.* in-fol.

6. Martyre de St. Pierre de l'ordre des Dominicains. Gr. in-fol. d'après le Titien.
7. La Madeleine pénitente, demi-figure d'après le Titien, in-4.
8. Promethée déchiré par un vautour, d'après le même in-4.
9. Le Satyre Marsias écorché par Apollon.
10. Le Sauveur apparoît à St. Pierre aux portes de Rome. — Pierre dit: *Domine, quo vadis?* — Le Sauveur répond: *Eo Romam, iterum crucifigi.* Pièce d'après Raphael, marquée: *Martin Rota Sebenzano f.* 1568. in-fol. en t.
11. Le Jugement dernier, d'après la fameuse peinture de Michel-Ange de la Chapelle Sixtine du Vatican; pièce regardée comme un chef-d'œuvre de gravure, et marquée: *Martinus Rota* 1569. in-fol.

Cette estampe a été copiée souvent; les meilleures de ces copies sont celles de L. Gaultier et de Jean Wierix.

12. Le Jugement dernier, de l'invention de Rota, et différent de l'autre pour l'ordonnance générale de la composition. Cette belle pièce est dédiée à l'Empereur Rodolphe II, et datée de 1573. in-fol.
13. Autre Jugement dernier, et aussi de l'invention de Rota.

Cette planche, demeurée imparfaite à la mort de l'artiste, fut terminée par les soins d'Anselme Boodt. On les distingue en ce que dans la dernière on voit deux figures de femmes qui, placées vers le milieu de la composition, s'embrassent et tiennent la place d'un Ange, vu par le dos, qu'on voit dans la première. Cette derniere est la plus rare, mais non la plus belle.

Les estampes de ce maître, surtout les bonnes épreuves, sont extrêmement rares. Feu M. Mariette avoit rassemblé 80 pièces d'élite de Rota.

JEROME PORRO, graveur à l'eau forte, au burin et en bois, né à Padoue, vers 1520. travailla à Venise et en d'autres villes d'Italie. C'est lui qui grava les planches pour l'Orlando Furioso de l'Arioste, livre imprimé à Venise en 1548. et aujourd'hui très-rare. Il a aussi gravé avec beaucoup de goût et de délicatesse une centaine de vignettes pour les *Impressi degli Uomini illustri* de Camillo Camilli. A Parme on conserve de la main de cet artiste un Christ en estampe, qu'on admire comme un chef-d'œuvre de patience et d'industrie. La gravure est composée de la Passion selon St. Jean, écrite si menue et nuancée de façon, que sans le secours de la loupe on prend cette écriture pour des traits. Le dernier ouvrage de Porro est le livre des Cérémonies funèbres de quelques peuples anciens, écrit par Thomas Porcacchi et imprimé à Venise en 1591. Les gravures qui l'accompagnent sont des tailles de bois, d'une savante exécution. Cet homme étoit borgne et contrefait. Mais autant que la nature l'avoit négligé pour le corps, autant elle l'avoit avantagé pour l'esprit. Mécanicien industrieux, il imagina le premier une machine, espèce de char, au moyen duquel il projettoit de faire voyager dans les airs une trentaine de personnes. (Voyez la préface de l'ouvrage: *Funerali degli antichi*.)

ANTOINE FANTUZZI, ou FONTUZZI, dessinateur et graveur à l'eau-forte, né à Viterbe vers 1520. D'ailleurs on ignore les circonstances de sa vie; on croit seulement qu'il apprit les principes du dessin du Primatice. Il marquoit ses pièces des lettres initiales de son nom ou de son chiffre et souvent aussi de la date de l'année. Au reste les estampes de ce maître sont fort recherchées et de la plus grande rareté.

1. Marche de Silène, porté par deux Bacchantes et suivi de plusieurs Satyres. D'après le Rosso. A. F. 1543. In fol. en t.

2. Dispute de Muses avec les Piréïdes, d'après le Primatice, avec le chiffre du graveur, gr. in-fol. en t.
3. Aléxandre et Roxane, d'après le même, pièce en rond, de 9 pouces 2 lignes.
4. Fête que donne Aléxandre à Talestris, dans un édifice à colonnes, d'après le même, avec l'année 1543. Tr. gr. pièce en t.
5. Sardanapale brûlé dans son palais, sujet de beaucoup de figures, d'après le même, avec le chiffre du graveur.
6. Jupiter assis, accompagné d'autres divinités, ordonne à Minerve de chasser Vénus, Cupidon et Psyché. Ovale dans un grand ornement de sculpture en t. D'après le même, avec le chiffre du graveur et l'année 1543.
7. Titan reposant dans le sein de la mer. *Bologna inventor*. Pièce marquée du chiffre du graveur et de 1544. In-fol. en t.
8—11. Quatre morceaux représentant des Vertus, la Foi, l'Espérance etc. In-4.

ANDRE SCHIAVONE, surnommé MELDOLLA, peintre et graveur, né à Sébénigo en Dalmatie en 1522. et mort à Venise en 1582. L'indigence de ses parens ne leur avoit pas permis de lui donner des maîtres. S'étant rendu à Venise il se forma lui-même dans le dessin à force de copier les estampes du Parmesan, ainsi que les tableaux du Titien et du Giorgion. Par-là il acquit une manière tendre et agréable qu'il conserva jusqu'à sa mort. Il ne fut long-tems occupé qu'à peindre des boutiques, n'ayant d'autres protecteurs que des maçons qui lui procuroient de l'ouvrage. Le Titien eut occasion de remarquer son talent: il lui procura de l'occupation à la bibliothéque de Venise. Comme il ne reçut jamais qu'un prix très-modique de ses ouvrages, il fut obligé de contracter une manière très-expéditive, et le malheureux état de sa fortune rend excusable son incorrection dans le dessin; mais il étoit inimitable pour l'état du coloris, et, dans cette partie il est un des plus grands maîtres de l'école Vénitienne. Le Schiavone est mort dans la pauvreté, comme il y avoit vécu. Ce ne fut qu'après sa mort qu'on reconnut son mérite et qu'on paya le prix de ses tableaux, sort qu'il a eu de commun avec plusieurs autres grands artistes.

On a de la main de Schiavone quelques estampes, soit à l'eau-forte, soit en clair-obscur, dans le goût du Parmesan, d'une belle exécution. De ce nombre sont les pièces suivantes :

1. Moïse trouvé sur les eaux du Nil, pièce imprimée sur un fond bleu et rehaussé de traits blancs, d'après le Parmesan; petit in-fol.

2. Fuite en Égypte, gravée au burin, sur un fond bleu, in-4.

3. Sainte Famille de cinq figures, où le petit St. Jean embrasse l'enfant Jésus, d'après le Parmesan; pièce imprimée sur un fond bleu et rehaussée de traits blancs; in-fol.

4. La Résurrection du Lazare, d'après le Parmesan, pièce imprimée sur un fond bleu et rehaussée de raies d'or, petit in-fol.

5. Un Christ au tombeau, et la Vierge évanouie, d'après le Parmesan; pièce imprimée sur un fond bleu et rehaussée de raies d'or, in-fol.

6. St. Pierre et St. Jean guérissant le Boiteux, d'après Raphael, pièce executée sur un fond bleu et rehaussée de raies blanches; p. in-fol.

7. L'Enlèvement d'Hélène, de sa composition, pièce in-fol. en t, gravée à l'eau forte.

J. Boel, C. Lauvers, J. Gronswelt, S. Gribelin, P. Aveline, F. Ant. Lorenzini &c. sont les graveurs qui ont travaillé d'après Schiavone.

PAUL FARINATO, nommé DEGLI UBERTI, peintre, modeleur, architecte et graveur à l'eau forte, naquit à Véronne en 1522 et mourut dans la même ville en 1604. Il apprit les principes de son art de Nicolas Giolfino et d'Antoine Badiale. Dès sa jeunesse il montra les plus grandes dispositions pour tous les arts de dessin. Avec des qualités si marquées; il fut en haute considération non seulement parmi ses concitoyens, mais il le fut aussi chez les princes étrangers. On voit plusieurs de ses tableaux dans sa ville natale; ils sont très rares dans le reste de l'Italie, parce qu'il a travaillé la plus grande partie de sa vie en Espagne, dans le fameux Escurial. De retour dans sa patrie, il fut sans cesse occupé de son art, et poussa sa carrière jusqu'à l'âge de 84 ans. Son tableau du miracle des cinq pains, conservé à l'église de St. George à Véronne, est très-estimé, quoiqu'il ait souffert par rapport au coloris. Farinato a gravé à l'eau forte diverses estampes d'un style libre qui décèle une main habile. Horace Farinato, son fils, commençoit à marcher sur les pas des grands maitres, lorsque la mort l'enleva à la fleur de son âge.

Il avoit coutume de marquer ses estampes de son nom, et quelquefois des lettres initiales de son nom: P. F. ou P. V. F. le V. pour Véronne.

1. St. Jean, pièce marquée: *Paulo Farinato f.* Petit in-fol.
2. St. Jérôme, à genoux, appuyé sur un banc. P. F. p. in-fol.

3. Marie Madeleine assise, avec un livre et un crucifix devant elle. *Paul. Farinati. f. p.* in-fol. en t.

4. La Vierge, assise dans un paysage, soutenant d'une main l'enfant Jésus et de l'autre le petit St. Jean, in-fol. en t.

5. Des Anges avec les instrumens de la Passion. in-fol. en t.

6. Vénus dans les nues, caressée par l'Amour, 1566. p. in-fol. en carré.

7. Une Charité dans un paysage, avec trois Enfans. De même.

8. Vénus et l'Amour dans les forges de Vulcain. in-fol. en t.

9. L'Invention de la vraie Croix, avec St. François et les saintes Femmes. *P. F. inv. Ho. F. V. fec.* 1583. Gr. in-fol.

10. Pharaon avec son armée, submergé dans la mer rouge. *Hor. F. fec. P. F. inv.* 1585. in-fol. en t. La gravure de ces deux dernières pièces est d'Horace, fils de Paul.

I. JEAN-BAPTISTE FONTANA, peintre, et graveur à l'eau forte; naquit à Véronne vers 1524. et travailla la plus grande partie de son tems à Venise. On ignore d'ailleurs les circonstances de sa vie; on sait seulement qu'il mourut au service de l'empereur. On a de sa main diverses pièces, exécutées d'une pointe facile et d'un beau dessin.

1. Plusieurs sujets tirés de l'Enéide de Virgile. p. in-fol. en t.

D. M. FONTANA.

2. Vision d'Ezéchiel sur la Résurrection des Morts. J. B. Fontana fec. Gr. in fol. en t.
3. Le Martyre de St. Pierre de l'Ordre des Dominicains dans une forêt, d'après un fameux tableau du Titien, gravé aussi par M. Rota. in-fol.
4. La Bataille de Cadore gagnée par les Vénitiens sur les Impériaux, d'après le Titien, pièce marquée: *Julius Fontana Veron. fec.* Gr. in-fol. en t.
5. Le Christ, entre les deux Larrons, auquel on perce le côté. Gr. in-fol.
6-33. Vingt-huit morceaux, y compris la dédicace à Ferdinand Archiduc d'Autriche, contenant l'histoire de Romulus. 1573. Gr. in-4. en t.

II. DOMINIQUE MARIE FONTANA, dessinateur et graveur au burin, né à Parme vers 1540. Il apprit les principes de son art à l'école de Bologne et grava d'après ses dessins, ainsi que d'après ceux d'autres maîtres. On le croit de la famille du précédent.

1. Fuite en Egypte, dans un paysage montagneux, in-4. en t.
2. Les Sabines rétablissent la paix entre les Sabins et les Romains 1573. in-4. en t.
3. St. Jean prêchant dans le désert. Gr. in-fol.
4. Le Calvaire, avec une inscription latine et allemande; pièce ceintrée, in-fol.
5. Jésus allant au Calvaire, parle aux Femmes de Jérusalem 1584. Gr. in-fol. en t.
6. L'Erection du grand Obélisque devant l'église de St. Pierre de Rome, avec toutes les machines qui ont

servi à l'élévation de cette énorme masse. *Dom. Fontana inv. Seb. Bonifacio fc.* 1586. Pièce rare en 3. gr. planches.

Les BERTELLIS.

La Ville de Venise compte plusieurs graveurs et marchands d'estampes qui ont porté le nom de Bertelli. De ce nombre nous n'en citerons que trois: Christofano, Ferrando et Lucas. Selon la date de quelques uns de leurs ouvrages on peut fixer leurs naissances vers 1526-1530.

I. CHRISTOFANO, OU CHRISTOPHE BERTELLI, natif de Rimini dans le Duché de Modene, a travaillé d'après le Correge et d'autres maîtres.

1. Portrait d'Octave Farnese, Duc de Parme, in-fol.
2. Conversion de St. Paul, grande composition, marquée au bas: *Per me Christofano Bertelli*, d'après le Pordenone. Gr. in-fol.
3. La Vierge, avec l'enfant Jésus, St. Sébastien, St. Emilien et St. Roch, d'après le Correge. in-fol.
4. Les différens âges de l'homme. *Christofano Bertelli sc.* in-fol.

II. FERRANDO, OU FERDINAND BERTELLI, natif de Venise, a travaillé d'après plusieurs habiles maîtres Vénitiens.

1. *Omnium*

L. BERTELLI. 177

1. *Omnium fere gentium nostrae aetatis habitus, a F. Bertellio aeneis typis excuss. Venet.* 1569. In fol.
2. Jésus guérissant les malades. *Farinati pinx. F. Bertelli exc.* 1566. Gr. in-fol. en t.
3. Jésus-Christ attaché à la croix, d'après Jules Romain. Id. exc. in-fol.
4. Vénus nue couchée sur un drap, et Cupidon auprès d'elle. D'après le Titien à l'eau forte par F. Bertelli. *Nic. Bertelli exc.* 1566. Gr. p. en t.
5. *Specchio della Vita humana. In Venezia per F. Bertelli* 1566.

III. LUCAS BERTELLI, graveur et marchand d'estampes, natif de Venise à la tête d'un fond considérable de pièces gravées par d'anciens maîtres, aujourd'hui très-rares.

1. Buste d'Hippolite Gonzaga, fille de Ferdinand. *Lucas Bertelli exc.* in-4.
2. Le peuple d'Israël tourmenté par des serpens. D'après Michel-Ange. Gr. p. en t.
3. Bâtême de notre Seigneur, qui est agenouillé sur une pierre, ayant un pied dans l'eau, *L. Bertelli.* et au bas quatre vers: *Non isti Christum latices &c.* in-fol.
4. Le Lavement des pieds. *Lucas sc.* in-fol.
5. La Flagellation, avec l'inscription: *Et fui flagellatus &c. Lucae Bertelli formis.* D'après P. Farinati. Gr. in-fol.
6. Crucifièment avec les deux Larrons; au bas une tête de mort, pièce marquée: *M. A. Lucas Bertelli formis.* Gr. p. in fol.
7. Grande Descente de Croix à quatre échelles, avec

III.   M

Nycodême qui tient des tenailles. *Lucae Bertelli formis.* Belle pièce, in-fol.

8. Les quatre Evangélistes assis à une table dans un beau temple, avec leurs attributs. D'après Michel Coxie. *Lucae Bertelli formis.* Gr. in-fol. en t.

9. Le Jugement universel, d'après J. B. Fontana. *Lucae Bertelli formis.* Gr. et belle pièce.

10. Une Vieille et ses Enfans qui se chauffent à un grand feu, avec 8. vers: *Chi pigro in ozio &c.* D'après le Titien. *Lucae Bertelli exc.* in-fol.

Voyez l'article Bertelli, dans le *Dictionnaire des Artistes de Heinecke.*

FREDERIC BAROCHE, peintre et graveur à la pointe, naquit à Urbino en 1528, et mourut à Rome en 1612. Le Baroche apprit les élémens de son art de Battista Franco de Venise, qu'il surpassa bientôt par la supériorité de son génie. Il vint fort jeune à Rome où il travailla avec les éleves de Raphael et soutint encore en quelque sorte la gloire de l'école romaine, que les Zucchero avoient obscurcie, en substituant les contorsions aux belles attitudes de son fondateur. Le Baroche a peint le portrait et l'histoire avec un égal succès; et il réussissoit surtout dans les sujets de piété. On estime singulièrement ses saintes Vierges: il avoit coutume de peindre la Vierge Marie d'après sa sœur, et l'enfant Jésus d'après son petit neveu. Son goût d'invention est tout à lui; il est agréable, mais il n'est pas de grand caractère. Son dessin est correct, il est seulement un peu maniéré. On lui reproche d'avoir trop prononcé les muscles et les extrêmités de ses figures.

Le Baroche a gravé d'une pointe très-spirituelle quelques pièces de son invention. Il avoit coutume de les marquer: F. B. V. F. *Fredericus Baroccius Urbinas fec.*

1. Une petite Vierge tenant l'enfant Jésus, pièce qui n'est pas finie par le bas, petit in-4.
2. La Vierge dans le ciel sur des nues, tenant l'enfant Jésus, pièce marquée: F. B. V. F. In-4.
3. L'Annonciation, où se voit à gauche un chat qui dort. Gr. in-fol. jolie pièce, dont les bonnes épreuves sont rares.
4. St. François recevant les stigmates; même figure que la suivante, in-4.
5. St. François en extase à l'apparition du Sauveur et de la Vierge, pièce nommée le Bardon de Saint François 1581. Gr. in-fol. C'est la pièce capitale du Baroche.

On a une quarantaine d'estampes d'après le Baroche, dont les plus estimées sont celles gravées par G. Sadeler, Aug. Carrache, C. Cort. Franc. Villamena, etc.

BAPTISTA DA PARMA, ou BATTISTA PARMENSIS, peintre et graveur, né à Parme vers 1530. On le croit disciple de François Mazzuoli, dit le Parmesan. Il résidoit à Rome, où il grava d'après plusieurs maîtres et d'après ses propres dessins. Son goût de gravure a assez de ressemblance avec celui de C. Cort. On connoît de lui les pièces suivantes:

1. *Philippus II. Hispaniarum Rex.* 1589. Gr. in fol.
2. La Vierge et l'enfant Jésus, apparoissant à St. Jean, d'après Fréd. Baroche. *Baptista Parmensis fec. Romae* 1588. In-fol.
3. St. Jean baptisant Jésus dans les eaux du Jourdain. *Bapt. Parmensis dedicavit.* Gr. in-fol.
4. La Chasteté de Joseph, pièce anonyme, 1592. Gr. in-fol.
5. Le Calvaire, grande composition. *Bapt. Parmensis formis.* 1584. Tr. gr. pièce en t. de 2. planches.

Il y a encore un Jacques Parmensis, probablement de la même famille, de qui nous avons une estampe, exécutée tout-à-fait dans l' goût de Jacques Caraglio, à qui elle a été souvent attribuée, représentant:

Le Martyre de St. Pierre et de St. Paul, d'après le Parmesan. In-fol.

GASPAR AB AVIBUS, nommé aussi GASPAR PATAVINUS et GASPARO PADOVANO, graveur

GASP. AB AVIBUS.

à la pointe et au burin, né à Padoue vers 1530. Il est du nombre des artistes dont les circonstances de la vie ne nous sont pas connues. A juger de l'exécution de ses estampes, on seroit tenté de croire qu'il a étudié la gravure sous George Ghisi, dit le Mantuan, auquel il n'est pas inférieur pour le maniement de l'outil. Ses estampes sont datées de 1560 jusqu'en 1580, et elles sont signées de différentes manières, comme on verra ci-après.

1. Les Fiançailles de la Vierge Marie, sans le nom du peintre, qui est Paul Véronese. *Gaspar ab Avibus, Citadelensis fe.* 1577. in-fol.

2. La Femme adultere, p. marquée ΛΛ.V.I. *Gasparo Osello Padovano fe.* In-fol. en t.

3. La Flagellation, avec l'inscription : *Et fui flagellatus &c. Gaspar ab Avibus Citadelensis fecit. Lucae Bertelli formis.* Grande pièce in-fol.

4. Jésus-Christ les mains liées et couronné d'épines; figure assise au milieu de l'estampe, entourée de petits sujets de la passion. *Gaspar Patavinus f. Nicol. Nelli exc. 1566.* Gr. in-fol.

5. La Sainte Cène, d'après Lamb. Lombard, estampe copiée d'après celle du Mantuan; pièce marquée *Gaspar P. F. 1564.* Gr. in-fol. en t.

6. Apollon, assis sur le mont Parnasse auprès de Pégase, jouant du violon; au bas les Muses, vers la gauche Homere et Virgile; d'après L. Penni. *Gaspar F.* Gr. in-fol. en t.

7. Un grand Volume in-fol. divisé en cinq parties, contenant les Portraits des Empereurs, Archiducs, Princes &c. de la Maison d'Autriche. Chaque portrait, en pied, est orné d'un bordure analogue. Ici il a changé sa manière, et les figures sont gravées dans le style des Sadelers.

Quelques uns citent un César Avibus; mais on ne croit pas qu'il ait jamais existé un artiste de ce nom.

JEAN-BAPTISTE DE CAVALLERIIS, dessinateur et graveur au burin, né à Lagherino vers 1530. Il a travaillé à Rome depuis 1550. jusqu'en 1590. Son style de gravure a quelque ressemblance avec celui d'Eneas Vicus, auquel il est d'ailleurs inférieur. Un grand nombre de ses pièces ne sont que des copies d'après d'autres graveurs; les autres ne sont recommandables que par les grands maîtres qu'il fait connoître et qui sont rendus d'ailleurs avec beaucoup de propreté. Cavalleriis possédoit assez bien la partie mécanique de son art; mais son style manque d'harmonie et son dessin est très deffectueux, surtout aux extrémités de ses figures. C'étoit un graveur très-laborieux; ses estampes, selon l'Abbé de Marolles, se montent à 327. Il marquoit ses pièces de son nom, mais il s'est servi fréquemment du chiffre ⒸB.

1. Les Portraits des Papes pour le livre: *Vite de Pontefici*. Antonio Ciccarelli. 1588. In-4.
2. Les planches pour l'ouvrage intitulé: *Beati Apollinaris Martyris, primi Ravennatum Episcopi, Res gestæ, Romæ* 1586. nombre de pièces in-fol. gravées à l'eau-forte et retouchées au burin.
3—34. Les Ruines de Rome, d'après Jean-Antoine Dossius, en 33. planches, 1579.
35. *Ecclesiæ Anglicanæ Trophea*, d'après Nic. Circignano dit le Pomerance, in-fol.
36. L'enfant Jésus parmi les docteurs, grande composition, qu'on croit de son dessin, 1568. Gr. in-fol. en t.
37. La Ste. Cène, pièce de sa composition, gr. in-fol. en t.
38. L'image de la Sainte Vierge de Lorette, 1566. In-fol.
39. La Maison de Lorette et les miracles qui y ont été opérés. 1569. In-fol.
40. Le Jubilé de 1585. pièce où l'on voit l'ancienne Eglise de St. Pierre. Ici le graveur se nomme Tridentinus. In-fol.
41. Bataille navale contre les Turcs, pour le livre de Ciaconi. In-fol.
42. La Vierge au silence. Elle est assise et tient de la main droite un livre, où est écrit: *Magnificat &c.* L'enfant dort, St. Joseph est d'un côté la main sous le menton, et le petit St. Jean faisant signe de ne pas éveiller l'enfant. D'après Michel-Ange, avec le chiffre du graveur. Gr. in fol.
43. Le Corps de Jésus reposant sur les genoux de la Vierge assise au pied de la croix, sur laquelle

on lit ces mots: *Non vi si pensa &c.* Avec le nom du peintre et celui du graveur. Gr. in-fol.

44. La Conversion de St. Paul; la scène est au milieu, et le cheval s'enfuit. D'après un tableau de la chapelle Pauline de Michel-Ange. *J. B. de Cavalleriis incid.* Gr. in-fol. en t.

45. Le Martyre de St. Pierre, de la même Chapelle, avec les noms du peintre et du graveur. Gr. in-fol.

Ces deux tableaux, que Michel-Ange a peints dans sa soixante-dix-septième année, ont été regardés comme des merveilles de l'art et sont aujourd'hui presque entièrement ruinés.

46. L'Apôtre St. Paul, qui descend quelque dégrés, avec le nom de Michel-Ange, pièce marquée: *Joannes Baptista de Cavalleriis Brixianus incidebat. C. P. Romæ.* Gr. in-fol.

47. La Sortie des animaux de l'Arche. D'après Raphael. Pièce gravée par J. B. de Cavalleriis, et dédiée à Antonio Chiapolini da Fossombrone. Gr. in-fol. en t.

Cette estampe est différente de celle de Bonasone, entièrement gatée par une main mal adroite.

48. Moïse montrant au peuple les nouvelles tables de la loi, d'après le même, et avec le nom du graveur, in-fol. en t.

49. Le Miracle des cinq pains, d'après le même, avec le nom du graveur. Gr. p. en deux planches en t.

50. Le Sauveur apparoît à St. Pierre aux portes de Rome. D'après le même. Avec le chiffre du graveur

et l'année 1569. In-fol. en t. Même sujet que celui de M. Rota.

51. La Bataille de Constantin contre Maxence. D'après le même. *J. B. de Cavalleriis Lagherinus incid.* 1571. Tr. gr. p. en t.

52. Le Massacre des Innocens, ou Hérode est assis sur une tribune élevée, d'après Baccio Bandinelli, mais sans son nom. *J. B. de Cavalleriis Lagerinus incideb. in Aedibus Salvionis* MDLXI. Grande pièce en t. Gravée aussi par Marc de Ravenne.

53. Susanne tentée par les Vieillards, d'après le Titien, sans son nom, 1586. In-fol.

54. St. Jean prêchant dans le désert, d'après And. del Sarto. In-fol.

55. Descente de la Croix, sans le nom du peintre qui est Daniel de Volterre. Gr. in-fol. Le même sujet que Dorigny a gravé en grand.

56. La Vierge dans les Cieux avec l'enfant Jésus, entourée d'Anges, parmi lesquels le jeune St. Jean est agenouillé. Tableau de l'église de la Consolation, d'après Livio Agresti. Gr. in-fol.

57. Elévation de la Croix, pièce d'après le même, marquée : *Opus Livii Agresti Forliveñsis. Romæ incidebat Joan. Bapt. de Cavalleriis.* Gr. in-fol.

PAUL CALIARI, dit PAUL VERONESE, peintre et graveur à l'eau-forte, naquit à Verone en 1532, et mourut à Venise en 1588. Il apprit les principes de l'art de son oncle, Antoine Badile, et de Jean Carotti; mais sa disposition naturelle contribua plus que l'instruction à le former. Dès sa plus tendre jeunesse il donna des marques de sa capacité; il vint à Venise et remporta le prix de la peinture qu'avoit proposé le Sénat: il eut le Titien pour juge. Doué d'une imagination féconde, il étoit né pour les grandes compositions. Il alla à Rome; il y vit l'Antique et Raphael, mais on ne voit pas qu'il ait cherché les beautés simples ni de Raphael, ni des Statues antiques. Il continua de suivre l'impulsion de son génie. Destiné par la nature à être le premier peintre d'apparat, il avoit un assez beau partage. Ses airs de têtes des deux sexes ne sont que des portraits, mais ils sont beaux et bien choisis. Ses ordonnances sont magnifiques, ses groupes sont ingénieusement enchaînés. Son coloris est fier et vrai, ses reflets sont savamment ménagés. Il ne drapoit pas dans la grande manière de Raphael; mais il vêtoit bien ses figures à la manière de son tems et de son pays, et représentoit avec une grande vérité les plus riches étoffes. Le fracas qui règne dans ses compositions, ressemble à de la chaleur; mais ce n'est ni le beau feu qui animoit Raphael, ni l'impétuosité qui tourmentoit Michel-Ange, ni la vivacité de Rubens. Ses ombres tiroient trop sur le violâtre, mais ses demi-teintes étoient belles et fraîches. S'il est foible dans l'expression des affections de l'ame, il saisit bien celle qui représente la vie. Le Véronese sera supérieur à la critique, et méritera des louanges sans réserve, si l'on se contente de lui assigner le rang suprême entre les peintres de portraits historiés, puisque les figures de ses tableaux d'histoire sont en effet des portraits, vêtus et ajustés comme l'étoient les Nobles Vénétiens de son tems. Il auroit été sans reproche, s'il eût choisi, pour exercer son pinceau, des sujets de l'Histoire de Venise. Dans la plupart des sujets historiques on ne trouve ni la vérité du costume, ni celle des mœurs, ni celle de l'expression. Ce peintre, connu par plusieurs traits de bienfaisance, vécut toujours noblement. Il ne se distinguoit pas moins par ses mœurs que par ses talens, et il avoit coutume de dire que les talens n'étoient estimables que par leur union avec la probité.

Paul s'est aussi amusé à graver quelques planches d'une pointe facile, qui décèlent la main du maître, comme :

1. L'Adoration des Mages, pièce marquée: *Paolo Veronese fec.* Gr. in-fol.
2. Deux Saints endormis, petite pièce sans marque.

On lui attribue encore quelques eaux fortes, marquées P. C. et PA. CAL.

De tous les grands peintres celui qui a peut-être le plus perdu dans la gravure, c'est le Véronese. On a un grand nombre d'estampes d'après ce maître, gravées par d'habiles artistes; mais bien peu ont rendu la couleur, pas même Aug. Carrache; celui qui a encore le mieux réussi dans cette partie, c'est Ph. And. Kilian.

Cesar Vecellio, peintre, et graveur à la pointe et en bois, né à Vénise vers 1530. mort dans la même ville encore avant le célèbre Titien dont il étoit le frere cadet. L'histoire de cet artiste est assez obscure. On croit que c'est lui qui a exécuté en bois les gravures qu'on attribue communément au Titien. Nous avons de ce maître une suite de feuilles in-8. gravée d'une pointe spirituelle et savante, d'après les dessins du Titien, publiée à Venise en 1590. sous le titre: *De gli habiti antichi et moderni di diverse parte del mondo, Libri* due fatti da Cesare Vecellio. En 1664. il en a paru une seconde édition plus complette que la précédente, et dont le titre est exprimé ainsi: *Raccolta di figure delineate dal gran Tiziano, e da Cesare Vecellio suo Fratello, deligentemente intagliate.*

JOSEPH PORTA, dit SALVIATI, DELLA GRAFAGNANO, peintre et habile graveur en bois, né à Castelnuovo Grafagnano en 1535. et mort à Rome en 1585. Disciple de François Salviati, dont il prit le nom, il travailla long-tems sous ce maître. Il s'établit à Venise, et comme il réussissoit également dans la peinture à l'huile et à fresque, il ne manquoit pas d'occasion de faire connoître ses talens par des ouvrages publics. Sa réputation pénétra jusqu'à Rome, où il fut appellé sous le Pontificat de Pie IV. Il peignit au sallon royal du Vatican l'Histoire de Frédéric I. où l'Empereur baise les pieds du Pape. Le salaire du peintre fut de 100. écus d'or. Joseph dessinoit correctement et inventoit avec facilité. Il avoit un bon goût de composition, et ses têtes sont bien caractérisées. Sa couleur tombe souvent dans le ton grisâtre qui ne fait quelquefois pas mal.

Du reste il est un peu maniéré dans l'expression des muscles.

Il nous reste à faire connoître ce maître comme excellent graveur en tailles de bois. „Ce peintre", dit M. Papillon, „a gravé „en bois plusieurs morceaux très-rares. J'en „ai vu plus d'une douzaine chez M. Villayer, „maître des Requêtes. C'étoit des Prophètes, „des Sibylles, une Psyché découvrant „Cupidon endormi, et un Chymiste dans „son laboratoire, pièce d'environ 10. pouces „de haut sur 16. de large. Mais j'ai une estampe „de ce maître de beaucoup supérieure; elle est „chargée de contre-tailles très-savamment „coupées, et représente Notre Seigneur en „croix, accompagné de la Sainte Vierge, „de la Madeleine et de St. Jean, contre „les pieds duquel est la petite planchette où „est gravé: Joseph Salviati. L'excellence „du dessin correspond à celle de la gravure: „les caractères et les airs y sont admirables „etc." *) Le morceau suivant, que j'ai possédé moi-même, prouve qu'ici Papillon n'est pas exagérateur.

*) V. Papillon, Traité de la Gravure en bois, Tome I. p. 137.

L'Académie des Sciences et des Arts, belle composition. *Joseph Porta, Grafagninus f.* Petit in-fol.

André Zucchi et quelques autres graveurs Vénitiens ont gravés plusieurs sujets de ce maître, et Pierre Tanjé a gravé un Christ mort pour la Galerie de Dresde.

JULES SANUTO, ou SANUTUS, dessinateur et graveur au burin, natif de Venise vers 1536. La vie de cet artiste est peu connue; on sait seulement qu'il a travaillé à Venise. Parmi le petit nombre de pièces gravées de Sanuto on distingue les suivantes:

1. La Naissance d'un enfant monstrueux, pièce marquée: *Jul. Sanutus Venet. fac.*

Cette estampe, exécutée au burin avec de fortes tailles et quelques hachures, ressemble à une gravure en bois.

2. Vénus et Adonis, d'après le Titien. De la Galerie du Roi d'Espagne. *Giul. Sanuto exc.* 1559. Gr. in-fol.

3. La Fable d'Apollon et de Marsias, composition très-singulière, marquée d'après le Correge, gravée par Jul. Sanuto en 1562. en trois planches, tr. grandes pièces en t.

On attribue au graveur l'insertion du Parnasse de Raphael sur la planche du milieu.

DOMINIQUE VITUS, graveur au burin, natif d'Italie vers 1536. Les circonstances de sa vie ne nous sont pas autrement connues, si non qu'il étoit Religieux de la Congrégation de Val-Ombreuse, fameux monastere dans les montagnes de l'Appennin. Quant à la gravure, il est à présumer qu'il l'a apprise d'Augustin de Venise, ou d'après ses ouvrages; du moins il en a imité le style, et cela avec assez de succès. Il a gravé différens sujets d'après quelques maîtres ses contemporains et d'après l'antique.

1. St. Joachim tenant un encensoir, d'après un dessin d'André del Sarto, daté de 1580. In-4.
2. St. Barthelemi, avec l'inscription: *Dom. Vitus Ordinis Valisumbrosæ Monachus excidit Romæ* 1576.
3. Suite de petites pièces, représentant la Passion de Jésus-Christ, entourées de bordures ornées d'oiseaux, d'animaux et de poissons.
4. Plusieurs Statues antiques, marquées: *Dom. Vitus fec.*
5. Jupiter et Calisto, pièce marquée: *Dominicus V. F.* In-4. en t.
6. Un Dieu Fleuve, qu'on croit d'après l'antique. In-4. en t.

RAPHAEL GUIDI, graveur au burin, né à Florence vers 1540. a travaillé en différens endroits d'Italie jusqu'au commencement du dernier siècle. A juger de son goût de gravure, on supposeroit qu'il s'est formé à l'école de le Corneille Cort ou à celle d'Augustin Carrache. Il operoit entièrement avec le burin, instrument qu'il manioit avec beaucoup de facilité, mais avec des tailles un peu trop fortes. Son dessin est correct, et les extrémités de ses figures sont bien rendues. Quoique ses estampes n'égalent pas l'excellence de celles d'Augustin Carrache, on voit en lui un homme de beaucoup de capacité.

1. Le Roi David, assis au pied d'un rocher, jouant de la harpe, d'après le Josépin. In-fol.

La même pièce a été gravée par Eg. van Panderen.

2. Le Crucifiement de Jésus-Christ, d'après Christophe Schwarz, in-fol.

3. Jésus-Christ porté au sépulcre, d'après F. Baroche, pièce datée de 1598. gr. in-fol.

La même pièce est gravée par G. Sadeler.

4. Énée sauvant son père de l'embrasement de Troie, d'après le même. Gr. in-fol. en t.

La même pièce est gravée par Augustin Carrache.

5. Jupiter assis dans une niche, armé de la foudre, d'après le Polidore, 1613. In-fol.

6. Vulcain debout dans une niche, tenant son marteau, d'après le même.

Henri Goltzius avoit gravé les mêmes pièces (No. 5. et 6.) en 1592.

7. *Dédale, et Icare qui tombe du haut des airs*, d'après le Josépin. Gr. in-fol.

BARTHELEMI PASSAROTTI, peintre et graveur à l'eau-forte, naquit à Bologne vers 1540. et mourut dans la même ville en 1592. On croit qu'il apprit les principes de son art de Thadée Zucchero. Barthélemi a excellé dans le portrait et dans les sujets historiques. Chef de cette nombreuse famille d'artistes qui portoit son nom, il étoit de plus le fondateur de la fameuse Académie de Bologne, où les Carraches se sont tant distingués. Son style facile et son coloris agréable étoient généralement goûtés. Il a décoré les églises et les palais du lieu de sa naissance de plusieurs belles peintures de sa main. La fameuse Galerie de Dresde possède de lui un beau tableau dans lequel il s'est peint lui même, avec toute sa famille. D'habiles artistes ont gravé d'après lui, tels que Ph. Thomassin, C. Cort, Aug. Carrache et d'autres. Lui même a gravé avec succès plusieurs eaux fortes d'après ses dessins, ainsi que d'après F. Salviati et P.

Pérugin. On recherche sur-tout les pièces suivantes:

1. La Vierge assise tenant l'enfant Jésus, et ayant à ses pieds le petit St. Jean; eau forte de son invention. Gr. in-fol.
2. La Visitation de la Vierge, riche composition d'après F. Salviati. *Bart. Paſſarotus fec.* Gr. in-fol. en t. Très-rare.
3. Les Noces d'Isac et de Rachel, d'après P. Perugino. Gr. in-fol. en t.

MARIUS KARTARUS, ou MARIO KARTARO, dessinateur et graveur au burin, ainsi qu'à l'eau forte, né en Italie vers 1540. et florissant à Rome en 1570. Il règne en général beaucoup de confusion et d'incertitude dans l'article de cet artiste. Basan s'en tire avec sa formule ordinaire: „Marius Kartarus, graveur, qui „florissoit en Italie vers le milieu du XVI. „siècle. On a de lui quelques estampes d'après „divers maîtres". Rodolphe Fuessli, qui nomme ce graveur Marius Cartari, nous apprend qu'il a gravé à Rome en 1578. les vingt-quatre premiers Empereurs romains, depuis Jules-César jusqu'à Héliogabale. L'article de ce maître n'est pas non plus fort lumineux dans le *Dictionary biographical* de

M. KARTARUS.

Joseph Strutt. Il présume qu'il étoit Allemand et qu'il s'étoit établi à Rome. Tout ce qu'on sait est que Kartarus marquoit ordinairement ses estampes de ce monogramme

$$\overline{\text{KT}}\overline{\text{M}}.$$

Les pièces suivantes sont ainsi marquées :

1. L'Adoration des Bergers, sans nom de peintre; pièce gravée au burin avec beaucoup de propreté. Petit in-fol.
2. Jésus couronné d'épines, sans nom de peintre; pièce gravée au burin pur. Gr. in-fol.
3. Diane et Endymion; sans nom de peintre. Gr. in-fol. en t.
4. Jésus priant dans le jardin des oliviers, d'après Albert Durer; pièce marquée sur une tablette, 1567. *Romæ*. In-fol.
5. St. Jérôme assis dans une chambre, d'après la fameuse estampe de ce nom d'Albert. In-fol.
6. Le Chris descendu au Limbes, d'après André Mantegna, pièce gravée à l'eau forte d'un brut pittoresque. Gr. in-fol.
7. Le Jugement dernier, d'après le fameux tableau de Michel-Ange, à la Chapelle Sixtine; estampe, où le cartouche d'en haut, qui renferme le portrait du peintre, est laissé en blanc, tr. gr. in-fol.

Cette estampe, que j'ai possédée moi même, est citée par M. de Heinecke, dans son Catalogue allemand de l'œuvre de Michel-Ange.

A. ANDREANI.

ANDREA ANDREANI, dit MANTUANO, peintre, graveur en bois et en clair-obscur, naquit à Mantoue vers 1540. et mourut à Rome en 1623. Il apprit les principes de l'art dans sa patrie et vint se perfectionner à Rome. Graveur en bois, il perfectionna beaucoup la manière d'Hugo da Carpi, en imprimant en clair-obscur ses tailles de bois avec deux ou trois planches. Le nombre des estampes de ce maître est considérable; parce qu'ayant fait l'acquisition de plusieurs planches gravées par d'autres maîtres, il les a retouchées, et en a débité les épreuves sous son nom. Ainsi ceux, qui lui ont attribué toutes les pièces marquées de son chiffre, ont été induits en erreur par cette supercherie. Pour l'ordinaire les pièces de son fond sont en clair-obscur; cependant on en trouve aussi qui sont imprimées avec une seule planche. Au reste toutes les estampes d'Andréani sont fort recherchées des vrais connoisseurs: elles se distinguent par la liberté de la main, par la pureté du dessin et par l'effet du tout-ensemble.

L'Abbé de Marolles se trompe, en l'appellant Andreossi; et ceux qui lui donnent

A. ANDREANI.

le nom de petit Albert se trompent encore davantage, sans doute à cause de son chiffre ordinaire qui a de la ressemblance avec celui d'Albert Altdorfer.

1. Le portrait d'Albert Durer, gravé en clair-obscur à Sienne en 1588. in-4.

2—9. Le Pavé du dôme de Sienne, gravé en clair-obscur sur le dessin de Dominique Beccafumi par Andréani, huit pièces dont nous ne spécifierons que les trois suivantes: 1) Eve à genoux, pièce gravée en 1587. avec le nom de Mecarinus, dit Beccafumi. 2) Le Sacrifice d'Abel, qui est à genoux devant l'autel. 3) Le Sacrifice d'Abraham, gravé d'après le dessin de F. Vanni &c.

Rien de plus difficile que de trouver toutes ces pièces rassemblées.

10. Le Déluge, d'après le Titien; très grande pièce en quatre planches, marquée du chiffre d'Andréani.

11. L'Armée de Pharaon submergée dans la mer rouge, d'après le même; très grande pièce de quatre planches, gravée en 1585. avec le chiffre d'Andreani.

12. L'Adoration des Mages, dont l'un est prosterné devant la Vierge et l'enfant Jésus. D'après le Parmesan, avec le chiffre du graveur et l'année 1585. Petit in-fol. en t.

13. La Purification, d'après le Salviati, avec le chiffre d'*Andreani in Mantua* 1608. in-fol.

14. La Vierge et l'enfant Jésus sur ses genoux, adorée par un Evêque, portant la mitre et la crosse, demi-figures, d'après Al. Casolani, avec le chiffre

d'Andréani et les mots: *Andrea Mantuano, Pittore Sanese,* 1591. Gr. in-fol.

15. La Vierge, tenant l'enfant Jésus à qui le petit St. Jean présente un oiseau, accompagnée d'une Sainte qui tient un lys; demi-figures. D'après Giac. Ligozzio, avec le nom du peintre et du graveur. Gr in-fol.

16. Jésus-Christ guérissant les dix Lépreux. D'après le Parmesan, avec le chiffre d'Andreani. in-fol.

17. Jésus-Christ guérissant le Paralitique; d'après Francesso de Nanto da Sabaudia. In fol.

18. La Pêche miraculeuse, d'après Raphael, avec le chiffre d'Andreani 1609. Gr. in-fol. en t.

19. Jésus sortant de chez Pilate, qui est assis et se lave les mains; d'après un bas-relief de Jean de Bologne, et le nom d'Andreani. Gr. in-fol. de 2. planches en t.

20. Portement de croix, où se voit sur le devant la Vierge étendue à terre, d'après Al. Casolani, avec le chiffre et le nom *d'Andreani in Siena* 1591. In-fol.

21. Corps de Jésus porté au sépulcre, d'après *Giuſ. Scolari Vicentino, pittore eccellente,* avec le chiffre d'Andreani. Gr. in-fol.

Papillon fait de Jos. Scolari un graveur en bois et lui attribue plusieurs estampes en clair-obscur.

22. Jésus mis au sépulcre, demi-figures, avec Nicodème et les saintes Femmes. D'après Raphael da Reggio, et le nom du graveur. Gr. in-fol.

23. St. Pierre prêchant, pièce marquée du nom de Polidore et du chiffre d'Andreani, 1608.

Espèce de frise qu'on croit gravée par Hugo

da Carpi et dont on a des épreuves sans nom.

24. St. Sébastien, composition où l'on voit sur le devant un Evêque à mi-corps, et en haut la Vierge avec l'enfant Jésus dans une gloire d'anges. Pièce marquée F. B. U. *Fridericus Barotius Urbinas*, avec le chiffre d'*Andreani in Mantoua* 1608. Gr. in-fol.

25. La partie inférieure du tableau de St. Nicolas du Titien dans l'église des Frari, pièce dédiée à ce Saint, avec le chiffre d'*Andreani*; *Intagliat. Mantoano*. Gr. in-fol. en t.

26. Le Triomphe de l'Eglise: *Christi Triumphus*; très-grande frise en 8 planches, gravée en bois d'après le Titien, dédiée au Duc de Mantoue, Vincent Gonzaga en 1599. et publiée par Calisto Ferranti à Rome en 1508.

27. Pièce emblématique représentant le Chrétien qui, après avoir combattu les hérésies, est couronné dans le ciel. Pièce marquée B. F. *Baptista Franco de Venise*, avec le chiffre d'*Andreani*, *An. M. DC. X. Mantoua* — Gr. in-fol.

28. Tableau de la vie humaine, figuré par une femme au pied d'un rocher, assaillie par les Passions. Pièce marquée *Iac. Ligotius inv. et Andreani* 1585. *Firenze*. Gr. in-fol.

On a différentes épreuves de cette planche, sans et avec le clair-obscur.

29. Trois pièces représentant l'Enlèvement d'une Sabine, grouppe de J. de Bologne, vu de trois différens côtés. La première est marquée: *Rapta Sabinam a Io. Bolog. marm. excud. Andreas Andreani incisit atque Bernard Vecchiett. dicavit anno* M. D. LXXXIIII. in-fol.

30. Autre Enlèvement des Sabines, d'après un bas-

relief de J. de Bologne, en trois planches, dont celle du milieu porte pour inscription : *Andreas Andreanus Mantuanus aeri incidit, impressit anno Domini* M. D. LXXXV. *Florentiæ.*

31. Clélie à cheval avec une de ses compagnes, prête à traverser le Tibre. Pièce marquée du nom de Maturino et du chiffre d'Andreani. 1608. Gr. in-fol. en t.

32. Porsenna, et Mutius Scevola qui étend sa main sur un brasier ardent. Pièce marquée du nom de Balth. Peruzzi, et du chiffre d'Andreani, 1608. petit in-fol.

33. Le Triomphe de Jules-César, d'après And. Mantegna, frise en neuf grandes pièces, avec un titre qui fait la dixième, et une dédicace par Bernard Malpitius peintre de Mantoue au Marquis de Gonzague, M. D. XCVIIII.

34. Vénus avec Cupidon, et des Nymphes qui se baignent, d'après le Parmesan, et avec le chiffre d'Andreani, 1605. in-fol.

35. Circé présentant à boire aux compagnons d'Ulysse. Pièce en ovale d'après le Parmesan, avec le nom d'Andreani. 1602.

36. Une Femme assise, relevant sa juppe pour se chauffer auprès d'un grand feu, où l'on voit le chiffre d'Andreani. Pièce marquée : *Bernard Malpitius inv.* in-fol.

37. Scène de la Comédie intitulée Ortensia, représentée par les Académiciens, nommés Intronati, en présence du Grand-Duc Cosme I. à Florence; grande pièce gravée d'après le dessin du Ricci, ou de Bart. Neroni, par Andreani, 1579.

38. Monument sépulcral, représentant une espèce de rocher au haut duquel on voit les trois Parques, d'après Fortuna Fortunius et avec le chiffre d'Andreani, 1588. Gr. in-fol.

J. PALME.

Voyez l'article d'Andréani dans le *Dictionnaire des Artistes de Heinecke.*

JACQUES PALME DIT LE JEUNE, peintre et graveur à l'eau-forte, né à Venise en 1544. et mort dans la même ville en 1628. On croit que Palme le jeune fut neveu de Palme le vieux, et qu'il fréquenta l'école du Tintoret, dont il suivit pendant quelque tems la manière. Cependant pour se former entièrement le goût il étudia avec grand soin le Titien et d'autres grands maîtres, et ses efforts furent couronnés de tout le succès possible. Après avoir travaillé quelque tems à Rome, il revint jouir de sa réputation dans sa patrie. Le Palme a gravé un assez bon nombre d'eaux fortes, d'une éxécution facile et spirituelle, recherchées par les connoisseurs. Il marquoit communément ses pièces de son nom, d'autre fois de son chiffre, formé d'un V. traversé d'une branche de palmier.

1. Dalila coupant les cheveux à Samson, endormi sur les genoux de sa maîtresse. *Jac. Franco formis.* Sans marque, in-4. en t.
2. Judith mettant la tête d'Holofernes dans un sac, tenu par sa servante, in-4. en t.

3. La Nativité, où se voit un bœuf couché sous une espèce d'arcade. Petit in-4.
4. Sainte Famille, adorée par St. Jérôme et St. François, à mi-corps, p. in-4. en t.
5. St. Jean dans le désert, p. in-4.
6. La Décollation de St. Jean, p. in-4.
7. St. Jérôme en conférence avec le Pape Damase. Gr. in-4. Rare.
8. Pallas assise sur des trophées, tenant dans sa main une petite victoire. Gr. in-4.
9. Le Tribut de César in-4. en t.
10. Jésus et la Femme adultere, à mi-corps, in-4. en t.
11. Jésus répondant au Pharisien, qui lui dispute son autorité, in 4. en t.
12. Jésus apparoissant à St. Thomas, figures jusqu'aux genoux, p. in-4.
13. Deux Hommes dans les flammes de l'enfer, p. in-4.
14. Un Prêtre et une figure nue, avec deux jeunes garçons à terre, avec le chiffre de l'artiste, p. in-4.

JEAN-BAPTISTE PAGI, peintre et graveur à l'eau forte, né à Gènes en 1545. et mort dans la même ville en 1629. Gentilhomme Génois il fut éleve du Cangiage, et se distingua de bonne heure dans son art. Il eut une querelle au sujet d'un de ses tableaux; il se battit et tua son adversaire. Obligé de prendre la fuite, il se réfugia à Florence où il fut bien accueilli du Grand-Duc. Après une absence de 20. ans il fut rappellé dans sa patrie et montra par de beaux ouvrages qu'il avoit bien employé son tems. Il grava aussi plusieurs estampes à l'eau forte, et écrivit un Traité de la peinture, connu sous le nom de la Tablette du Pagi; il la publia à Gènes en 1607. sous le titre: *Definizione et Divisione della Pittura*. On croit que les Tablettes de H. Testelin sont une imitation de celle de Pagi.

DOMINIQUE PELLEGRINO, dit TIBALDI, peintre, architecte et graveur à l'eau forte, né à Bologne vers 1546. On croit que Pellegrin Pellegrini Tibaldi fut son père, ou son frère aîné. Quoiqu'il en soit il s'est distingué dans tous les arts de dessin; il s'est fait sur-tout un nom dans la gravure. Les pièces suivantes sont recherchées:

1. Vue de la belle Fontaine de Bologne, d'après Jean de Bologne. Domen. Tibaldi. 1570. Gr. in-fol.
2. La Vierge à la rose, d'après le Parmesan, dont le tableau original est à la Gal. de Dresde, in-fol.
3. La Trinité, grande composition, d'après Horace Samachini. Gr. in-fol.
4. La Paix foulant aux pieds le Dieu de la guerre, d'après Pellegrino Tibaldi.

C. PROCACCINI.

I. CAMILLE PROCACCINI, peintre et graveur à l'eau forte, naquit à Bologne en 1546. et mourut à Milan en 1626. On croit qu'il apprit les principes de la peinture de son père, Hercule Procaccini. Camille fut le précurseur des Carraches; il se rendit redoutable à leur école par le grand goût de son dessin et la sublimité de ses pensées. Il fut cependant obligé de leur céder la place. S'étant retiré à Milan, il remplit cette ville d'un grand nombre de beaux ouvrages qu'on ne cesse d'admirer. Il y mourut à l'âge de 80. ans. — Camille s'est amusé à graver à la pointe, et ses estampes, d'une exécution libre et savante, sont très-recherchées des connoisseurs. Les têtes de ses figures ont souvent la finesse de celles du Parmesan, et chez lui les autres extrémités sont marquées avec précision.

1. Repos dans la fuite en Egypte, où la Vierge, assise sous un palmier, contemple l'Enfant couché sur ses genoux. P. in-fol.

2. Autre Repos en Egypte, où la Vierge, assise sous un palmier, allaite l'enfant, p. in-fol. en t.

3. Autre Repos en Egypte, où St. Joseph est assis par terre ayant le bras appuyé sur le bât de son âne. Pièce in-fol. en t.

4. St. François recevant les Stigmates, portant la date de 1592. Gr. p. in-fol.

Juste Sadeler a gravé le même sujet.

5. La Transfiguration du Sauveur. Gr. pièce en deux planches, difficile à trouver belle d'épreuve, attendu que l'eau forte n'a pas bien mordu sur la planche supérieure.

II. JULES - CESAR PROCACCINI, peintre et graveur à l'eau forte, naquit à Bologne en 1548, et mourut à Milan en 1626, la même année que son frère Camille. Il apprit les principes de la peinture d'Hercule Procaccini son père; mais il acheva ses études pittoresques sous la direction des Carraches. Il excelloit dans les compositions historiques, et quoiqu'il ne fût pas de la force de Camille, ses ouvrages sont estimés. On sait qu'il a gravé à l'eau forte, mais on ne connoit de lui qu'une seule pièce, savoir:

Une petite Vierge avec l'Enfant. In-4.

BERNARDINI PASSERI, ou PASSARI, peintre et graveur à la pointe et au burin, né à Rome vers 1542. Il a travaillé la plupart du tems dans le lieu de sa naissance. Comme peintre, il paroit avoir pris pour modèles les Zucchero: les attitudes de ses figures sont aussi forcées que celles de ces derniers. Nous en jugeons d'après deux estampes gravées d'après ce maître: la première, par Gys Veen, représente le Miracle arrivé au Martyre de Ste. Catherine; la seconde, par Ph. Thomassin, les quatre Martyrs recevant les couronnes de leur martyre. Passari est plus connu en Italie par ses gravures que par ses peintures. Cependant je ne sais sur quel fondement il est appellé dans l'Abecedario le graveur universel. Il est certain, qu'il a gravé un nombre assez considérable d'estampes, rendues d'abord à la pointe, puis retouchées avec le burin dans un style facile et agréable. Ses ouvrages prouvent qu'il étoit un homme de génie; et qu'il ne traitoit guères que des sujets de dévotion et de son invention.

1. Sainte Famille, où la Vierge est représentée coiffée à la Bohèmienne, pièce datée de 1583. in-4.
2. La Vie de St. Bruno, représentée en plusieurs feuilles, in-4.
3. Plusieurs Vierges et autres sujets de piété, moyennes pièces, en hauteur.

CHERUBIN ALBERT, BORGHEGIANO, peintre et graveur au burin, né à Borgo San Sepolcro en 1552. et mort à Rome en 1615.

Albert est d'une famille féconde en habiles artistes, et Fuesslin, dans son *Dictionnaire des Artistes*, compte jusqu'à 22. maîtres de ce nom, et la plupart de cette famille. Celui-ci apprit les élémens de la peinture de Michel Albert son père. Du reste il est plus connu comme graveur que comme peintre. Quant à la gravure, on croit qu'il a eu pour maître C. Cort, ou du moins qu'il s'est formé d'après ses estampes, ou de celles d'Augustin Carrache et de François Villamena. A l'exemple de ces artistes, il n'opéroit qu'avec le burin, sans qu'il paroisse s'être servi de la pointe. Les graveurs de Chérubin, d'une exécution facile, ne sont pas toutes du même style; les pièces qu'il a traitées avec le plus de soin approchent de celles d'Augustin. Le grand défaut des gravures italiens du tems d'Albert étoit, qu'ils ne tendoient pas assez à l'effet et qu'ils ignoroient la magie du clair-obscur. Les lumières se trouvent dispersés, tant pour les distances des objets, que pour les figures principales du premier plan. Ce qui détruit l'harmonie de l'ensemble, et nuit à la dégradation des objets. Son dessin du nud ne manque pas de correction, les extrémités de ses figures sont bien marquées, et ses airs de têtes sont généralement d'une belle expression; mais ses draperies sont dures et roides. Lattantio Pichi, suivant les *Lettere pittoriche*, beau-frère de Chérubin, avoit formé le dessein de publier les estampes qui n'avoient pas été imprimées du vivant de notre artiste. Quoique ce projet n'ait pas été exécuté entièrement, toujours est-il certain, que plusieurs de ses planches ont été publiées après sa mort par ses héritiers. L'œuvre de Chérubin-Albert est très-considérable : celui du cabinet de Mariette étoit composé de 160. pièces de choix, tant de son invention que d'après d'autres maîtres. D'ordinaire il marquoit ses estampes de son chiffre $\mathrm{\overset{C}{FB}}$. $\mathrm{\overset{C}{A}}$.

A. *Pièces d'Invention.*

1. Portrait du Pape Grégoire XIII. Ovale, avec ornemens, in-fol.
2. Portrait du Pape Urbain VII. Pièce semblable.
3. Portrait de Henri IV. Roi de France. Ovale, avec ornemens. Rome 1595. In-fol.
4. Portrait de Pietro Angelo Bargeo, in-fol.

5. Judith debout, tenant de la main droite la tête d'Holoferne et de la gauche son épée, avec son chiffre, in-fol.

6. La Nativité, grande composition; pièce dédiée au Pape Clément XII. avec l'inscription: *En Deus omni potens &c.* In-fol. avec son chiffre.

7. La Fuite en Egypte, où l'âne est mené par un Ange, pendant qu'un autre lui donne à manger; plusieurs Anges cueillent des dattes, dont l'un en présente à l'enfant Jésus, 1574. Gr. in-fol.

8. Sainte Famille, où l'enfant est couché à terre, adoré par Ste. Elisabeth et St. Joseph, tandis que la Vierge prend une main de l'Enfant, et tient sur son bras le petit St. Jean, sur un fond de paysage, 1571. sans nom. In-fol.

9. La Vierge assise, tenant l'enfant sur un berceau, pendant que l'Ange Gardien lui présente le jeune Tobie. St. Joseph aussi assis se repose sur un livre; pièce avec le chiffre de Chérubin. In-fol.

10. Le Corps de Jésus-Christ soutenu sur les nues par un Ange, avec l'inscription: *Magnum pietatis opus*, &c. In-fol.

11. La Vierge assise dans les airs, tenant l'enfant Jésus, entouré de têtes de Chérubins, et deux Anges qui lui jettent des fleurs d'en haut. Pièce avec le titre: *Regina Cœli.* Sans nom. In-fol.

12. La Madéleine penitente, dans un beau paysage; pièce anonyme en grand carré, gravée en 1582.

13. Sainte Cathérine de Sienne stigmatisée et soutenue par deux Anges, 1574. avec son chiffre. In-fol.

14. Sainte Christine retirée de la mer par un miracle. Gr. in-fol.

15. St. François stigmatisé, accompagné de deux Anges, sur un fond de paysage, 1599. Gr. in-fol.
16. St. Charles Borromée dans le ciel et dans une gloire, entouré d'Anges; il est prosterné devant l'Image de la Vierge qui tient l'Enfant. 1612. Gr. in-fol.
17—22. Six pièces d'Enfans en plafonds, d'après les peintures d'Albert exécutés à Tivoli; six génies en l'air, avec une dédicace au Cardinal Visconti, et cette inscription sur la première : *Ex picturis, quas Cherubinus Albertus in ejus Villa Tusculana pinxit, has ipsemet incidit* 1607. Gr. in-4.

B. *Pièces d'après d'autres maîtres.*

1. Figure de Susanne debout, une épée au cou, et appuyée contre un piédestal ; sur lequel est écrit : *S. Susanna Vir. & Mart.* et en bas: *Alexander Albertus inv.* Pièce dédiée au Card. Rustici. Gr. in-fol.
2. Jésus-Christ en croix, la tête tournée en bas vers la gauche où est la Vierge ; à la droite est St. Jean les bras étendus. D'après Michel-Ange, pièce sans nom, in-fol.
3. St. Jérôme assis, en méditation sur la croix ; le fond est un grand paysage ; pièce d'après le même, gravée à Rome en 1575. Gr. in-fol.
4. St. André portant une croix, pièce tirée du Jugement dernier, gravée en 1580. In-fol.
5. Deux autres figures, tirées du même Jugement dernier: L'homme qui monte au ciel, avec l'inscription : *Petit ad Aethera:* l'autre avec ces mots : *Nuda Veritas.* Deux belles pièces gravées en 1591. In fol.
6. La figure de Charon, accompagnée de deux autres figures et de quelques têtes, du même Jugement. Pièce gravée en 1575. In.fol.

7. Prométhée déchiré par le vautour ; figure peinte dans un angle de la Chapelle Sixtine. Pièce gravée en 1580. In-fol.

8. Grouppe de quatre figures : le Corps de Jésus-Christ soutenu par la Vierge, aidée par Nicodème et par une des Maries. Pièce in-fol.

Cet ouvrage de sculpture, que Michel-Ange n'a pas achevé, a été transporté à Florence, et placé derrière le maître-autel de la Cathédrale, avec l'inscription : *Postremum Michaelis Bonarotae opus, quamvis ab artifice ob vitium marmoris neglectum, eximium tamen artis canon. Cosmus III. Magnus Dux Etruriae Romæ jam advectum hic. P. I. anno M. DCCXXII.*

9—11. Trois pièces représentant : 1) La Création d'Adam. 2) Adam et Eve chassés du paradis terrestre. 3) Adam et Eve assujetis au travail. *Romæ, Polidorus de Caravag. invent.* Trois moyennes planches en t.

12. Grande frise, représentant la Mort des enfans de Niobé, tués par Apollon et Diane, en 5. planches à coller ensemble.

13. Autre frise semblable de 5. planches, représentant l'Enlevement des Sabines. *Sabinarum raptum a Polidoro Caravagiensi, celeber. Pictore delineatum &c.*

14. Le Triomphe de Camille, dessiné dans le goût antique, moyenne pièce en t.

15. Pluton, figure en pied, tenant un flambeau des deux mains, moyenne pièce en t.

16. La Fortune, ayant le pied gauche sur une coquille et tenant de ses deux mains un voile flottant, pièce semblable, sans le nom du peintre.

17. La Présentation de l'enfant Jésus au Temple, d'après une des tapisseries du Vatican de Raphael; pièce publiée après la mort de Chérubin par les héritiers, in-fol. en t. D'après Raphael.

18. La Résurrection, grande composition, où l'on voit un Ange assis sur une grosse pierre à la porte du Sépulcre, pièce marquée de l'année 1628. publiée par les héritiers, in-fol. en t.

19. Sainte Famille, où l'on voit la Vierge, tenant sur ses genoux et sur un berceau l'enfant Jésus à qui le petit St. Jean présente un oiseau, sur un fond de paysage; pièce d'après Raphael, gravée en 1582. Gr. in-fol.

20. Un des angles du Vatican de Raphael, où Jupiter caresse Ganymède, 1580. in-fol.

21. Deux angles sur une même planche, où l'on voit les trois Graces, et Vénus qui quitte Junon et Cérès, 1582. d'après Raphael, in-fol.

22. L'Adoration des Mages, grande composition, d'après le Rosso, 1574.

23. La Transfiguration, avec le chiffre du graveur, sans le nom du peintre, qui est le Rosso. Gr. in-fol.

24. La Prière sur la montagne des olives, où l'Ange présente le Calice au Sauveur; au bas de la montagne on voit les trois disciples, d'après le Rosso; pièce marquée de l'année 1574. et publiée par les héritiers en 1628. In-fol.

25. St. Etienne lapidé par trois hommes, d'après le Rosso, 1575. In-fol.

26. Dessin pour un grand Tabernacle, orné de Statues, pièce d'Architecture en deux planches, du Rosso. Rome 1575. Gr. in-fol.

27. Baptême de nôtre Seigneur, debout dans le Jourdain, St. Jean devant lui sur le rivage et le St.

Esprit qui voltige au-dessus de la tête du Sauveur. D'après André del Sarto. 1574. In-fol. en t.

28. Miracle de S. Philippe Benizzo, Florentin, de l'ordre des Servites, où les méchans qui avoient méprisé les exhortations du saint homme sont frappés de la foudre; pièce gravée d'après le tableau d'André del Sarto, conservé au Couvent des Servites à Rome, 1582. Gr. in-fol.

29. L'Ange Gardien, conduisant le jeune Tobie, d'après Pellegrino Tibaldi. 1575. In-fol.

30. Le Sauveur en prière au Jardin des olives, où l'on voit sur le devant les trois Disciples endormis, sans le noms ni du peintre ni du graveur, qui sont Perin del Vaga et Chérubin Albert, in-fol.

31. La Nativité, ou l'Adoration des Bergers. L'Enfant, couché sur une butte de terre, est environné de lumière et adoré par la Vierge. En haut on voit une gloire d'anges, avec un écriteau: *Glia in Eccis* 1575. Gr. in-fol. en deux planches. D'après Taddeo Zuccaro.

32. La Sainte Famille, où la Vierge tient l'enfant Jésus sur son berceau, pendant que le petit St. Jean lui amene son agneau. St-Joseph, assis à une table, a auprès de lui un livre et des lunettes. D'après le même, in-fol.

33. La Flagellation, d'après le tableau de T. Zuccaro de la Chapelle Matteï, dans l'église de la Consolation à Rome. 1574. in-fol.

34. La Conversion de S. Paul, grande pièce ceintrée, d'après le même, gravée en 1573. in-fol.

35. Le Corps de Jesus-Christ entre les bras de Dieu le Pere, avec une gloire formée d'Anges qui portent les instrumens de la Passion; d'après le même, 1573. in-fol. en t.

36. L'Assomption de la Vierge, pièce gravée en 1577, d'après Taddeo Zuccaro, et dédiée au Cardinal Theani. Gr. in-fol.
37. Autre Assomption de la Vierge, grande pièce gravée d'après Frédérie Zuccaro en 1571. in fol.
38. La Vierge, couronnée dans les cieux, pièce semblable, d'après le même, gravée en 1572.

VENTURE SALIMBENE, DIT BEVILAQUA, peintre et graveur à l'eau forte, naquit à Sienne en 1555. et mourut dans la même ville en 1613. Il apprit les principes de son art d'Angelus Salimbene son pere qui avoit été disciple de F. Zuccaro. Ventura dessina en Lombardie les principaux ouvrages des grands maîtres. A Rome il travailla principalement dans la Bibliothéque du Vatican et dans l'église de St. Jean de Latran. A l'occasion de quelques ouvrages qu'il avoit faits pour le Cardinal Légat à Bologne, il reçut l'ordre de Chevalier de l'éperon d'or, et la permission de porter le nom de son patron. Ventura travailla aussi à Florence, à Pise et à Lucques. Il se seroit rendu encore plus célèbre, si sa trop grande passion pour le sexe n'eût mis obstacle à son travail et n'eût abrégé ses jours. Il mourut à

56. ans. Il a gravé d'une pointe spirituelle divers sujets de sa composition. Ses estampes sont marquées d'un V. et d'un S.

1. Le Mariage de la Vierge. V. S. 1590. Gr. in-4.
2. La Salutation angélique. V. S. fecit. 1591. in fol.
3. Ste. Agnes, demi-figure. in-4.
4. Dieu le Pere apparoit à la Vierge, assise dans les nues entourée d'Anges. Id. inv. et fec. 1590. Gr. in-4.
5. La Vierge dans le haut des airs, apparoit à un Saint et à une Sainte. Id. inv. et fec. 1590. Gr. in-4.
6. Jésus-Christ apparoit à Ste. Catherine de Sienne. Id. inv & fecit. 1588. petit in-fol.
7. Le Baptême de Jésus Christ dans les eaux du Jourdain. petit in-fol.

Les graveurs qui ont travaillé d'après ce maître sont: Capitelli, Villamena, Ph. Tomassin, C. Galle, N. Dorigni etc.

ANTOINE TEMPESTA, peintre et graveur à l'eau forte, naquit à Florence en 1555. et mourut à Rome en 1630. Il apprit les principes de son art d'abord de Santo Titi, puis de Jean Stradan. Génie ardent, il parvint en peu de tems à un tel degré d'habileté qu'il surpassa ses maîtres, tant par la fécondité de ses idées que par la prestesse de son exécution. Les batailles, les calvacades, les chasses, les animaux, furent les sujets qu'il traitoit de préférence. Le mérite de Tempesta consiste dans l'expression, et dans la grandeur de la pensée. Souvent on trouve dans ses figures de l'élégance et de la grace; ses têtes sont pour la plupart spirituelles et d'un dessin assez correct. Quoique ses chevaux soient trop forts de chair et incorrects de dessin, ils dénotent pourtant de la noblesse et de la variété dans les attitudes et dans les mouvemens. Mais il n'entendoit pas cette sage distribution de la lumière et cette heureuse économie de l'accord des parties qui font le charme de toute composition pittoresque. Ce peintre a travaillé la plupart de son tems à Rome; et dans ses jeunes ans il a exécuté plusieurs ouvrages dans les appartemens du Vatican par ordre du Pape Gregoire XIII. Ses gravures, qui sont en grand nombre, méritent la même louange et le même blâme que ses peintures. La variété de sujets est très-amusante pour l'amateur, et ses ouvrages en général, malgré les défauts qui s'y rencontrent, peuvent être consultés par les artistes avec autant de fruits que de satisfaction. Son œuvre est si considérable que feu M. Mariette possédoit de ce maitre 2000. pièces de choix.

Tempesta marquoit communément d'un A. et d'un T entrelacés, formant ce chiffre :

A. Æ. E. ℞.

1. Jésus-Christ en croix entre les deux larrons. Ant. Tempestis 1612. Gr. in-fol. T. rare.
2. Suite de différents sujets, tirés de l'ancien Testament, connue sous la dénomination de la Bible de Tempesta; in-4. en t.
3. Suite de 150 pieces, empruntées des Métamorphoses d'Ovide. in-4. en t.
4. *Vita S. Antonii Abbatis &c.* En 24. pièces y compris le titre. A. Tempesta, aq. fort. in-4.
5. Les Travaux d'Hercule, avec un frontispice et une dédicace. A. Tempesta fc. Rom. 1608. 13. pièces, in-8. en t.
6—9. Quatre feuilles, les quatre Ages du monde, caractérisés par la manière de vivre des hommes dans ces différens périodes, in-fol. en t.
10—13. Quatre feuilles de Chasses, aux Lièvres, aux Cerfs, aux Sangliers et aux Loups, in 8. en t.
14—17. Quatre feuilles de Chasses, aux Autruches, aux Ours, aux Lions et aux Taureaux, in-8. en t.
18—19. Deux feuilles de Chasses aux Oiseaux, l'une à la campagne, l'autre sur l'eau. Petit in-4 en t.
20—21. Deux feuilles de Chasses, l'une aux Ours, l'autre aux Chamois, in-fol. en t.

22-23. Deux feuilles de Batailles chez les anciens, l'une en rase campagne, l'autre au bord d'un fleuve et sur un pont. In-fol.
24-25. Deux feuilles de Batailles chez les modernes, l'une en présence d'une flotte, l'autre devant une place, dressée par mer et par terre, in-fol. en t.
26. Une Bataille, dédiée au Duc de Gravina. A. Tempesta. 1600. in-fol. en t.
27-36. Suite de dix feuilles de Batailles, avec un frontispice. *Facunda quam sit — — oliens ex. Tempestius f. de Wit exc.*
37. Entrée d'Aléxandre dans Babylone. *Temp. f.* in-fol. en t.
38. Diane au bain, métamorphose Actéon en cerf, in-fol. en t.

Louis Carrache, peintre et graveur à la pointe, naquit à Bologne en 1555. et mourut dans sa patrie en 1619. Il apprit les élémens de son art de Prosper Fontana et se perfectionna par l'étude des grands maîtres d'Italie. Louis fut le chef de cette fameuse école de Bologne qui jetta un nouveau lustre sur la peinture, en la ramenant aux grands principes, à l'étude de la nature et de l'antique. Le goût de sa composition est grand, beau et noble. Elevé dans son style comme le Correge, il dessinoit de plus très-correctement. Son coloris, qui n'est pas le meilleur, tire sur le noir ; son clair-obscur est bon. Ses draperies sont assez naturelles, mais les plis en sont trop compassés, relativement à leur grandeur. Quant à sa touche elle est plutôt dessinée que peinte. Les plus beaux ouvrages de Louis sont à Bologne, et à Rome au Palais Justiniani.

Il a gravé un petit nombre de ses compositions à l'eau forte et au burin. Quoique les estampes de sa main soient inférieures, quant à la facilité, à celles de ses cousins, elles ne laissent pas d'être recherchées des connoisseurs.

1. Samson qui déchire un lion. *L. C. f.* in-4.
2. La Vierge, demi-figure, et l'enfant Jésus adoré par quatre Anges. In-4.
3. La Vierge, demi-figure, donnant le sein à l'enfant Jésus qui est en chemise. *Lod. Car. inv. f.* In-4.
4. La Vierge lavant du linge, aidée par l'enfant Jésus et par St. Joseph. *L. C. f.* In-4.
5. Sainte Famille. 1604. *Lodovico Carracci fec.* Petit in-fol.
6. Sainte Famille assise sous une arcade. P. in-fol. en t.
7. Frontispice pour les Poësies de Cesare Rinaldi. In-4.
8. Thèse avec les armes de la Maison de Bonfigliovoli, à côté deux hommes nuds, accompagnés de Mercure et d'Hercule. in-fol.

Le nombre des pièces, gravées par d'habiles artistes d'après Louis, est assez considérable.

Augustin Carrache, cousin germain de Louis, et frère aîné d'Annibal, habile peintre et encore plus habile graveur, naquit à Bologne en 1557. et mourut à Parme en 1602. comme il s'est acquis une grande réputation dans les deux arts, nous le caratériserons, et comme graveur et comme peintre. On prétend que dans sa jeunesse il pratiqua l'orfèvrerie; mais dès-lors il montra une si grande passion pour la gravure qu'il l'apprit de lui même et qu'à l'âge de quatorze ans il grava quelques figures de Saints dans le goût de Corneille Cort. L'opinion la plus commune est qu'il se perfectionna dans cet art sous ce dernier. Quoiqu'il en soit, Augustin tient encore le premier rang parmi les graveurs d'histoire de son pays. Le jugement qu'on porte de lui est qu'il a traité ses estampes d'une manière si savante et si parfaite, qu'on ne sait ce que l'on y doit le plus admirer, ou la correction du dessin ou la beauté du travail. Il auroit atteint la perfection de son art s'il avoit aussi bien connu la magie du clair-obsenr que les graveurs de Rubens. Quoiqu'il laisse encore quelque chose à desirer dans son art, son œuvre est très-précieux et va à près de 300. pièces, dont les plus intéressantes se trouvent spécifiées ci-après.

Augustin tient également un rang distingué parmi les peintres d'Italie. Dans la peinture il eut pour maître Prosper Fontana, et ensuite Bartholomé Passeroti. Il étoit le plus instruit des Carraches. Doué d'un grand génie, il composoit fort bien, et dessinoit très-correctement; mais comme il n'etoit jamais content de lui même à l'égard de ses ouvrages de peinture, il donna la plus grande partie de son tems à la gravure. Dans la Galerie Zampièri à Bologne on voit de ses peintures qui attestent ses profondes connoissances dans cet art. Sa composition est belle, seulement un peu dispersée. Son dessin est correct; mais son coloris est froid et sombre, son clair-obscur est commun. Sa draperie est belle, manquant toutefois de variété dans les plis. Hors de l'Italie il est rare de rencontrer des tableaux d'Augustin.

A. CARRACHE.

A. *Pièces d'Augustin, de son invention.*

1. Augustin Carrache, gravé par lui même. In-4.
2. Antoine Carrache, pere d'Augustin et d'Annibal. In-8. très-rare.
3. Henri IV. Roi de France, à l'âge de 36. ans, d'après F. Bunel peintre du Roi. In-8.
4. La Tête de l'Empereur Auguste, médaillon avec le revers. C. A. in-8.
5. Buste de Cosme I. avec des figures d'ornement. In-8.
6. Une belle Tete de Femme, citée par Malvasia. In-8.
7. Portrait d'une Duchesse ornée d'un collier de perles. Ovale in-4.
8. Jean Tomaso Costanzo, âgé de 22. ans. In-4.
9. La Princesse Christine de Lorraine. In-4.
10. Ulysse Aldrovandus, âgé de 47. ans. In-4.
11. Marc Antonio Raimondi. In-4.
12. Titien Vercelli, 1587. In-4.
13. Antoine Carrache en St. Joseph. In-4.
14. Eve donnant la pomme à Adam, 1581. In-4.
15. La Vierge soutenant l'enfant Jésus des deux mains. In-8.
16. La Vierge vue de profil allaitant l'enfant Jésus. In-8.
17. Repos sur la fuite en Egypte. In-4.
18. La Vierge dans les nues, avec l'enfant Jésus qui s'accroche au manteau de sa mere, gravé par MarcAntoine d'après Raphael.

Augustin, ayant fait l'aquisition de la planche, y ajouta deux belles tetes de Chérubins. Gr. in-fol.

19. La Vierge dans le ciel donnant le scapulaire à un Saint. *Quasi Aurora consurgens.* Gr. in-fol. Belle et rare.

20. La Vierge assise sur un degré près de St. Joseph et d'un Ange, avec l'enfant Jésus et le petit St. Jean qui s'embrassent. Pièce anonyme. Gr. in-fol. Rare.

21. La Samaritaine, 1580. Les épreuves sans lettres sont très-rares; in-fol.

Celles avec l'adresse de Bertelli sont retouchées. In-fol.

22. Le Crucifix mystérieux, où l'on voit deux femmes, l'une figurant le Christianisme, l'autre le Judaïsme. In-fol.

23. La Résurection. Jésus sortant glorifié du tombeau 1575. In-fol.

24. *Le Nome di Dio.* Le Pape et le Sénat de Venise, suppliant la vierge dans le ciel au milieu des saints, d'intercéder pour eux auprès de Dieu qui apparoit dans sa gloire; sujet enfermé dans un Ovale entouré d'accessoires. *Luc. Bertelli formis*, sans le nom d'Augustin qui l'a gravé en 1582. T. gr. p. in-fol.

25. Saint François d'Assise recevant les stigmates, dans un beau paysage. *Agost. Car.* 1586. Tr. gr. in-fol.

26. Le Cordon de St. François, grande composition attribuée à Annibal, où le Saint distribue son cordon aux differens Ordres du monde Chrétien: *Per te godiamo &c. Aug. Car. form. Bol.* 1586. T. Gr. in-fol.

27. Le grand St. Jérôme sur un genou à l'entrée d'une caverne. Gr. in-fol.

On

A. CARRACHE. 245

On a de cette estampe des épreuves de la plus grande rareté où les trois quarts des travaux sont achevés; le reste n'est qu'ébauché et marqué par un trait léger. — L'inspection de cette pièce fait voir la manœuvre hardie de l'artiste et la grande sûreté de la main dans le maniement de son outil.

28. La même estampe, avec toutes les parties achevées, par F. Villamena, élève d'Augustin.

29—45. Suite de 17. pièces libres qu'on appelle en Italie: *le Lascivie dei Caracci*, savoir: 1) Vénus observée par un Satyre. 2) Nymphe regardée par un Satyre. 3) Galathé sur les eaux dans un char traîné par des Dauphins. 4) Nymphe endormie épiée par un Satyre. 5) Nymphe qui dort les bras sur la tête, guetée par un Satyre. 6) Vénus fouettant Cupidon étendu sur le dos d'un Amour. 7) Nymphe assise dans un paysage avec un petit Satyre. 8) Autre Nymphe dans un paysage avec un Satyre. 9) Andromede attachée à un rocher. 10) Hésione couchée au pied d'un rocher. 11) Susanne surprise au bain. 12) Les trois Graces se donnant les mains. 13) Loth avec ses deux filles. 14) Vénus tenant des épis dans sa main. 15) Un Satyre fouettant l'Amour. 16) Euridice tirée des enfers par Orphée. 17) Vénus, se faisant couper les ongles des pieds par un Amour, pose une jambe sur le dos d'un jeune Satyre qui s'amuse.

Toutes ces pièces, plus ou moins libres, sont de format in-8. Les plus licencieuses des estampes d'Augustin sont les deux morceaux suivans :

46. Vénus nue couchée sur un lit ; à ses pieds un Satyre en maçon, faisant descendre son plomb sur le bas-ventre de la Déesse, pièce appellée le Sondeur. In-4. V. Gandellini, p. 237.

47. Jeune fille nue qui tire un Vieillard près d'un lit, avec un Amour qui brise son arc. Au bas de l'estampe est exprimé en logogryphes : *Ogni cosa vince l'oro*. In-4.

On range encore parmi les estampes libres les deux beaux paysages connus sous le nom du Siecle d'or, savoir :

48. Paysage où l'on voit des hommes et des femmes dans des attitudes libres. In-fol. en t.

49. Paysage où l'on voit sur le devant des hommes et des femmes nues, et dans le lointain une danse en rond. In-fol. en t.

50. L'Amour vainqueur de Pan, Dieu de la Nature : *Omnia vincit Amor*, 1599. In-4.

51. L'Eternité dans les nues, entourée de figures de femmes, scene théatrale. In-fol. en t.

52. Persée dans les nues combattant un monstre, scene théatrale. In-fol. en t.

53. Le Panache, avec Diane en médaillon ; au-dessus un joli paysage en ovale orné de la fable de Salmacis et d'Hermaphrodite. Au bas trois ovales : la dispute de Neptune et de Minerve, les trois Graces, le buste de Minerve. Gr. in-fol. Tous ces sujets sur une même planche.

54. Frontispice pour le livre d'Alde Manuce, *Vita di Cosimo de Médicis*, 1586. In-fol.

A. CARRACHE.

55. Frontispice d'après Antoine Campi pour le livre: *Cremona fideliffima*. In-fol.

Ce livre, très-rare, renferme 35 portraits gravés par Augustin.

56. Neuf planches servant d'ornement au Poëme de la Jérusalem délivrée du Tasse, pour l'édition de 1590. Les autres planches sont gravées par Giacomo Franco.

B. *Gravures d'Augustin, d'après différens maîtres.*

1. Un enfant qui soufle des bulles de savon, pièce d'après Goltzius, in-12. en t. très-rare.
2. Jacob abbreuvant les troupeaux de Rachel, 1581. *Denys Calvart pinx.* In-fol.
3. Judith, demi-figure. *Laur. Sabbatius pinx.* In-fol.
4. Le jeune Tobie, conduit par l'Ange, figures entières, d'après Raphael da Reggio, pièce faussement marquée: Raphael d'Urbain. Gr. in-fol.
5. Présentation de l'enfant Jésus au Temple. *Horace. Samacchini pinx.* Gr. in-fol.
6. La Vierge avec l'enfant Jésus qui donne les clefs à St. Pierre, accompagné d'autres Saints. *Id. pinx.* 1588. Gr. in-fol.
7. Le Présepe, ou l'Adoration des Rois. 1579. *Balth. Peruzzi pinx.* Tr. gr. p. en 7. planches.
8. Le même sujet, où l'un des Rois baise le pied de l'enfant Jésus. On a des épreuves sans et avec le nom du peintre Marco del-Moro. Gr. in-fol.
9. La Vierge avec l'Enfant, la Madéleine, St. Jérôme et un Ange tenant un livre. D'après le Correge. 1586. Gr. in-fol.

Le tableau, connu sous le nom du Jour du

Correge, ci-devant à l'Académie de Parme, aujourd'hui au Musée de Paris.

10. Le Christ en Ecce Homo, accompagné de la Vierge et d'autres demi-figures. D'après le Correge. 1587. Gr. in-fol.

11. Jésus-Christ montré au peuple, demi-figures. *Vesp. Strada pinx.* Gr. in-fol.

12. Le Corps de Jésus-Christ, demi-figure, soutenu par un Ange. *Id. pinx.* Gr. in-fol.

13. Le grand Crucifiement, ou le Calvaire, d'après le Tintoret, en 3. planches. 1559. Tr. gr. p. en t.

14. Corps de Jésus-Christ, sur les genoux de sa Mère, d'après le marbre de Michel-Ange. Gr. in-fol.

15. La Nativité de la Vierge, d'après And. del Sarto. In-fol.

16. La Vierge couronnée dans le ciel par la Ste. Trinité. D'après Aeg. Mostaert. In-fol.

17. Sainte Famille, où l'Enfant tient une rose. D'après Fred. Baroche. In-fol.

18. Sainte Famille, où le jeune St. Jean présente un écriteau avec ces mots: *Ecce agnus Dei.* D'après Raphael. In-fol.

19. Sainte Famille, où se voit St. Michel. D'après Laur. Sabbatini. 1582. In-fol.

20. La Vierge sur un croissant, avec l'enfant Jésus qui donne la bénédiction. D'après le même. In-fol.

21. Une Sainte Famille placée au haut de l'estampe, avec St. Antoine et Ste. Cathérine au bas. D'après Paul Veronese. Gr. in-fol.

22. Une Vierge, figure entière, ouvrant son manteau et prenant sous sa protection deux Religieux. D'après le même. Gr. in-fol.

A. CARRACHE. 249.

23. Fiançailles de Ste. Catherine, grande composition, d'après le même. 1585. Gr. in-fol.

24. Le Martyre de Ste. Justine, grande composition, d'après le même, en deux planches. Tr. gr. pièce.

25. La Sainte Trinité dans une gloire, sujet placé entre deux colonnes torses. D'après le Titien. Gr. in-fol.

26. La Sainte Vierge avec l'enfant Jésus au milieu des Anges. D'après Jules Campi. In-fol.

27. Saint Eutiches mort, et resuscité par St. Paul. D'après Antoine Campi. D. Pauli miraculum in Neronis palatio factum. In-fol.

28. La Vierge reposant dans un paysage avec l'enfant Jésus et St. Joseph. D'après *Bern. Passerus.* In-fol.

29. La Vierge, en demi-figure, peinte sous le portique de la porte latérale du Sénateur Ralta. D'après Giacomo Francia. In-fol.

30. Saint Sébastien, figure entière, d'après François Francia. In-fol.

31. La Vierge assise dans un croissant, donnant le sein à l'enfant Jésus. D'après Jac. Ligotius. 1589. P. in-fol.

32. Saint Jérôme, à mi-corps. D'après le Vanni. P. in-fol.

33. Saint Jérôme, accompagné de son lion, regardant la Vierge qui est dans les airs. D'après le Tintoret, 1598. Gr. in-fol.

34. La Tentation de St. Antoine, 1582. Tr. gr. in-folio. Comme cette estampe est sans le nom d'Augustin, il y en a qui l'attribuent à C. Corti.

35. Mercure et les trois Graces, d'après le Tintoret. Petit in-fol. en t.

36. La Sagesse, compagne de la Paix, chasse le Dieu de la Guerre, d'après le même. De même.

37. Énée portant son père Anchise pour le sauver de l'embrasement de Troie. D'après le Baroche. Très-gr. p. en t.

Sous les titres d'Inventions, d'Armoiries, de Frontispices, de Vignettes etc. il se rencontre encore nombre de pièces d'Augustin qu'on trouvera spécifiées à son article dans le *Dictionnaire des Artistes de Heinecke*, ainsi que les noms des graveurs qui ont travaillé d'après lui.

ANNIBAL CARRACHE, frere puîné d'Augustin et cousin germain de Louis, très-habile peintre d'histoire et graveur à l'eau forte, naquit à Bologne en 1560. et mourut à Rome en 1609. Il apprit les élémens de son art de Louis, mais il ne resta pas longtems son imitateur. Il voyagea avec fruit en Italie. A Venise il étudia avec assiduité Paul Veronese et composa même quelques tableaux dans sa manière. Dans la galerie de Dresde on voit de sa main un Mariage de Ste. Catherine, peint dans le goût vénitien. A Parme il étudia le Correge, et adopta sa grande manière sans pourtant pouvoir atteindre au beau coloris de son modele. Les grandes demi-teintes du Correge le firent tomber dans un ton grisâtre. A Rome il a beaucoup étudié Raphaël et l'Antique. Sa composition est belle et expressive; cependant ses grandes ordonnances ne sont pas assez bien groupées. Son dessin est grand, beau, un peu trop arrondi; il dessinoit pourtant mieux en petit qu'en grand. En général le caractere de ses têtes est grand, un peu chargé et trop ressemblant. Vers la fin de sa vie il tomba dans le froid, à cause de la quantité de peintures à fresque qu'il avoit faites. Malgré ces remarques il résulte de la contemplation des ouvrages d'Annibal, qu'il doit être placé au rang des plus grands peintres qui aient existé. Il a excellé dans tous les genres de peinture; le portrait, l'histoire, le paysage, la carricature même, tout étoit de son ressort. — A tous ces mérites du Carrache il faut encore ajouter celui d'avoir gravé d'un grand goût à l'eau forte une vingtaine d'estampes très-recherchées des artistes et des connoisseurs. Il est bon d'avertir, que quand on dit le Carrache sans prénom, on entend toujours Annibal.

An. Carrachè.

A. *Piéces gravées par le Carrache.*

1. La Vierge allaitant l'enfant Jésus en se pressant le sein *Anni. Car.* ovale, p. in-4.
2. La Vierge soutenant d'une main la tête de l'enfant Jésus qui dort. *A. C. F.* P. in-4.
3. La Vierge à l'hirondelle; l'enfant Jésus prend l'oiseau des mains du petit St. Jean. *A. Car.* in-4.
4. La Vierge assise et l'enfant Jésus debout regardant une oie, sans marque. In-4.
5. La petite Crèche, ou l'Adoration des Bergers. P. in 4. en t.
6. La Vierge donnant à boire au petit St. Jean, ou la Vierge à l'écuelle. 1606. In-4. en t.
7. Un Christ mort sur les genoux de la Vierge, ou le Christ de Caprarole. in-4. en t.
8. Jésus couronné d'épines *A. C. inv. et fec.* 1606. In-8.
9. St. Jérôme aux lunettes demi-figure. In-8.
10. St. François assis, une tête de mort sur ses genoux, et un Crucifix entre ses mains, 1585. in-8.
11. St. François à genoux au pied d'un rocher, une discipline devant lui. P. in-4.
12. St. Pétrone à genoux, adorant le saint Suaire: *Quare rubrum &c.* P. in-4.
13. Apollon jouant de la lyre, et Pan à côté de lui se mordant les doigts. *A. C.* P. in-8. Rare.
14. Un Vieillard parlant à deux figures, pièce gravée au trait, un peu ombrée. *Carraccio f. Romae*, 1603. in-8.
15. Vénus endormie, et l'Amour qui tette sa mere, tandis qu'un Satyre les observe. In-4. en t.

16. Vénus endormie, contemplée par un Satyre que l'Amour ménace 1592. in-4. en t.
17. Silene couché à terre au milieu d'un Faune et d'un Satyre qui versent du vin d'un outre; sujet, nommé la Tasse d'Annibal, ayant été gravé au fond d'une soucoupe octogone, in-4.

Annibal a gravé une seconde soucoupe, toutes les deux pour le D. Giovanni di Castro qui lui en paya 500. scudi d'or. Elles se trouvent présentement dans le trésor du Roi de Naples. Les estampes en sont de la plus grande rareté, surtout la dernière.

18. Le Triomphe de Bacchus In-4.

Estampe gravée deux fois, l'une au trait, l'autre ombrée pour enseigner à Lanfranc à traiter l'eau forte.

19. Acis et Galathé, épiée par un Satyre dans un riche paysage, sans nom. P. in-fol
20. Susanne surprise par les Vieillards. In-fol. presque carré; très-rare et sans lettres.

Les Carraches on peint à Bologne et à Rome plusieurs galeries, quelques unes en commun, d'autres en particulier; mais toutes ont été rendues publiques par la gravure. On peut dire en général que l'œuvre des Carraches est un des plus intéressants de toutes les écoles d'Italie par le grand nombre d'habiles artistes de tous les pays qui ont gravé leurs productions, surtout celles d'Annibal. On peut s'en former une idée par la spécification de leurs estampes insérée à l'article des Carraches dans le *Dictionnaire des Artistes* de Héinecke.

François Carrache, dit Franceschini, peintre d'Histoire et graveur à la pointe, disciple de Louis, né en 1595. et mort à Rome en 1622. On n'est pas d'accord s'il fut frère ou cousin d'Augustin et d'Annibal; tout ce qu'on sait, est qu'il montroit de grandes dispositions pour son art, lorsqu'une mort prématurée, occasionnée par le libertinage, le conduisit au tombeau.

1. Une Vierge portant pour inscription: *Deiparæ imago a divo Luca picta. Hanc Bononiæ morantem, Archiconfraternitatis mortis una cum pia carcerum custodia Vicarii Pontificii & Senatus concessere.* In-4.
2. St. Charles Boromée à genoux devant une table, regardant une lumière qui est en haut. Petite pièce.
3. Un Ange à genoux avec de grandes aîles, montrant du doigt une Tête de Mort.
4. Pièce semblable, marquée F. C.
5—8. Quatre bustes de Femmes illustres de l'antiquité: Sémiramis, Lucrece, Artémise et Porcie. Quatre pièces très-rares in-12. d'après Louis Carrache.

L. CARDI.

Louis CARDI, dit le CIGOLI, ou CIVOLI, peintre et graveur à l'eau-forte, naquit au château de Cigoli, territoire de Toscane en 1559. et mourut à Rome en 1613. Il n'eut guere d'autre maître que lui même; mais à force d'étudier Michel-Ange, André del Sarto, le Pontorme, le Baroche etc. il devint habile peintre. Il fut choisi pour peindre un tableau dans l'église de St. Pierre de Rome, et c'est dire assez qu'il jouissoit de la plus grande réputation. Il prit pour sujet St. Pierre qui guérit un boiteux à la porte du temple. Il dessinoit bien et d'un grand caractère. Son pinceau étoi[...] et moëlleux; ses têtes n'étoient pas inf[érieures à] celles du Carrache, et sa couleur ét[oit très] agréable. On lui reproche de n'avoir pas également réussi dans la peinture des draperies. Au talent d'habile peintre il joignoit ceux d'architecte, de musicien, de poëte, de sculpteur. Cet artiste estimable, connut peu le bonheur, toujours attaqué par les envieux.

Il a gravé à l'eau-forte et terminé au burin les deux pièces suivantes:

1. La Madéleine aux pieds du Sauveur à table chez

Simon le Pharisien. Pièce marquée **L. C. ₵.**
Civis f. inv. In-fol. en t.

Les têtes des figures de ce morceau sont d'une grande beauté, sur-tout celles du Sauveur et de la Madéleine. Les épreuves avec le nom de C. Galle sont postérieures.

2. La Conversion de St. Paul. Pièce anonyme marquée de même.

Les meilleurs graveurs d'après le Civoli sont Lorenzini, Cecchini, et sur-tout Dorigni qui a gravé son St. Pierre.

BARTHOLOME SCHIDONE, peintre et graveur à l'eau-forte, naquit à Modene en 1560. et mourut à Parme en 1616. Il fréquenta l'école des Carraches; mais il s'attacha principalement à la manière du Correge, que nul peintre ne saisit plus heureusement que le Schidone. Cependant il peignit aussi dans le goût de Lanfranc. Le Duc de Parme le nomma son premier peintre, lui fit présent d'un fief et lui donna un beau logement. La fortune, qu'il avoit acquise par ses talens, fut détruite par la fureur du jeu: dans une seule nuit il perdit tout son bien, de sorte qu'il se vit hors d'état de satisfaire ses créanciers. Il mourut de chagrin, à l'âge de 56. ans. Ses tableaux sont très-rares ; ils sont précieux par la chaleur de la touche, par l'agrément du coloris, et par ses beaux airs de têtes. Ses dessins également rares sont très-estimés des connoisseurs. Ses plus beaux ouvrages se voient à Plaisance, à Modene et à Parme; dans ces villes on trouve de lui des très-beaux tableaux de familles. Il a gravé d'une pointe spirituelle une Sainte Famille, le seul morceau qu'on ait de sa main.

La Sainte Famille, où l'enfant Jésus tient une croix, avec St. Joseph, en demi-figures. Petit in-4. en carré.

I. CHRISTOPHE CORIOLAN, dessinateur et graveur en bois, à Nuremberg vers 1560. Il passa en Italie, travailla longtems à Venise. M. de Heinecke présume que son nom de famille étoit Lederer (corroyeur) qu'il changea en Italie contre celui de Coriolanus. Vasari, dans la vie de Marc-Antoine, dit positivement, que Maître Christophe Coriolan, après avoir exécuté à Venise une infinité de belles choses, grava en bois les portraits des peintres, sculpteurs et architectes, dessinés par lui Vasari et ses disciples. Or cet ouvrage de Vasari, ayant paru en 1568. n'a pu être gravé par Bartholomé Coriolan, fils, qui n'a commencé à travailler qu'en 1620. Christophe a gravé en outre la plupart des figures pour les ouvrages d'histoire naturelle d'Ulysse Aldrovandini, celles pour le livre : *Ars gymnastica Hieronymi Mercurialis*, et les Anatomies du Titien pour l'ouvrage de Vesal. Il paroît qu'il s'est fixé à la fin à Bologne où il est mort au commencement du dix-septième siècle.

1. Antoine Veniziano, peintre, tiré des portraits de Vasari, taille de bois. In-4.
2. Frontispice pour le Cours d'Anatomie d'André Vesal, de même, in-fol.

II. BARTHELEMI CORIOLAN, fils aîné de Christophe, dessinateur, graveur en bois et en clair-obscur, né à Bologne vers 1590. Il apprit les élémens de l'art dans la maison paternelle et acheva de se perfectionner en fréquentant l'école du Guide. Il exécuta en taille de bois plusieurs ouvrages de son maître, des Carraches et d'autres artistes, estampes qu'il dédia au Pape Urbain VIII. qui l'en récompensa avec l'Ordre de Chevalier de Lorette et par une pension. Quelques-unes de ses tailles de bois sont exécutées en clair-obscur et en grand estime chez les connoisseurs. On a aussi de cet artiste 82. sujets emblématiques d'après Paul Macci. Barthelémi florissoit depuis 1620. jusqu'en 1650. Nous voyons qu'il avoit un bon goût de dessin, que ses têtes sont d'un beau caractère, et que les extrémités de ses figures sont bien marquées. Ses estampes en clair-obscur sont gravées sur trois planches de bois, la première pour les contours et les ombres fortes, la seconde pour les demi-teintes, et la troisième pour les parties claires. Plusieurs de ses planches sont ainsi signées: *Barthol. Coriolanus Eques sculpsit Bonon.* 1637.

1. St. Jérôme, en méditation devant un crucifix, d'après le Guide. *Barthol. Coriolanus, Eques sculp. Bonon.* 1636. clair-obscur. Petit in-fol.

2. Hérodiade portant la tête de St. Jean, accompagné de sa servante, d'après le Guide, clair-obscur, pièce in-4. presque carrée.

3. La Vierge, en demi-figure, tenant l'enfant Jésus endormi sous son voile, d'après le Guide. *Barthol. fec.* 1630. in-4. en bois.

4. La même pièce, rendue en clair-obscur, d'une belle exécution.

5. La Vierge et l'enfant Jésus qui dort, d'après F. Vanni, sans marques, en clair-obscur. Gr. in-4.

6. La Paix et l'Abondance. *G. R. B. C. fc. Romæ.* En Camaïeu vert, in-4.

7. Une Sibylle assise, tenant des tablettes, de même exécution, in-4.

8. Jupiter foudroyant les Géants. — *Victoriam Jovis* — d'après le Guide. *Bart. Coriolano*, très-grande pièce de 4. feuilles en clair-obscur. 1647. Pièce capitale.

9. Les sept Sages transportés à Bologne ; sujet de thèse. — *In Latium fpretis &c.* en bois, sans nom de peintre, gr. pièce in-fol.

III. THERESE-MARIE CORIOLANA, fille de Bartholomé, apprit la gravure de son père, et la peinture d'Elisabeth Sirani. On ne connoit de sa gravure que la pièce suivante :

Une Vierge assise, vue jusqu'aux genoux, tenant l'enfant Jésus, petite pièce à l'eau-forte.

IV. JEAN-BAPTISTE CORIOLAN, peintre, graveur en bois et au burin, naquit à Bologne vers 1596. Fils cadet de Christophe Coriolan, il apprit les principes de la peinture de Jean-Louis Valesio. Il s'est plus occupé de la gravure que de la peinture. A Bologne on voit pourtant de ses tableaux dans les églises de St. Anne et de l'Annonciade. Les connoisseurs semblent préférer ses tailles de bois à ses gravures au burin.

1. Le portrait de Vincent Gualdi, en ovale in-4.

2. Le

J. L. VALESIO.

2. Le portrait de Fortunatus, in-4.
3. Le portrait de Fortunatus Licetus, gravé de nouveau en bois, 1639. in-4.
4. Le portrait de Joannes Cottunius, Patricius Veriensis. *Coriolano fe.* in-4.
5. L'Image de la Vierge dans un palmier et dans un morceau d'architecture en forme d'autel. *J. B. Coriolanus sc.* in fol.
6. L'Image miraculeuse de la Vierge, peinte par St. Luc et tenue par trois Anges dans un cartouche, sans nom de peintre, qui est le Guide, in-fol.
7. Le Christ couronné d'épines, d'après Louis Carrache, gravure à l'eau forte qui imite la taille de bois, in-fol.
8. Un Cupidon endormi, pièce en clair-obscur, sans marque, mais de l'invention du Guide, in-fol. en t. Rare.
9. Arc de triomphe en l'honneur de Louis XIII. *Il Coriolano fec.* in fol.
10. *Paul Macii Emblemata*, ensemble 83 pièces, dont 27. y compris le titre sont de Coriolan, et les autres sont gravées par O. Gatti et A. Parisini, in-4.

On a encore de ce maître une quantité de Thèses et de Frontispices pour des livres.

JEAN-LOUIS VALESIO peintre et graveur à l'eau forte, naquit à Bologne en 1561. L'article de Valésio est fort embrouillé dans l'histoire de la gravure. Il y a eu de ce nom deux graveurs au burin, Jacques et François Valesio; mais comme leurs productions n'ont rien de remarquable, nous n'en ferons pas d'autre mention. Jean-Louis s'est distingué davantage. Il a fréquenté l'école des Carraches, et a gravé à l'eau forte nombre de pièces d'un fort bon goût. La plupart de ses estampes consistent en sujets emblématiques, allégoriques, frontispices et en ornemens de livres, le tout sur ses dessins. On cite les morceaux suivans :

1. La Vierge et l'enfant Jésus appuyé sur les genoux de sa mere, pièce in-4.
2. Vénus ménacant l'Amour, in-4.
3. Vénus châtiant l'Amour, in-4.

Deux jolies pièces faisant pendans.

4. L'Hymen, à ses pieds deux Lions et des Génies qui portent des lys; pièce marquée *L C. Louis Carrache. Il Valesio fe.* p. in-fol.

FRANCOIS VANNI, OU VANNIUS, peintre et graveur à l'eau forte, naquit à Sienne en 1563 et mourut dans la même ville en 1610. Après avoir appris les élémens de la peinture d'Angelus Salimbene, son parain, et fréquenté pendant deux ans l'école de Bartholomé Passarotti à Bologne, il se rendit à Rome pour y étudier les grands maîtres.

Il suivit pendant quelque tems l'école de Jean Vecchi; mais ayant connu la manière de Frédéric Baroche, il en fut si charmé qu'il résolut de l'adopter. Vanni composa pour l'église de St. Pierre le beau tableau de la Chûte de Simon le Magicien, tableau qui plut si fort au Cardinaux, inspecteurs de cette église, qu'à leur recommandation il fut manifiquement récompensé du Pape Clément VIII. qui en outre le nomma Chevalier de l'Ordre du Christ. Le Vanni dût à l'étude des ouvrages du Baroche et du Correge le coloris vigoureux et l'exécution agréable qu'on trouve dans ses tableaux. Il inventoit avec facilité et dessinoit avec une grande correction. Les sujets de piété étoient les objets favoris de son pinceau.

A Sienne, dans l'église de St. Quirino, on voit de ce maître un Ecce Homo, bien dessiné et d'une belle expression. Il est bien peint et ressemble au Baroche, mais il est un peu dur. Indépendamment de la peinture Vanni possédoit de grandes connoissances en fait d'architecture et de mécanique. Nous avons de lui quelques eaux fortes qui font regretter qu'il ne se soit pas occupé davantage de ce genre de gravure.

1. Une petite Vierge considérant l'enfant Jésus endormi, in-4.
2. Sainte Catherine de Sienne recevant les stigmates. Petit-in-4.
3. Saint François recevant les stigmates, in-8.
4. Saint François en extase, demi-figure tenant un Crucifix, avec un petit Ange nud qui joue du violon, p. in-4.

Augustin Carrache a gravé la même pièce, avec cette différence que l'Ange y est d'une forme plus grande, et vêtu.

Plusieurs autres graveurs, tels que C. Galle, G. Sadeler, F. Villamene, Ch. Albert, P. de Jode et L. Kilian, ont gravé d'après Vanni.

JEAN MAGGI, ou MAGIUS, peintre et graveur à l'eau forte, né à Rome vers 1566. Il est plus connu comme graveur que comme peintre. En 1618. il publia un recueil des plus belles Fontaines de Rome et d'autres endroits d'Italie, recueil qu'il avoit gravé conjointement avec Dominique Parasachi. Il avoit entrepris de graver en grand la Ville de Rome, avec toutes ses rues et ses principaux édifices ; mais sa fortune étoit si médiocre, que les moyens pour l'exécution lui manquerent, & personne ne venant à son secours, il se vit obligé d'abandonner l'entreprise. Il a gravé dans le goût des peintres :

1. Le portrait d'un Cardinal, grand comme nature. Gr. p. in fol.
2. Paysage orné de ruines, de chûtes d'eau et de figures ; pièce marquée : *J. Maius i. et fec.* 1595. Gr. in fol. en t.
3. *Figura della Vita humana, Ioh. Maius fec.* 1600. Gr. in fol. en t.

François VILLAMENA, dessinateur et graveur au burin, naquit à Assise vers 1566. et mourut à Rome en 1626. Il vint à Rome sous le Pontificat de Sixte V. et se mit à dessiner les statues, les bas-reliefs et les meilleurs tableaux de cette ville. Fort dans le dessin, il s'appliqua à la gravure sous la conduite de C. Cort, conjointement avec Aug. Carrache son contemporain. Villamena a beaucoup gravé d'après ses propres dessins, et d'après les plus grands maîtres d'Italie. C'est un des plus habiles graveurs, quant au maniement de l'outil. On trouve dans ses estampes une très-belle coupe de burin : mais on desireroit que les contours de ses figures fussent un peu moins maniérés. Il a aussi travaillé dans le goût de Mellan. Sans être bien correct, il avoit un bon goût de dessin, et ses airs de têtes ont de l'expression. Son œuvre est considérable: feu M. Mariette en possédoit 360. pièces, tant de son invention que d'après d'autres maîtres.

Villamene marquoit ses estampes, tantôt de son nom, tantôt avec les lettres initiales F. V. F. et tantôt avec son chiffre

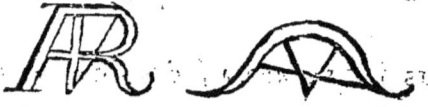

A. Pièces de son invention.

1. *Cæsar Baronius Soranus*, Cardinal. 1602. In-fol.
2. *Chriſtophorus Clavius, Bambergenſis e ſociet. Jeſu. F. Villamena fec. Romæ*. 1606. In-fol.
3. *Robert Bellarminus Politianus.* In-fol.
4. Chriſtiern IV. Roi de Dannemarc. In-fol.
5. Galilée Galilei, de Pise, fameux Mathématicien, in-fol.
6. Sainte Thérese, assise dans sa cellule, occupée à écrire sous l'inspiration du St. Esprit. In-fol.
7. La Madéleine pénitente dans le désert, couronnée par un Ange, sans marques. In 4.
8. Saint François en prières, incliné sur un crucifix. *F. Villamena fec.* In-fol.
9. Suite de six figures grotesques, dont un Moine mendiant, accompagné de deux petits garçons, petit in-fol.

10. Suite de cinq Saints pénitens, dont trois sont de sa composition et les deux autres d'après Ferrau Franzoni. Petit in-fol.
11. St. Jacques de Compostelle apparoissant en l'air à l'armée de Ferdinand; grande composition.
12. Les Gourmeurs, pièce où l'on voit un paysan se défendre à coups de poings contre quantité de gens du peuple. Gr. in-fol. en t.
13. L'Antiquaire, pièce où l'on voit sur le devant Jean Alto en spadassin, au milieu de beaucoup de gens montrant le Capitole de la main droite. Gr. in-fol. en t.

Deux pièces servant de pendans.

B. *Pièces d'après divers maîtres.*

1. Moïse montrant au peuple le serpent d'airain, d'après Ferrau Franzoni. Gr. in-fol.
2. La Vierge tenant l'enfant Jésus adoré par St. François, d'après le même. Gr. in-fol.
3. Sainte Famille, où la Vierge reçoit l'enfant Jésus des mains de Ste. Anne; à côté d'elle Ste. Catherine; sur le devant le petit St. Jean. D'après Raphaël; tableau fait pour le Grand-Duc de Florence, et gravé à Naples 1602. Gr. in-fol.
4. La même pièce gravée à Rome en 1611, et dédiée à Nicolo Guicciardini. Gr. in-fol.
5. St. Bruno, exerçant la pénitence avec ses compagnons dans le désert, d'après Lanfranc. Gr. in-fol. en t.
6. Descente de Croix, pièce ceintrée, d'après le Baroche. Gr. in-fol.
7. L'Annonciation de la Vierge, d'après Mario Ancônio. Gr. in-fol.

8. Autre Annonciation de la Vierge, grande composition, d'après Hipp. Andreasius. Gr. in-fol.
9. La Présentation au Temple, d'après P. Véronese. Pièce commencée par Aug. Carrache et achevée par Villamene. Gr. in-fol. en t. Rare.
10. St. Bernard, à mi-corps, avec la Vierge dans les nues, d'après F. Vanni. In-fol.
11. Aléxandre combattant à la bataille d'Arbelle, d'après Ant. Tempesta. Gr. in-fol. en t.
12. Sujet de Thèse où se voit Hercule portant le globe du monde, avec les armes du Cardinal Arrigoni, d'après l'Albane. Gr. in-fol. en t.
13. Autre sujet de Thèse, où l'on voit plusieurs Divinités, entre autres Neptune et Cybelle, avec les armes du Cardinal Barberini. Gr. in-fol. en t.
14. La même pièce avec les armes d'Espagne.
15. La Bible de Raphael, en vingt pièces; 15. de l'ancien Testament et 5. du nouveau, portant pour titre: *La sacra Genesi figurata da Rafaele, intagliata da Francesco Villamena, dedicata al Cardinal Aldobrandino.* Rom. 1626. In-4. en t.

MICHEL-ANGE AMERIGI, dit le CARAVAGE, peintre et graveur à l'eau forte, né à Caravagio dans le Milanez en 1569. et mort sur le chemin de Porto Ercole pour se rendre à Rome en 1609. Fils d'un maçon, il fut occupé dans sa jeunesse à broyer le mortier pour les peintres à fresque; il les vit souvent travailler, et devint peintre lui même. Il fréquenta différentes écoles sans s'arrêter à aucune. Constamment attaché à l'étude de la nature, il l'imita servilement jusqu'à sa mort, sans avoir jamais cherché le gracieux. Au commencement sa manière ne plut pas, et il se vit forcé par la nécessité de travailler quelque tems pour le Josepin; de-la sa haine contre ce peintre. Un tableau de Joueurs, qu'il avoit peint, plut au Cardinal del Monte, qui l'acheta et qui fournit l'occasion au peintre de se montrer par des ouvrages publics. Du reste il ne connoissoit aucune regle de son art; il pratiquoit dans les mêmes figures les lumières et les ombres les plus décidées. Les demi-connoisseurs de son tems préférerent le Caravage au Carrache et son école, parce qu'il a plus d'énergie. Sa composition est basse et sans goût, son dessin est incorrect et desagréable. A l'égard de son coloris, les jours en sont très-beaux et semblent peints avec la palette du Titien; il n'en est pas de même des ombres, elles sont très-noires. Son artifice consistoit en ce qu'il donnoit aux figures, éclairées par la lumière de la lampe, la couleur de la lumière du jour, et c'est là ce qui cause chez lui ce grand éclat.

Le résultat est, que le Carravage étoit un assez habile peintre, mais un très-méchant homme. Il étoit vain, jaloux, querelleur, insociable. Dans un accès de fureur il tua un jeune homme de ses amis. Obligé de quitter Rome pour ce meurtre, il s'enfuit à Naples, d'où il passa à Malthe. Là ayant peint quelques beaux tableaux pour le Grand-maître, il reçut pour récompense la Croix de Chevalier, l'objet de ses desirs, pour pouvoir se mesurer avec le Josepin, qui avoit refusé de se battre avec lui parce qu'il n'étoit pas Chevalier. Il attendoit sa grace de Rome, lorsqu'il fut mis en prison pour avoir insulté un Chevalier et voulu se battre avec lui. Il s'évada de prison, passa en Sicile et revint à Naples, où il fut grievement blessé au visage dans un cabaret. Sans attendre sa guérison il monta dans une felouque, pour se rendre à Rome. Arrivé sur les côtes il fut arrêté par méprise, et après de nouvelles avantures fâcheuses la fièvre le saisit et mit fin aux jours de ce misantrope.

Il occupe une place dans notre Manuel, parce qu'il a gravé une pièce à l'eau forte, savoir :

L. et I. PARASOLE.

St. Thomas touchant du doigt la plaie de Notre-Seigneur; in-fol.

Plusieurs graveurs ont exercé leurs instrumens sur les productions du Caravage; mais la plupart n'ont pas saisi le caractere de sa manière. Ceux qui ont le mieux réussi sont les Soutman, Vorsterman, Falck, et en dernier lieu Volpato.

I. LÉONARD NORSINI, dit PARASOLE, du nom de famille de sa femme, dessinateur et graveur en bois, né à Rome vers 1570. Les deux époux ont beaucoup travaillé d'après Ant. Tempesta. Pour lui il grava en bois, par ordre de Sixte V. l'Herbier de Castor Durante, Médecin. Cet artiste, d'un rare talent, mourut à l'âge de 60 ans. Son ouvrage a de la réputation: les plantes y sont d'un dessin correct et d'une exécution finie. — Son fils Bernardin Norsini, fréquenta l'école du Joséphin, et commençoit à se distinguer dans la peinture, lorsque la mort l'enleva à la fleur de son âge.

II. ISABELLE PARASOLE, épouse de L. Norsini. Ayant appris le dessin, elle montra sa dextérité par différens ouvrages. Elle composa un livre sur la manière de faire de la dentelle, des broderies et d'autres ouvrages de femmes, dont elle grava elle même en bois les dessins.

Isabelle a gravé dans le même goût les plantes pour un Herbier que faisoit faire le Prince Cesi d'Aquafparta. Elle vécut au commencement du dernier siecle et mourut à l'âge de 50. ans.

III. HIERONIMA PARASOLE, femme-artiste de la même famille, s'est également distinguée dans la gravure en bois: on a de sa main une Bataille des Centaures, d'après Ant. Tempesta, grande pièce en largeur.

ODOARD, ou EDONARD FIALETTI, peintre et graveur à l'eau forte, né à Bologne en 1573. et mort à Vénise en 1638. Il apprit les principes du dessin de J. B. Crémonini et alla ensuite à Venise où il fréquenta l'école du Tintoret. Il y fit de si grands progrès dans la peinture, que Boschini fait mention de 38. tableaux publics que Fialetti avoit peints pour les églises de cette ville. On a de sa main un grand nombre de gravures à l'eau forte d'une savante exécution qui prouvent suffisamment qu'il étoit habile artiste.

Il marquoit ses estampes de son nom ou d'un chiffre ainsi figuré : **F**. f.

1. Une longue Frise, chargée de Tritons, de Sirènes, d'Enfans, de Dauphins et de divers Monstres marins, de sa composition.
2. Les Noces de Cana, d'après le Tintoret; grand in-fol. en t.
3–6. Quatre morceaux d'après le Pordenon. 1) Vénus et l'Amour. 2) Diane à la chasse. 3) Le Dieu Pan. 4) Un homme qui tient un vase, in-4. en t.
7. Les Jeux d'Amour, sous le titre : *Scherzi d'Amore espressi da Odoardo Fialetti, pittore in Venezia.* 20. feuilles, suite complette, dont on attribue l'invention à Aug. Carrache. in-4.
8. Un livre pour l'Etude du dessin. Volume in-fol. publié à Vénise en 1608.
9. Un ouvrage rempli de figures qui représentent le Costume des différentes nations et des Ordres religieux de la Chrétienté. in-4.
10. Frises d'Architecture antique, d'après Polifilo Ziancarli; suite de 31. feuilles, de 16 pouces de large.

GUIDO RENI, ou le GUIDE, peintre et graveur à l'eau forte, né à Bologne en 1575. et mort dans la même ville en 1642. Il apprit les élémens de son art de Denis Calvaert, qu'il quitta pour entrer dans l'école des Carraches, où il fit de grands progrès. De-là s'étant rendu à Rome, il acheva de se perfectionner par l'étude de Raphael et d'autres grands maîtres. Le Guide se fit une méthode qu'il ne partage avec personne et qui prouve la fécondité de son esprit. Sa composition est agréable, mais elle n'est pas avantageuse aux grands ouvrages. En général on remarque dans ses tableaux un pinceau plein de finesse, de douceur et de légéreté. Il a eu différentes manières : dans toutes il possédoit un maniement de pinceau très-libre et des plus séduisants. Ses figures, sur-tout ses têtes de femmes, sont pleines de graces et de noblesse. Le Guide a joui de toute sa réputation, tant à Rome qu'à Bologne; mais la malheureuse passion pour le jeu qu'il contracta les dernières années de sa vie, fut cause qu'il ne donna plus les mêmes soins à ses ouvrages. Dans une seule nuit il perdit 2000. Louis.

On a de la main de ce maître un grand nombre d'estampes à l'eau-forte, dans lesquelles on remarque une pointe facile et spirituelle, avec les mêmes beautés qu'on admire dans ses tableaux. Souvent il marquoit ses planches avec les lettres initiales de son nom G. R. F. et quelquefois du chiffre GR.

A. Pièces de sa composition.

1. Buste du Pape Paul V. vu presque de face, avec cette inscription: *Paulus V. Pont. opt. max.* In-8. en ovale. Rare.
2. Tête d'homme vue de profil, jolie esquisse. In-12.
3. Tête de Vieillard à grande barbe, vue de profil, jolie esquisse. In-12.
4. La Vierge assise, vue presque de profil, tenant l'enfant Jésus qui se jette à son cou; le lointain offre un paysage où se voit St. Joseph. P. in-4.

Une des belles pièces du Guide.

5. La Vierge avec l'enfant Jésus endormi sur son sein. P. in-4.

Sujet que le Guide a traité de trois différentes manières.

6. La Vierge tenant un livre d'une main et embrassant l'Enfant de l'autre. In-12.

Pièce marquée G. R. F. et la seule que le Guide ait entièrement gravée au burin.

7. La Vierge et l'enfant Jésus qui tend les bras au petit St. Jean. In-8.
8. Sainte Famille, où la Vierge, vue de profil, est assise avec l'enfant Jésus, et où l'on voit St. Joseph, appuyé sur une table tenant un livre ouvert; en haut deux Anges répandent des fleurs. Gr. in-4.
9. Sainte Famille, où la Vierge, vue de profil, est assise auprès d'une table sur laquelle l'enfant Jésus

donne la bénédiction au petit St. Jean; plus loin se voient Ste. Elisabeth et St. Joseph, et en haut deux Anges qui répandent des fleurs. Gr. in-4.

Le Guide a gravé quatre fois ce sujet avec des différences.

10. St. Christophe, portant l'enfant Jésus sur ses épaules, traverse un bras de mer. *Guid. inv. e. fe.* Gr. in 4.

11. St. Jérôme en prières devant un crucifix à l'entrée d'une grotte, belle pièce in-4.

12. L'Amour de l'étude figurée par une femme assise, tenant un compas et une tablette. Près d'elle un Génie trempe sa plume dans un encrier. Petit in-4. en t.

13. Deux enfans portant sur leurs épaules un troisieme qui soutient en l'air un plateau garni de trois verres; p. in. 4.

B. *Pièces gravées d'après d'autres maitres.*

1. Une Gloire d'Anges, d'après Lucas Cambiasi. Au bas de l'estampe on lit: *Lucas Cangiafius inv. — Jubilemus Deo Salvatori noftro.* — In-fol.

Cette estampe passe pour une des plus belles du Guide.

2. Le Crist mis dans le Tombeau par les disciples, accompagnés des saintes femmes, d'après le Parmesan, qui avoit aussi gravé ce sujet, in-fol.

Pièce d'une belle exécution.

3. Sainte Claire, ou l'enfant Jésus, assis sur les genoux de sa Mere, pose la main droite sur le tabernacle; à côté se voit St. Joseph; pièce gravée d'après Aug. Carrache, faussement attribuée à Annibal. In-4.

4. La

4. La Vierge assise se pressant le sein pour allaiter l'Enfant, d'après le Carrache. in-4.

Pièce exécutée sur un fond blanc.

5. St. Roch distribuant son bien aux pauvres, estampe connue sous le nom de l'Aumône de S. Roch. On lit au bas: *Annibal Car. invenit : P. Stephanonius formis cum privilegio*, avec l'année 1610. Gr. in-fol. en t.

Pièce capitale, à laquelle le Guide a ajouté deux belles figures, à l'original qui se trouve à la Galerie de Dresde.

6. Sept Estampes pour la description des funérailles d'Augustin Carrache, sous le titre: *Il funerale d'Agostin Carraccio fatto in Bologna sua patria &c. In Bologna Presso Vittorio Benacci*, 1603. in-4.

Telles sont les principales eaux fortes du Guide, dont Adam Bartsch, garde des estampes de la Bibliothéque I. R. de Vienne nous a donné un excellent Catalogue, ainsi que des estampes de Simon Cantarini, de Jean-André et d'Elisabeth Sirani, et de Laurent Loli. A Vienne chez A. Blumauer 1795.

L'œuvre du Guide de la collection de Mariette étoit composé de 289. estampes, dont 178. eaux fortes, tant par lui même que par ses éleves. Ses meilleurs graveurs sont Bloemaert, C. Vifscher, Matham, Ede-

III. R

linck, Boulanger, Nanteuil, Rousselet, Picart le Romain, F. de Poilly, Farjat, Dorigny, Desplaces, Beauvarlet, Frey, Preisler, Bruni, Bolognini, Strange, Sharp, &c.

FRANCOIS BRICCI, ou BRIZZIO, peintre et graveur à l'eau forte et au burin, naquit à Bologne en 1575. et mourut dans la même ville en 1623. Bricci reçut les premières instructions dans la peinture de Passerotti et perfectionna ses l'etudes à l'école de Louis Carrache. Il apprit la perspective et l'architecture de lui même, et cela avec tant de succès qu'il en donnoit des leçons publiques et qu'il en ornoit les tableaux de ses maîtres. Augustin Carrache goûtoit tellement sa manière de dessiner à la plume, qu'il se servoit de ces sortes de dessins pour ses gravures. Ses tableaux, d'une composition gracieuse et d'un coloris agréable, consistent en sujets historiques et en paysages ornés d'une belle architecture. Il a gravé d'après les plus célèbres maîtres Bolonois, maniant la pointe et le burin avec autant de dextérité qu'Au-

F. BRICCI.

gustin Carrache, qu'il n'égaloit pourtant pas dans la correction du dessin et dans l'expression des têtes.

1. Un grand Paysage, de son invention. Gr. in-fol. en t.
2. St. Roch et son chien, d'après le Parmesan, dédié au Cardinal d'Est. In-fol.
3. Ste. Famille, d'après le Corrège. Gr. in-fol.
4. Retour de la fuite en Egypte, d'après L. Carrache.
5. Portrait de Cinthio Aldobrandini, d'après L. Carrache, sans le nom du Bricci. Ovale, in-4.
6. Frontispice: *Explicazione del sacro lenzuolo.* 1599. d'après le même, in-4. Très-rare.
7. Autre Frontispice: *Tempio al Cardinale Cinthio Aldobrandini*, 1579. d'après le même, in-4.
8. Autre Frontispice, avec les armes du Duc de Modene, César d'Est, au milieu de plusieurs enfans, d'après le même, 1594. In-4. Très-rare.
9. Saint François à genoux, portant l'enfant Jésus sur ses bras, avec la Vierge qui se voit dans les nues, sans le nom des artistes.
10. Notre Dame du Mont Carmel; la Vierge avec l'enfant Jésus, couronnée par deux Anges. D'après le même.
11. Sujet de Thèse, où l'on voit la devise d'un coq. Lod. C. I. Fra Bri. f.
12. Autre sujet de Thèse, marqué L. C. I. F. B. F.
13. Le grand St. Jérôme, entièrement terminé d'après l'estampe qu'Aug. Carrache avoit laissée imparfaite, sans le nom du graveur qui est le Bricci. Gr. in-fol.
14. La Samaritaine, d'après Aug. Carrache, pièce

faussement marquée : *Annibal Carracci inv. & sculp.* 1610. Elle est du Bricci. Gr. in-fol. en t.

15. Un Aveugle conduit par son chien, d'après Annibal Carrache, sans le nom du Bricci.

ORAZIO, ou HORACE BORGIANI, peintre et graveur à l'eau forte, naquit à Rome vers 1577. et mourut dans la même ville en 1615. Il apprit les principes de la peinture de son frère Jules Borgiani, surnommé Scalzo, de son maître en sculpture, Louis Scalzo. Horace fit de si grands progrès dans la peinture que ses tableaux furent en haute estime en Espagne où il s'etoit rendu et où il avoit peint pendant quelque tems. De retour à Rome il travailla pour l'Ambassadeur d'Espagne, de même que pour le Père Procureur de l'Ordre des Augustins, qui devoit lui faire obtenir l'Ordre du Christ. Mais le peintre Gaspar Cellio sut si bien calomnier son confrere, qu'il obtint cet Ordre pour lui même et qu'il en fit exclurre Borgiani. Celui-ci fut si sensible à cette mortification qu'il en mourut de chagrin, à l'âge de 38. ans Les connoisseurs recherchent avec raison ses estampes à l'eau forte, touchées avec beaucoup d'esprit et de légéreté. Il marquoit ses pièces de ces trois manières. IB. IB. RB.

1. La Résurrection de Jésus-Christ, composition de plusieurs figures; pièce marquée (V. ci-dessus la troisième marque) petit in-4. en t.
2. Corps de Jésus-Christ, pleuré par les siens, figure vue en racourci. Gr. in-4.
3. St. Christophe tendant la main à l'enfant Jésus, petit in-fol.
4. St. Christophe portant l'enfant Jésus sur ses épaules au travers d'un fleuve; figure gigantesque. Gr. in-fol.
5. La Bible de Raphael, en 52. pièces, y compris le titre et la dédicace, in-4. en t.

RAPHAEL SCIAMINOSI, ou SCHIAMINOSSI, peintre, graveur en cuivre et en bois, né à Borgo-di-San-Sepolcro vers 1580. Disciple de Raphael dall Colle, il peignit le tableau du maître-autel de la Cathédrale de sa ville natale; mais ses gravures sont en plus haute estime que ses peintures. Ses eaux fortes, d'un beau brût pittoresque, sont exécutées dans le style des peintres: de-là elles sont plus recherchées par les artistes, que par les prétendus gens de goût.

Il marquoit ses pièces de son nom, mais le plus souvent de son chiffre ainsi figuré:

.S.
RÆ.

1. La Vierge et l'Enfant, avec l'inscription: *Raphael Schaimiossius, pictor ex civitate Burgi Sancti incidebat. A. D.* 1613. P. in-fol.

2. St. François préchant le peuple dans le désert 1604. in-fol.

3. Suite de douze petites pièces représentant les Apôtres en pied. in-12.

4. Suite de quatorze feuilles sur le Mystere du S. Rosaire portant pour titre: *Mysteria rosarii Beatæ Mariæ Virginis.* Publiée à Rome 1609. in-8. en t.

Toutes ces pièces sont de son invention.

5. Les quinze Mysteres du Rosaire, en 15. feuilles, *R. Sciaminosi fec.* in fol.

6. Martyre de St. Etienne, d'après le Cangiage, 1608. p. in-fol. en t.

7. La Madeleine élevée au ciel par les Anges, d'après le même, p. in fol.

8. La Visitation de la Vierge, d'après le Baroche, in-fol.

9. Repos dans la fuite en Egypte, où la Vierge puise de l'eau à un ruisseau près duquel elle est assise. D'après le même. in-fol.

C. Cort à gravé le même sujet.

10. Une Vierge dans les nues, avec Ste. Cécile et une autre Sainte, d'après P. Veronese, in-fol.

J. LANFRANC.

11. Une Vierge sur un globe, environnée d'une multitude d'Anges. D'après B. Castelli, in-fol.
12. Suite de grosses Têtes représentant les douze Apôtres, en tailles de bois. Gr. in-fol.
13. Autre suite de grosses Têtes représentant les premiers douze Césars, d'après Tempesta, en taille de bois. Gr. in-fol.

JEAN LANFRANC, peintre et graveur à l'eau forte, naquit à Parme en 1581. et mourut à Rome en 1647. Il entra, avec de grandes dispositions pour la peinture, en l'école d'Augustin Carrache, où ses talens ne tarderent pas à se developper. A la mort de son maître il se rendit à Rome, n'ayant que 20. ans, et continua ses études sous Annibal, chez lequel il fit de si grands progrès, que le maître abandonnoit souvent au disciple l'éxécution de ses dessins. A la mort de son nouveau maître, il se livra tout entier à la fougue de son imagination, et négligea la précision. Lanfranc se fit une grande réputation par la facilité de son exécution. Sa drapperie est de bon goût et l'ordonnance de ses grouppes d'un bel effet. Toutefois on ne peut pas dire qu'il ait parfaitement entendu le clair-obscur. Son coloris est noir, ses carnations sont mauvaises: il manque souvent de correction et d'expression. Où il excelloit, c'est dans les racourcis. La Coupole de l'église de St. André della Valle fait connoître toute l'étendue de son génie: là il a peint des figures de vingt pieds de haut, qui, vue d'embas, font un effet admirable et paroissent de grandeur naturelle. Ses principaux ouvrages se voient à Rome, à Naples et à Plaisance. Les Papes Paul V. et Urbain VIII. le comblerent d'honneurs et de richesses.

On a de Lanfranc plusieurs estampes gravées à l'eau forte qui décelent une main de maître. Il signoit quelquefois ses pièces de son nom, mais d'ordinaire il les marquoit des lettres initiales G. L*. F. ou *Giovanni L F.*

1. Les Espions de Moise rapportant une grappe de raisin de la terre de Canaan. *Giov. Lanfranco fec. Romæ.* In fol. en t.
2. Le Triomphe d'un Empereur romain, qu'on croit être Titus. *Id. fec.* Gr. in-fol. en t.
3. Un Empereur romain haranguant ses soldats. *Id fec.* Gr. in fol. en t.
4. La Bible de Raphael, ou l'histoire de l'ancien et du nouveau Testament, peinte dans la Galerie du Vatican, gravée à l'eau-forte par le Cavalier Lanfranc et par Sixto Badalocchio, dédiée à leur maître, Annibal Carrache, 1607. — 51. feuilles, sans les titres, in-4. en t.

S. BADOLOCCHIO.

C. Bloemaert, G. Audran, N. Dorigni, L. Roullet, F. de Louvemont, P. S. Bartoli, F. Aquila, Fr. Ant. Lorenzini, Stephan Coppa, etc. ont gravé d'après les ouvrages de Lanfranc.

Sisto Badolocchio, de la famille de Rosa, peintre et graveur à l'eau forte, né à Parme en 1581. et mort à Rome en 1647. Il apprit les principes de l'art à Bologne sous la direction d'Annibal Carrache, et acquit en peu de tems une telle facilité dans le dessin, que le maître donna au disciple l'éloge flatteur qu'il dessinoit mieux que lui même. On voit des preuves de ses talens pittoresques dans les tableaux répandus dans plusieurs endroits de l'Italie. Jean-Jérôme Frezza a gravé d'après lui tous les tableaux du Palais Verospi.

On a de sa main plusieurs estampes à l'eau forte, dans lesquelles on trouve beaucoup de facilité et de correction de dessin. Il marquoit ses pièces: *Sisto. B.*

1. La statue du Laocoon, d'après l'Antique, gr. pièce, in-fol.
2. Les Apôtres et les Anges, avec les chandeliers à la Coupole du Dome de Parme, d'après le Corrège, 6. planches in-fol.

3. La Bible de Raphaël, conjointement avec Lanfranc, comme il a été dit ci-devant.
4. Sainte Famille, en demi-figures, d'après le Schidone. *Sisto Badalochio fecit.* in-4.

OCTAVIUS LEONI, peintre, et graveur à la pointe et au burin, né à Rome vers 1582. Cet artiste, instruit dans les élémens de l'art, est parvenu au degré d'habile peintre de portraits. Nous avons de sa main une vingtaine de bustes, gravés d'un goût aussi singulier que piquant. Les cheveux et les draperies sont exécutés avec des tailles, les chairs et les parties claires sont rendues avec des points, et les ombres sont gravées avec des hachures et des carrés. Toutes ses têtes sont finement dessinées et produisent un agréable effet. Nous allons noter les pièces que nous avons sous les yeux.

1. Eques Ottavi Leonus, Roman. Pictor; *se ipse fec.* 1625.
2. Ludovicus Leonus, Patavin. Pictor et sculptor celebris. 1625.
3. Joannes Franciscus Barbieri, Centinus Pictor. 1623.
4. Marcellus Provenzalis Centensis, inventor novi modi confic. opus musivum. 1623.
5. Eques Christophor. Ronchalis de Pomeranciis, Pictor, 1623.
6. Eques Ioseph Caesar Arpinas, Pictor. 1621.
7. Antonius Tempesta, Pictor Florentinus. 1621.

R. CANTAGALLINA. 287

8. Thomas Salinus Romanus, Pictor, 1625.
9. Fr. Don Antonius Barberinus, 1625.
10. Pier Iacopo Martello, Poeta; entouré d'ornemens pastoraux.

Tous ces portraits, d'une belle exécution, sont de forme in-8. et marqués: *Eques Octavius Leonus, Romanus, pictor fecit.*

REMIGIO CANTAGALLINA. Ingénieur, Dessinateur et Graveur à l'eau forte, né à Florence vers 1582. et mort dans la même ville vers 1624. Il fréquenta pendant quelque tems l'école des Carraches; puis il apprit, avec ses deux freres, Antoine et Jean-François, la gravure à l'eau forte chez Jules Parigi. Remi dessinoit à la plume de très-beaux paysages, et gravoit d'après ses propres compositions, ou d'après les inventions de son maître. Ce qui ajoute encore à sa gloire, c'est qu'il a eu pour disciple Callot et della Bella. Son chiffre est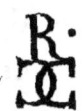

1. L'immaculée Conception, où la Vierge est sur un croissant, soutenu par deux Anges qui la couronnent; pièce anonyme, in-4. gravée par Cantagallina d'après Callot.
2—5. Quatre petits Paysages, gravés en 1609. chez

Rossi, avec les inscriptions: 1) *Ego cibum dabo &c.* 2) *Jesus fatigatur* &c 3) *Apprehendo &c.* 4) *Anna autem &c.*

6—11. Suite de six Paysages, presque carrés, pièces anonymes.

12—23. Suite de douzes Paysages en octogone, avec le chiffre de l'artiste.

24—29. Suite de six Paysages, avec son chiffre et la date de 1624.

30. Les scenes d'un Opéra et les représentations des Entrées avec des vaisseaux pour la fête donnée sur l'Arno à l'occasion des noces du Prince de Toscane, d'après les dessins de Giulio Parigi en 1595. savoir 10. pièces de scenes et 19. d'Entrées, in-fol. en t.

CESAR BASSANO, peintre, graveur en bois et en cuivre, né à Milan vers 1584. On a de cet artiste différens Plans de villes et plusieurs Cartes géographiques. L'ouvrage le plus considérable auquel Bassano a eu part, est une suite de 16. pièces portant pour titre: *Il Santo Senato di Giesù*. Ce sont les bustes du Sauveur, de la Vierge et des Apôtres, presqu'en grandeur naturelle, gravés d'après les plus célèbres maîtres, par C. Bassano, Dom. Falcini et Luc. Ciamberlanus. Outre cette suite Bassano a encore gravé les pièces suivantes sans autre nom que le sien:

L. CIAMBERLAN.

1. Le Portrait de Gaspar Asellius, citoyen de Crémone. *Bassanus fecit.* in-fol.
2. Un Frontispice pour les funérailles du Philosophe François Piccolomini. *Id. fec.* in-fol.
3. La Nativité de Notre-Seigneur. In-fol.

Lucas Ciamberlan, peintre et graveur au burin, né à Urbin vers 1586. Il avoit déjà pris le grade de docteur en droit, lorsqu'il quitta entièrement l'étude de la jurisprudence pour se livrer à celle de la peinture et de la gravure. Il a beaucoup travaillé à Rome, tant d'après ses dessins, que d'après les plus grands maîtres des écoles d'Italie. Il manioit le burin avec beaucoup d'intelligence et dessinoit très-bien le nud de la figure humaine.

Il marquoit ses estampes de son nom, ou de son chiffre ℭℒ.

1—10. Suite de dix pièces, d'après différens maîtres représentant des Anges qui portent les instrumens de la Passion. In-8.
11—24. Suite de quatorze pièces d'après Raphael, représentant le Sauveur et les Apôtres, avec St. Paul. Petit in-fol.
25. Le corps de St. Jérôme étendu sur une pierre, les jambes pendantes, d'après Raphael. In-fol.
26. Jésus-Christ sur la montagne des Oliviers, réconforté par un Ange. D'après Al. Casolani. In-fol.

27. Jésus-Christ apparoissant en jardinier à Marie Madéleine, d'après le Baroche, 1609. Gr. in-fol.

28. Jésus-Christ avec sa croix apparoissant à Ste. Thérese; la figure du Christ est du Carrache, et celle de Ste. Thérese de Ciamberlan, 1615. In-fol.

29. Grand sujet de Thèse: *Lucas Ciamberlanus, Urbinas faciebat.* Gr. in-fol. en t.

30. Grand sujet de Thèse, dédiée au Cardinal Laurenzio Magalotti, 1628. Gr. in-fol.

31—46. Seize Bustes, représentant en grandeur naturelle les faces de Jésus-Christ, de la Vierge Marie, des Evangélistes, et des Apôtres, gravés au burin à grands traits, par Lucas Ciamberlan, Dominique Falcini, et César Bassani.

La moitié de ces têtes n'est pas marquée; celle de St. Thomas porte pour inscription: *Lucas Ciamberlanus Urbinas delineavit et incidebat,* 1606.

Cette suite, d'une savante exécution et d'un bel effet, est de la plus grande rareté; ni Heinecke, ni d'autres, n'en ont parlé.

JEAN-FRANÇOIS BARBIERI, dit LE GUERCHIN, peintre et graveur à l'eau-forte, naquit à Cento dans le Bolonois en 1590. et mourut à Bologne en 1666. Il louchoit de l'œil droit d'une peur soudaine qu'il avoit eue dans son enfance; de-là lui venoit le nom de Guercino da Cento. Après avoir appris les principes de la peinture, il travailla d'abord, avec Benoît Génari, dans le lieu de sa naissance. C'est-là qu'il vit chez les Capucins le beau tableau de Louis Carrache, représentant la guérison des malades au bord du lac de Bethsaïda. Dès-lors il changea de manière, et cela avec tant de succès que sa réputation fut connue en peu de tems dans toute l'Italie. S'étant rendu à Rome il peignit à la Villa Ludovisi de beaux paysages à fresque, et pour l'église de St. Pierre le fameux tableau de Ste. Pétronille. Le Guerchin fut un des peintres le plus laborieux: on a de sa main 106. tableaux d'autel, 144. pièces de chevalet et 10. Livres de dessins. Ce peintre, sans être fort correct, avoit un grand goût de dessin; son coloris est vigoureux; il tiroit le jour de côté, et cherchoit à rendre ses tableaux piquans par de fortes ombres. En général ses tableaux brillent par la beauté du clair-obscur. Pour l'expression, on y desireroit plus de noblesse. Il a exécuté un petit nombre de gravures dans la manière des peintres; mais celui de ses estampes gravées d'après ses tableaux et ses dessins est très-considérable.

L. BORZONI.

1. St. Antoine de Padoue, à mi-corps. *Joan. Fr. Cent.* In-4.
2. St. Jean, de même. In-4.
3. St. Pierre pleurant, à mi-corps. *Joan. F. Barbieri f.* In-fol.
4. St. Jérôme, adorant le Crucifix. *Joan. F. Barbieri f.* In-fol.
5. Buste d'un Homme en bonnet avec une barbe frisée. *Id. f.* In-fol.
6. Buste d'une Femme en cheveux frisés. *Id. f.* In-fol.
7. Buste d'un Homme dans le costume oriental. *B. f.* In-fol.

LUCIANO BORZONI, peintre et graveur à l'eau forte, né à Gènes en 1590. et mort dans la même ville en 1645. Il apprit les élémens de son art de Philippe Bertolotto, son cousin, et de César Corte. Dès l'âge de seize ans Lucian peignoit de petites têtes pour être enchassées dans des bagues. Instruit dans les belles-lettres, il étoit recherchè des gens d'esprit et son attelier étoit toujours rempli de personnes de considération, pour lesquelles il travailloit avec une assiduité infatigable. Ses tableaux sont précieux par la beauté du coloris, par la correction du dessin, et par leur exécution soignée. Il peignoit avec le même succès à fresque. Lors qu'il peignit le plafond

fond de l'église della Nunziata, il eut le malheur de tomber de l'échaffaut. Il mourut de sa chûte à l'âge de 55. ans laissant trois fils, tous trois peintres, parmi lesquels François-Marie s'est le plus distingué par ses paysages et ses marines.

Borzoni a gravé avec goût à l'eau forte plusieurs pièces de sa composition.
1. Le Portrait de Giustiniani in-4.
2. St Pierre délivré de prison, in-4.
3. Prométhée déchiré par le vautour, in-4.
4. Des Enfans qui folâtrent, in-4.
5. Quelques Vierges, et sujets de devotion, in-8.

VESPASIEN STRADA, peintre et graveur à l'eau-forte, né à Rome en 1591. et mort dans la même ville en 1624. Fils d'un peintre espagnol, il dessina dès sa tendre jeunesse les plus beaux morceaux de peinture et de sculpture de Rome; il fréquenta aussi l'Académie et devint habile peintre. Les églises et les palais de cette ville offrent de beaux ouvrages de sa main.

Strada a gravé plusieurs morceaux de sa composition qui prouvent qu'il étoit homme de génie. Il marquoit ses estampes de différente manière comme : VES. — ST. I. FF. — V. S. F. — V. S. I. F.

1. Jésus-Christ montré au peuple par Pilate, in-4. en t.
2. Le même sujet répété et représenté de l'autre côté, petit in-fol. en t.
3. La Vierge et l'enfant Jésus qui tient un oiseau, in-4.
4. Ste. Catherine adorant l'enfant Jésus entre les bras de la Vierge, in-4.

JOSEPH RIBERA, dit l'ESPAGNOLET, peintre et graveur à l'eau forte, né à Gallipoli dans le Napolitain en 1593. Là son père, Espagnol, natif de Xativa dans le royaume de Valence, occupoit un poste militaire et c'est de-là que Joseph portoit le nom d'Espagnolet. Michel-Ange de Caravage, qui travailloit à Naples, fut son maître. A Rome il étudia Raphaël, et à Parme le Correge. Après avoir parcouru l'Italie il retourna à Naples, où il reprit la manière de son maître. N'y trouvant point d'occupation il voulut attirer l'attention du public. Pour cet effet il exposa un jour de fête le Martyre de St. Barthélemi, tableau qui plut généralement et qui fut la cause de sa fortune.

L'ESPAGNOLET.

Le Duc d'Ossone, Vice-Roi de Naples, l'admira comme les autres et le nomma peintre de sa Cour. L'Espagnolet fit un grand nombre de tableaux, et acquit des richesses considérables. On n'est pas d'accord sur l'année de sa mort, ni sur les circonstances; la plupart la fixent en 1656. — Il se plaisoit à représenter des sujets tragiques ou pleins d'horreur, et donnoit à ses têtes beaucoup d'expression.

On a de ce maître une vingtaine d'eaux fortes, exécutées avec beaucoup d'intelligence; aussi sont-elles en haute estime parmi les connoisseurs. Il marquoit ordinairement ses estampes de son nom, ou de son chiffre:

$$\mathcal{HP. AR. R.}$$

1. Jésus descendu de la Croix et étendu sur un linceul; in-fol. en t.

2. Le Martyre de St. Barthèlemi. *Jos. Ribera Spagnol. fe.* in-fol.

3. St. Jérôme pénitent. *J. Ribera Spagnol.* petit in-fol.

4. Autre St. Jerôme écrivant *Id. fe.* in-fol.

5. St. Pierre pleurant ses péchés. *Ribera Spagnol.* 1601. in-fol.

6. Bacchus couché, et des Satyres qui lui versent à boire. Pièce qui porte la date de 1628. et *Joseph Ribera, Spagnol fec. Partenope.* in-fol. en t.

7. Buste d'un Vieillard, la tête penchée. *Ribera Spagnoletto fec.* in-12.

8. Autre buste d'un Vieillard, le visage couvert de poreaux. *Ribera fec.* in-8.

9. Le Dante couronné de lauriers, assis dans un désert, p. in-4.

10. Don Juan d'Autriche, pièce in-fol.

11. Repos dans la fuite, où la Vierge, avec l'Enfant sur ses genoux, est assis sous un palmier, ayant devant elle un concert d'Anges. *Carolus Saracenus Invent.* avec le chiffre (V. ci-dessus p. 295.)

ALEXANDRE ALGARDI, dit L'ALGARDE, sculpteur, architecte et graveur au burin, naquit à Bologne en 1598. et mourut dans la même ville en 1654. Il fréquenta l'école des Carraches, et profita en même tems des instructions de Jules-César Conventi, habile dessinateur et sculpteur Bolonois. Il est inutile de relever ici le mérite de l'Algarde; on sait, qu'après Michel-Ange il passe pour un des plus habiles sculpteurs italiens. On regrette seulement que les dessins et les modèles, qu'il n'a pas pu se dispenser de faire, l'aient empêché d'exécuter un plus grand nombre d'ouvrages de marbre. On a quelques estampes au burin qui lui sont attribuées; on prétend que, pendant qu'il fréquentoit l'école de Carraches, il a appris la gravure d'Augustin.

Voici les pièces qui lui sont attribuées.

1. Jésus-Christ en croix, sans nom de graveur. Gr. in-fol.
2. La Délivrance des ames du purgatoire, pièce en ovale, in-4.
3. Un Aveugle qui chante, est conduit par son chien, d'après le Carrache. In-4.
4. Les Cris de Bologne, d'après le même, en 80. pièces, p. in-4. gravées par l'Algarde conjointement avec Simon Guillain, sculpteur françois.

Fr. Chauveau, Fr. de Poilli, J. M. Mitelli, Arn. van Westerhoud, N. Dorigny, S. Felice, et quelques autres, ont gravé d'après l'Algarde.

OLIVIER GATTI, peintre et graveur au burin, né à Parme en 1598. Il apprit les élémens de la peinture de Jean Louis Valésio à Bologne, et ceux de la gravure, à ce qu'on présume, d'Augustin Carrache. Après un séjour de 30. ans à Bologne, il fut reçu membre de l'Académie de Peinture dans cette ville en 1626. Il a gravé d'après son propre dessin et d'après différens maîtres, la plupart Bolonois. Ses estampes ont du mérite, quoiqu'inférieures à celles de son maître. Il dessina correctement la figure humaine, mais les extrêmités n'y sont pas rendues avec cette précision qui caractérisent celle d'Augustin. On distingue les pièces suivantes:

1. St. François Xavier à genoux sur les bords de la mer, recueillant un crucifix qui se trouvoit à la merci des eaux; pièce de sa composition. In-fol.

2. La Vierge, demi-figure, caressée par l'enfant Jésus, d'après le Garbieri. In-4.

3. St. Jérôme, embrassant un Crucifix, d'après Aug. Carrache, 1602. In-fol.

4. Sujet emblématique, représentant une Armoirie, supportée par deux Dieux-Fleuves, avec une figure debout dans son armure, entourée de Jupiter, d'Hercule, de Neptune, d'Apollon et de Minerve, d'après L. Carrache. In-fol. en t.

5—8. Quatre sujets, d'après le Pordenone, représentant: 1) Dieu créant le monde. 2) La Création d'Adam. 3) Le Sacrifice d'Abraham. 4) Judith avec la tête d'Holofernes. In-4.

9. Principes de dessins, d'après le Guerchin.

JEAN-BAPTISTE VANNI, peintre, architecte et graveur à l'eau-forte, né à Pise en 1599, et mort à Florence en 1660. Il fréquenta successivement différentes écoles de peinture, et apprit la gravure à l'eau-forte en celle de Jules Parigi. A Rome il peignit un St. Laurent qu'on voit dans la sacristie de l'église de St. Pierre. De-là il se rendit à Parme, dessina la fameuse Coupole du Dome d'après le Correge et la grava à l'eau-forte en 1642. A Venise il avoit le même projet pour les ouvrages de Paul Veronese. Le Vanni passe aussi pour un habile architecte. Il a gravé plusieurs sujets à l'eau-forte dans un style facile et spirituel: on desireroit seulement plus de correction dans sa gravure.

1. La Coupole du Dome de Parme, représentant l'Assomption de la Vierge entourée d'Anges, de Saints etc. en 15. feuilles. *Gio. Batt. Vanni, Fiorenzo 1642.*

Ce chef-d'œuvre du Correge est aujourd'hui totalement dégradé, si bien qu'on ne peut plus s'en faire une idée que par les estampes.

2. Martyre de St. Placide et de sa sœur Ste. Flavie, d'après le tableau du Correge dans l'eglise de St. Jean à Parme. *G. B.* In-4.

3. Les Noces de Cana, fameux tableau de Paul Véronese à l'église de St. George Majeur à Venise. Très-grande estampe en deux feuilles en t.

Pièce capitale.

JEAN-BAPTISTE MERCATI, dessinateur et graveur à l'eau-forte, natif de Sienne vers 1600. et résidant à Rome la plûpart du tems. Sa principale occupation étoit le dessin; mais il a aussi beaucoup gravé à la pointe. Nous avons de sa main un assez bon nombre d'estampes, tant de sa composition que de celle de divers maîtres, le tout d'une exécution facile et spirituelle.

Les pièces les plus marquées de cet artiste sont les suivantes :

1—52. Cinquante-deux morceaux représentant des Ruines et des Sites d'Italie, suite complette numérotée, gravée dans le goût de Sylvestre. *Gio. Bapt. Mercati fec.* in-8. en t.

53—56. Quatre sujets de figures antiques, tirés de l'Arc de Constantin, pièces gravées dans le goût de Gallestrucci. *Gio. Bapt. Mercati.* in-fol. en rond.

57. Les Fiancailles de Sainte Catherine, figures presqu'entieres, d'après le Correge, à Rome 1620. in-fol.

58. Sainte Bibiane refusant de sacrifier à Jupiter, d'après P. de Cortone. à Rome 1626. in-fol.

Giuseppe ou Joseph Cremonese, peintre et graveur a l'eau forte, né à Crémone vers 1600. et florissant à Ferrare vers le milieu du même siècle. Il est particulierement connu par son tableau de St. Marc, conservé à l'église de St. Benoît de Ferrare et dont Cochin fait la description suivante : „Ce tableau est fort beau; l'effet en est ferme; les ombres sensiblement distinguées des lumières, et en quelque sorte dans le goût de Michel-Ange de Caravage : cependant il est si fini et si adouci qu'il semble qu'on puisse en reprocher l'excès. La couleur est bonne. « — *Cochin Voyage d'Italie T. II. p. 195.*

Cet artiste a gravé d'après ses compositions les pièces suivantes :

1. Dalila coupant les cheveux à Samson, in-fol.
2. David, figure entiere, portant la tête de Goliath, in-fol.
3. David, demi-figure, regardant la tête de Goliath, in-4.
4. Saint Roch à genoux, in-fol.
5. Un saint Evêque, de l'Ordre de St. Bernard, à genoux, pièce anonyme, in-4.
6. Etude d'une Femme nue, vue jusqu'aux genoux, in-4.

PIERRE et JACQUES-ANTOINE STEFFANONI, pere et fils, dessinateurs et graveurs à l'eau forte, nés à Vicence, le pere vers 1600. et le fils vers 1620. S'étant établis à Rome, ils ont gravé conjointement plusieurs ouvrages. Nous avons du pere un livre à dessiner, orné de 40. planches, et les estampes pour l'ouvrage des Pierres antiques, gravées de Fortunius Licetus. Ce livre fut imprimé à Rome en 1627. Son fils le fit réimprimer à Padoue en 1646.

Nous avons du fils un assez bon nombre d'eaux fortes qui ont leur mérite, entr'autres:

1. La Vierge avec l'enfant Jésus, le petit St. Jean et deux Anges, sujet connu sous le nom de la Vierge à l'hirondelle, d'après L. Carrache, in-4.

2. Une Vierge en demi-figure, avec l'Enfant et le petit St. Jean, d'après Aug Carrache, in-4.

3. Une Vierge assise, tenant l'Enfant dans ses bras, derriere elle le petit St. Jean et en face St. Joseph, d'après Ann. Carrache, gravée en 1632 in-fol.

4. Une Sainte Famille, où le petit St. Jean apporte des cerises à l'Enfant, d'après le même Carrache, in-4.

5. Une Bande de Gueux, ou plutôt un Marchand ruiné avec sa famille, d'après le même, in-fol.

6. Le Massacre des Innocens, d'après le Guide.

7. Le Miracle de St. Antoine de Padoue, ressuscitant un mort, d'après Laurent Passinelli, gr. in-fol.

8. Le Martyre de Ste. Ursule et de ses compagnes. *L. Passinelli pinx. Iac. Ant. Stéffanoni sc.* 1685. Gr. in-fol. en t.

JEAN-BAPTISTE PASCALINI, peintre et graveur à l'eau forte, né à Cento, village des environs de Bologne, vers 1600. Il fréquenta l'école de Cyrus Ferri; mais il ne paroît pas qu'il ait fait de grands progrès dans la peinture. Il a gravé à l'eau-forte un grand nombre d'estampes d'après plusieurs peintres Bolonois, surtout d'après le Guerchin son compatriote. Il s'étoit proposé d'imiter avec la pointe le style savant et spirituel avec lequel Guerchin dessinoit à la plume; mais il ne possédoit pas assez le maniement de son outil pour produire un aussi agréable effet. Nous spécifierons quelques-unes de ses estampes; elles ont toujours le mérite de nous donner une idée des compositions originales. Il marquoit quelquefois ses estampes: *J. B. Centensis.*

1. St. Felix, Capucin, à genoux devant la Vierge et l'enfant Jésus, accompagné d'autres figures, d'après L. Carrache, 1623. in-fol.
2. St. Diego, changeant les fleurs en pain, d'après Ann. Carrache. *J. B. Centensis sc.* in-fol.
3. La Mort de Ste. Cécile, d'après le Dominiquin. *Romae* 1622. Gr. in-fol. en t.
4. L'Aurore devançant le char du soleil, d'après le Guide, très-grande pièce en deux feuilles en travers. La même a été beaucoup mieux gravée depuis par Jacques Frey, et par R. Morghen.

   Pièces d'après le Guerchin.
5. Jésus dictant l'évangile à St. Jean, in 4. en t.
6. La Résurrection du Lazare, 1621. Gr. in-fol. en t.
7. Jésus donnant la clef à St. Pierre, in-fol. en t.
8. Jésus pris par les Juifs dans le Jardin des olives, 1621 in-fol.
9. Apparition des Anges, qui montrent à la Madeleine les instrumens de la Passion, 1622. Gr. in-fol.

A. CAMASSEI.

10. Les Pélerins d'Emaus, 1619. in-4. en t.
11. L'Incrédulité de St. Thomas 1621. in fol. en t.
12. La Vierge et l'Enfant auquel un Ange apporte des fruits, 1620. petit in-4. en t.
13. La Vierge et l'Enfant, avec le petit St Jean qui apporte une pomme. In-4.
14. St. Charles Borromée, p. in-4.
15. *St. Felice Cappucino miraculosamente ressuscita un fanciullo morto;* p. in-fol.
16. Tancrede blessé, et Erminie, 1620.
17. Orphée jouant du violon. *Rom.* 1622. in-fol. en t.
18. Titon et l'Aurore 1621. Gr. in-fol. en t.

ANDRE CAMASSEI, peintre et graveur à l'eau forte, né à Bevagna en 1602. et mort à Rome en 1648. Il fut disciple du Dominiquin et d'André de Sacchi, et travailla toujours à Rome, demeurant au Palais Barberini, où il tenoit une école de peinture très-fréquentée. Ce maître a décoré de ses tableaux les principales églises de Rome; il a peint pour celle de St. Pierre le Baptême du Géolier, morceau admiré des connoisseurs. La manière de Camassei est agréable, mais elle manque quelquefois de force. Et Picart, J. Piccini, C. Bloemaert, M. Natalis, F. Aquila, F. Greuter et d'autres ont gravé d'après lui. On ne connoit de ce peintre qu'une seule pièce, gravée à l'eau-forte, et on regrette qu'il n'en ait pas augmenté le nombre.

La Vierge assise avec l'enfant Jésus endormi, accompagnée de St. Joseph et du petit St. Jean. Pièce in-4. en t.

FRANÇOIS CURTI, peintre et graveur au burin, né à Bologne vers 1603. et mort vers la fin du dix-septième siècle. On ne sait rien de ses ouvrages de peinture. La plûpart de ses estampes sont gravées au burin; rarement il a employé la pointe. Dans sa gravure il paroit avoir adopté la manière de Chérubin Albert, dont il a la netteté, mais non pas la liberté dans le maniement. On connoit de ce maître les pièces suivantes:

1—16. Une suite de seize Portraits divers, gravés en 1633.

17. La Vierge et Ste. Catherine, deux bustes sur une même planche, sans nom de peintre.

18. La Vierge apprenant à lire à l'enfant Jésus, en demi-figures, d'après le Guerchin in-4.

19. Le Mariage de Ste. Catherine, d'après Denis Calvaert, in-4.

20. Vénus dans les forges de Vulcain, d'après le Carrache. in-4.

21. Hercule combattant l'Hydre, d'après le Guerchin. in-4. en t.

22. Un Enfant endormi, d'après le Guide, ovale, in-4. Pièce gravée à la pointe et retouchée au burin.

23. Principes du dessin, d'après le Guerchin.
24. Frontispice pour le livre des Plantes et des Insectes de Jacques Zanoni.

Il y a encore un Bernard Curti, parent ou contemporain de François, qui a gravé dans le même goût, et qui est connu par quelques portraits, entr'autres par celui de Louis Carrache.

CAMILLE CONGIO, ou CUNGIUS, dessinateur et graveur à la pointe et au burin, né à Rome vers 1604. On ignore les circonstances de sa vie; on sait seulement qu'il travailloit dans le lieu de sa naissance et à Florence. Ce fut vers 1630. qu'il travaillat à l'ouvrage intitulé: Galleria Justiniana; et ce fut lui qui grava la plus grande partie des 20. estampes qui servent d'ornemens à la Jérusalem du Tasse d'après les dessins de B. Castelli. Dans le bel ouvrage, connu sous le titre: *Aedes Barberinæ*, il y a plusieurs pièces de Congio. Il a gravé d'après ses compositions et d'après celles de différens artistes italiens. Il marquoit ses estampes des lettres initiales de son nom C. C.

1. Le Portrait de Fréderic Columna. C. C. F. In-fol.

2. L'Annonciation. C. C. F. In-fol.

3. L'Adoration des Rois, pièce semblable.

4. St. Dominique présentant au Pape les Constitutions de son Ordre, pièce sans le nom de l'artiste. In-fol.

5. Hercule combattant l'Hydre avec sa massue. In-fol.

6. Frontispice: *Diversi ornamenti capriciosi.* C. C. F. In-fol.

7. La Création des Anges, sans le nom du peintre, qui est Camassei. Gr. in-fol. en t.

8. Frontispice du livre: *Aedes Barbarinae. Guido Ubaldo Abbatini del.* In-fol.

9. Une Assemblée de Saints, d'après Gasp. Celio. In-fol.

FRANCESCO COZZA, peintre et graveur à l'eau forte, naquit à Istilo en Sicile en 1605. et mourut à Rome en 1668. Cozza étoit un des bons éleves du célèbre Dominiquin; il peignoit a l'huile et à fresque, et il imitoit très-bien son maître. On a de sa main quelques eaux-fortes très-estimées et difficiles à rencontrer.

1. Saint Pierre pleurant, retiré dans une caverne. In-fol.

2. Cimon nourri par sa fille, ou la Charité romaine, in-fol. en t.

3. La Madeleine pénitente, couchée dans un paysage. in-fol. en t.

4. La Vierge qui coud, pendant que l'enfant Jesus endormi est adoré par des Anges.

François Poilly a gravé d'après ce maître la même pièce.

Jean-Francois Grimaldi, dit le Bolonese, peintre, architecte et graveur à l'eau forte, naquit à Bologne en 1606. et mourut à Rome en 1680. Il apprit les elémens de la peinture en fréquentant l'ecole des Carraches et devint un excellent peintre, surtout de paysages. Il suivit tellement la manière de ses maîtres avec la plume et le pinceau, que ses ouvrages passerent dans toute l'Italie pour des productions des Carraches. Le Bolonese, s'étant rendu à Rome, s'introduisit dans les bonnes graces du Pape Paul V. qui le nomma son architecte. Le Cardinal Mazarin l'appella en France, et lui fit décorer le Louvre, ainsi que son palais. Ses tableaux furent en haute estime, tant en France qu'en Italie. Ce qu'il fit de plus considérable à Rome furent les paysages enrichis de belles figures dont il orna le palais Borghese, paysages qui disputent de beauté avec celles de Paul Brill. On y admire le feuillé de ses arbres, le choix de ses sites, la fraîcheur du coloris

et

LE BOLONESE. 309

et une grande intelligence de la perspective. — Le Bolonese a gravé d'un fort bon goût plusieurs paysages de sa composition, et d'autres d'après le Titien et le Carrache. Aléxandre Grimaldi son fils a travaillé dans les mêmes arts, mais avec des succès moins brillans. Il a gravé, dans le style des peintres, le Serpent d'airain, pièce marquée: *Alex. Grimaldi inv. et sc. p.* in-fol.

En Angleterre on a gravé plusieurs morceaux d'après le Bolonese ; ce qu'on y a fait de plus marqué est un grand et beau paysage, intitulé: *Castel Gandolfo*, dessiné par Goupy, et gravé par Chatelain et Vivarès.

1–4. Quatre jolis Paysages, pièces in-4. en t.

5. Riche Paysage, orné de fabriques, et sur le devant des Pêcheurs. *Id. fe.* Gr. In-fol. en t.

6. Riche Paysage, orné de fabriques, et sur le devant des Joueurs. *Gio. Fran. Grimaldi Bolonese inv. et fec.* Gr. in-fol. en t.

7. Paysage où se voit le Baptême du Sauveur. Gr. In-fol. en t.

8. Paysage montagneux, orné de figures et de fabriques. *Fr. Grimaldi Bolognese fec.* Gr. in-fol. en t.

9. Paysage montagneux orné de même, sans marques. Gr. in-fol.

10—11. Deux Paysages en hauteur; à l'un on voit sur le devant un grand arbre et le cours d'une rivière; à l'autre on voit aussi sur le devant un arbre et un édifice antique; pièces marquées: An. Carracci. Gr. in-fol.

12—15. Quatre Paysages d'après le même, sans nom. 1) Paysage, avec trois figures, en différents attitudes. 2) Paysage de quatre figures qui jouent au dez. 3) Paysage où se voit une barque dans laquelle est un homme qui joue du luth. 4) Paysage où l'on voit trois figures sur le devant. Gr. in-fol. en t.

I. AUGUSTIN MITELLI, ou METELLI, peintre, architecte et graveur à l'eau forte, naquit à Bologne en 1607. et mourut à Madrid en 1660. Augustin apprit les élémens de la peinture de Pelegrin Miniati, et ceux de l'architecture de Falcetta, le meilleur architecte de son tems, ainsi que de Jérôme Curti, dit le Dentone. On voit par ses nombreux ouvrages qu'il fut un des plus habiles peintres à fresque pour l'architecture et les ornemens. Philippe IV. l'ayant appellé en Espagne avec Michel-Ange Colonna, il peignit un grand nombre de morceaux pour ce monarque. On a de la main de ce maître plusieurs gravures à l'eau forte, faites avec autant de goût que d'esprit, que les jeunes artistes, qui se consacrent à la peinture des ornemens, peuvent étudier avec fruit. Nous citerons les pièces suivantes:

1. Un Recueil de 48. Frises. Datées de 1645.

Ces mêmes frises ont été copiées ensuite par Dominique Bonavera.

2. Vingt-quatre Cartouches et autres Ornemens, outre plusieurs compositions du même genre qui ont été gravées d'après ses ouvrages par François Curti, et par Joseph Marie Mitelli, son fils, dont nous allons parler.

II. Joseph-Marie Mitelli, peintre et graveur à l'eau-forte, naquit à Bologne en 1634. et mourut dans la même ville en 1718. Il fréquenta dans sa jeunesse les écoles de l'Albane, du Guerchin, del Torre et de Cantarini. Sans doute il a manqué d'application; car il ne paroît pas que ses tableaux publics aient eu beaucoup d'approbation. Il employa la plupart de son tems à graver à l'eau forte les ouvrages des plus fameux maîtres d'Italie et ses propres compositions, d'ordinaire fort bizarres. De ce nombre est un Reuceil de Proverbes figurés, qu'il publia en 1678. et qui est devenu très-rare. Le nombre de ses estampes est très-considérable. Elles sont exécutées dans un style facile, mais sans effet. Le nud des figures humaines n'est pas assez soigné, et les extrémités manquent de correction. Malgré ces défauts ses ouvrages prouvent qu'il portait en lui le germe du génie ; mais faute de culture il n'a pas produit des fruits mûrs. Mitelli inventa une espece de tableaux mouvans où l'on voyoit, par un léger attouchement des doigts, les figures remuer les yeux, la bouche, les mains et les pieds, invention que bien des gens trouverent divine.

Mitelli marquoit souvent ses estampes de cette manière :

$C^M M.$ G^{MA} $M.F^{TI}$

chiffre qu'il varioit quelquefois.

1—12. Une Suite de douze morceaux d'après quelques-uns des principaux tableaux qui se trouvent dans les églises de Bologne. Gr. in.fol.

13. *Enea vagante.* Enée errant, ou l'histoire de la fondation de Rome, peinte par les trois Carraches, dans les salles du Palais Fava à Bologne. En 20. pièces gravées par Gius. Maria Mitelli, gr. in-fol. en t.

14. Les Cris de Bologne. *Le Arti che vanno per la via in Bologna.* D'après le Carrache, en 41. pièces gravées par J. M. Mitelli 1660. in-fol.

J. C. VENENTI.

15. L'Adoration des Bergers, d'après le Correge; tableau fameux, connu sous le nom de la Nuit du Correge, gravé depuis par Louis Surrugue pour le Recueil de la Galerie de Dresde. Gr. in-fol.
16. Le Martyre de St. Erasme, d'après le Poussin. Gr. in-fol.
17. David et Goliath, d'après le Titien. Gr. in-fol. en t.
18. L'Invention de la Croix, d'après le Tintoret. Gr. in-fol.
19. Le pauvre Lazare couché devant la porte du mauvais Riche, d'après Paul Veronese. Gr. in-fol.
20. Les vingt-quatre heures de la Félicité humaine. Avec deux morceaux d'ajoutés, ce qui forme une suite de 26 estampes, publiée à Bologne en 1675. et très-rare.

JULES-CESAR VENENTI, amateur et graveur à l'eau forte, né à Bologne vers 1609. Il apprit le dessin de Philippe Brizio, un des bons élèves du Guide. Venenti à gravé d'après plusieurs Maîtres Bolonois, surtout d'après Dominique Marie Canuti, &c.

1. L'Ange gardien, d'après D. M. Canuti, in-4.
2. Le Roi Mitridate, prenant la coupe empoisonnée, d'après le même, in-fol.
3. Clorinde tuée, et Tancrede évanoui, avec d'autres figures, d'après le même, in-fol.
4. Sujet de Thèse, où l'on voit en haut la ville de Bologne, d'après le même, in-fol.

5. La Vierge à la rose, d'après le Parmesan, in-fol. L'original est à la Gal. de Dresde.

6. La Sainte Famille, se reposant dans un paysage, d'après Ann. Carrache; gr. in-fol. en t.

PIETRO DEL PO, peintre et graveur à l'eau-forte, né à Palerme en 1610. et mort à Naples en 1692. Après avoir appris les élémens du dessin et de la peinture, il s'établit dans le lieu de sa naissance, et peignit plusieurs tableaux pour l'Ambassadeur d'Espagne et pour des particuliers. De-là il se rendit à Rome où, parmi ses ouvrages publics, il peignit le tableau de St. Léon pour l'Eglise Constantinopolitaine de cette ville. Outre la peinture il y pratiqua l'architecture et la gravure à l'eau-forte.

Del Po a gravé un bon nombre d'estampes à l'eau-forte, qu'il avoit coutume de retoucher avec le burin. Son dessin n'est pas toujours aussi correct qu'on devroit l'attendre d'un disciple du Dominiquin.

1. St. Jean Baptiste dans le désert, montre le Sauveur qui paroit dans le lointain, d'après An. Carrache; gr. in-fol.

2. La Femme Cananéenne, d'après le même. In-fol.

3. Le Christ mort sur les genoux de la Vierge, d'après le même. Gr. in-fol.

4. La Vierge sur un trône, avec l'enfant Jésus et un concert d'Anges, d'après le Dominiquin. Gr. in-fol.

5. St. Jérôme à genoux, consolé par un Ange, d'après le même. Gr. in-fol.

6-9. Quatre Angles représentant la Prudence, la Justice, la Force et la Tempérance, avec leurs attributs, d'après le même. Gr. in-fol.

10. St. Thomas, distribuant l'aumône, grouppé dans une niche, dessiné par Melchior Caffa et gravé par P. del Po. Gr. in-fol.

11. L'Annonciation de la Vierge, d'après le Poussin. In-fol. en t.

12. L'enfant Jésus dans la Crêche, adoré par sa mère, d'après le même. In-fol. en t.

13. La Fuite en Egypte, d'après le même. In-fol. en t.

14. Achille reconnu par Ulysse, d'après le Poussin. In-fol.

15. Vénus et Cupidon, se reposant dans les forges de Vulcain, d'après Sisto Badalochio (et non du Carrache). In-fol. en t.

16. Neptune sur son char, sujet de plafond, d'après Jules Romain. Octogone. In-fol.

Pietro del Po laissa deux enfans, un fils et une fille. Jacques, son fils, fut un bon peintre, mais fort maniéré; Thérese, sa fille, peignoit à l'huile, en pastel et en miniature. Tous deux ont gravé dans le goût de leur père; entr'autres Thérese a gravé d'après le Carrache:

Susanne surprise par les Vieillards. In-fol.

S. CANTARINI.

SIMON CANTARINI, surnommé LE PESARESE, peintre et graveur à l'eau-forte, naquit à Pésaro en 1610. et mourut à Véronne en 1648. Ses premiers maîtres dans l'art furent Pandolfi et Ridolfi qu'il quitta pour fréquenter l'école du Guide, dont il devint un des meilleurs éleves. Cantarini avoit fait de grands progrès dans le coloris, et dans la gravure à la pointe, ce qui le rendit insolent vis-à-vis de son maître qui le chassa de chez lui. De-là il se rendit à Rome où il se mit à étudier Raphael. Revenu à Bologne, il y établit une école de dessin et composa de beaux tableaux. Il fut appellé à Mantoue pour faire le portrait du Duc; mais malgré toutes les peines qu'il se donna, il manqua constamment la ressemblance. Mortifié à l'excès de ce contretems, il partit de Mantoue et alla mourir à Véronne à l'âge de 36. ans.

On a de la main de Cantarini un bon nombre d'estampes à l'eau-forte, qui, par le goût, l'esprit et la manière de leur exécution, approchent tellement de celles du Guide qu'on les a souvent prises pour être de ce dernier. Les morceaux spécifiés ci-après sont extraits du

S. CANTARINI.

Catalogue raisonné d'Adam Bartsch, dont nous avons parlé à l'article du Guide.

1. Adam et Eve mangeant le fruit défendu, pièce in-4. en carré.
2. Repos en Egypte, où la Vierge est assise à terre, tenant sur ses genoux l'enfant Jésus à qui elle présente le sein ; plus loin se voit St. Joseph assis pareillement à terre. Au bas on lit : *G. Renus in. & f.* fausse inscription souvent employée pour attraper les amateurs. In-4.
3. Repos en Egypte, où la Vierge, vue de profil, est assise au pied de deux arbres, tenant sur ses genoux l'enfant Jésus couché sur son bras, avec St. Joseph, assis à ses côtés. In-4.
4. Repos en Egypte, où la Vierge, vue de face, est assise à terre, et semble bercer entre ses bras l'Enfant qui étend les siens. Plus loin on voit St. Joseph assis au pied d'un arbre, appuyé sur son bras. Petit in-fol. en t.

Parmi les Repos en Egypte, sujet que Cantarini a traité sept fois, celui-ci est de l'exécution la plus soignée.

5. Ste. Famille, où la Vierge, vue de face, est assise à terre au pied d'un arbre, ayant sur ses genoux l'enfant Jésus qui tend les bras au petit St. Jean ; plus loin on voit St. Joseph assis et lisant. In-4.
6. Ste. Famille, où la Vierge, vue de profil, est assise contre un piédestal, soutenant l'enfant Jésus debout sur ses genoux ; à côté St. Joseph assis, et au milieu le petit St. Jean debout. *S. C. da Pesare fecit.* In-8.

7. La Vierge en profil, l'enfant Jésus, St. Jean et St. Joseph, vu dans le fond, fixant ses regards sur le petit St. Jean. In-8.

8. La Vierge, assise dans une Gloire, soutient l'enfant Jésus debout et appuyé contre son sein. Dans le fond trois petits Anges sont en adoration. On lit: *S. C. da Pefare fec.* In-8.

9. La Vierge assise, la tête appuyée sur sa main, considère l'enfant Jésus, couché sur ses genoux et tenant un oiseau attaché à un fil; pièce entièrement dans le goût du Guide. P. in-4.

10. La Vierge, assise sur des nuages, tient entre ses bras l'enfant Jésus, dans la main droite duquel on voit un chapelet. In-12.

11. La Vierge dans une Gloire, couronnée par deux Anges. Prosternée sur des nues, elle a les mains croisées sur son sein, et son pied droit posé sur un croissant. In-4.

12. Le Portement de Croix, avec Joseph d'Arimathie. Petit in-4.

13. Le petit St. Jean-Baptiste assis dans le désert, tenant d'une main sa petite croix et de l'autre une tasse dans laquelle il reçoit l'eau qui coule d'un rocher; sans marque. In-12.

14. St. Jean-Baptiste assis dans le désert sur une grosse pierre, avec les mêmes attributs, sur un fond de paysage. In-8. presque carré.

15. St. Sébastien percé de flèches et assis au pied d'un arbre auquel il est attaché, tandis qu'un Ange lui apporte la palme et la couronne du martyre. P. in-4.

16. Le grand St. Antoine de Padoue à genoux, adorant l'enfant Jésus qui apparoît dans une gloire d'Anges. Aux épreuves postérieures on lit: *Simone Cantarini. In, e fe. Originale.* P. in-fol.

17. Le petit St. Antoine de Padoue à genoux devant un autel, tenant sur ses deux mains l'enfant Jésus, qui leve ses bras pour l'embrasser. Petite pièce légérement gravée. h. 2 p. 11 l. l. 2 p. 8 l.

18. St. Benoît guérissant un démoniaque, d'après Louis Carrache, dont le tableau se trouve dans le cloître de St. Michel au bois à Bologne. In-fol.

19. L'Ange Gardien conduisant un Enfant par la main sur un chemin escarpé, et auquel il montre la Gloire céleste. In-8.

20. Jupiter, Neptune et Pluton, faisant hommage de leurs couronnes aux armes du Cardinal Borghese, placées dans le ciel et environnées de génies qui portent les attributs des quatre Vertus cardinales. Tous ces Dieux, montés sur leurs chars, ôtent leurs couronnes devant ces emblêmes. Gr. in-fol. en t.

Cette estampe, appellée faussement le Quos ego, est une des plus belles du Pesarese et a passé longtems pour être du Guide.

21. L'Enlévement d'Europe par Jupiter transformé en taureau, accompagné de plusieurs Amours; composition gracieuse. In-fol.

Cette belle estampe du Pesarese est très-rare.

22. Mercure et Argus. Mercure sous la forme d'un pâtre joue de la flûte. Argus assis à terre écoute avec attention; dans un beau paysage. Pièce in-fol.

Belle et rare.

23. Mars, Vénus et l'Amour, figures assises au pied d'un arbre, dans un paysage, d'après P. Véronese; pièce marquée PCI. p. in-fol.

24. Vénus et Adonis avec l'Amour, reposant dans un paysage ; Adonis prêt à partir pour la chasse ; pièce gravée avec esprit en manière de croquis. In-4.

25. La Fortune, representée sous la figure d'une femme nue, ayant un pied posé sur le globe de la terre et l'autre levé ; elle a la tête tournée vers l'Amour qui la suit en l'air et qui s'efforce de l'arrêter par les cheveux, et elle fait tomber de l'argent d'une bourse qu'elle tient renversée. In-4.

Les connoisseurs attribuent cette pièce au Pesarese, et regardent comme apocryphe l'inscription : *G. Renus in. & fec.*

26. Frontispice d'un livre où se voit un écusson d'armes, ayant pour support des Anges, dont l'un sonne de la trompette. Au bas un Dieu-Fleuve repose sur une urne d'où coule l'eau. Au bas on lit les lettres SC. Pièce gravée d'une pointe spirituelle.

I. Jean-Andre Sirani, peintre et graveur à l'eau forte, naquit à Bologne en 1610. et mourut dans la même ville en 1660. Sirani fut disciple du Guide et de Cavedone. La ville de Bologne offre plusieurs bons tableaux de sa main. Il réussit singulièrement dans les grandes compositions, qu'il exécutoit dans la belle manière de son maître. Il laissa trois filles qu'il instruisit toutes trois dans les arts de dessin : celle qui s'y est le plus distinguée, fut Elisabeth dont nous parlerons ci-après. —

J. A. SIRANI.

Nous avons aussi de la main de Sirani plusieurs eaux fortes d'une exécution très-spirituelle. Ses pièces sont ordinairement marquées des lettres initiales de son nom. G. A. S. ou I. A. S.

1. Judith à mi-corps et vue de face, tient de ses deux mains par les cheveux la tête d'Holoferne pour la poser sur un lit dans la tente, où se voit dans le fond une vieille femme qui semble parler à Judith, pièce marquée G. R. I. et attribuée à Sirani pour la gravure; p. in-fol.

2. La Vierge tenant l'enfant Jésus assis sur un coussin, et à côté le petit St. Jean qui présente un oiseau à l'enfant, pièce de forme ovale qui paroît être du dessin du Guide et qui est gravée par Sirani, in-4.

3. Saint Michel, un pied en l'air et l'autre appuyé sur la tête du démon qu'il précipite dans les enfers, exprimés par des roches, d'où sort du feu et de la fumée; belle pièce en ovale, de l'invention et de la gravure de Sirani; in-4.

4. Une Sibille, représentée sous la figure d'une femme avancée en âge et largement drapée; elle est assise sur un banc et accoudée sur deux livres posés sur un piédestal, ayant un autre livre ouvert sur ses genoux. Elle paroît fort attentive aux inspirations d'un Ange placé derrière le piédestal; pièce gravée, d'après un tableau du Guide, par Sirani; in-fol.

5. L'Enlèvement d'Europe; où l'on voit la princesse, avec l'expression de la tristesse, les yeux levés vers le ciel, se tenir aux cornes du taureau. Cette pièce, attribuée à Sirani, n'est pas gravée dans sa

manière ; elle paroît d'un peintre qui n'est pas sans mérite ; in-fol. en t.

6. Apollon écorchant le Satyre Marsias attaché à un tronc d'arbre, avec l'expression de la douleur. Sur la flûte de Marsias qui est à terre, on lit : *Sirano*. Belle pièce en ovale, du dessin et de la gravure de Sirani, in-4. en t.

7. Saturne vu de face et assis sur des nuages ; il est armé de sa faulx. Au bas de l'estampe on lit : *Sir. i.* et vers le milieu : *Ger. S. fa.* ce qui dénote le graveur, qu'on croit être Gerolamo Scarsello. p. in-4.

8. L'Amour debout sur un dauphin, tend son arc pour décocher une flèche dans la mer. On lit vers le bas : *Sir. f.* et *G. S.* Le même artiste qui a gravé la pièce précédente, in-4.

9. Bacchanale d'enfans où se voit au milieu de l'estampe un enfant monté sur un cochon, couché sur le ventre, avec un collier de fleurs et un drap qui lui sert de housse. L'enfant, tenant d'une main une bouteille et de l'autre une coupe, est accompagné de deux autres enfans. On lit sur cette pièce, gravée par le même artiste que les deux précédentes : *Sirano i. G. S. F.*

II. ELISABETH SIRANI, peintresse et graveuse à l'eau forte, née à Bologne en 1638. et morte dans la même ville en 1664. fille de Jean-André, elle apprit les élémens de l'art de son pere et se distingua de bonne heure par des talens décidés. Dans la Chartreuse de Bologne, elle peignit un tableau, haut de 30 pieds, le Baptême de Jésus-Christ, d'une touche si fière qu'il fut généralement admiré. Elisabeth s'en est toujours tenue à la belle manière du Guide; on loue beaucoup son tableau conservé dans l'église de St. Léonard de Bologne, représentant St. Antoine de Padoue qui baise les pieds à l'enfant Jésus. Elle est morte à l'âge de 26 ans empoisonnée par des envieux de ses talens. Parmi les peintresses Elisabeth est une de celles dont l'éloge a été dicté par le mérite, et non par la flatterie. On a de sa main quelques eaux fortes, d'une pointe très-spirituelle, marquées des lettres initiales de son nom: E. S. F.

1. La Vierge, vue de face est représentée jusqu'aux genoux assise au milieu de l'estampe. Elle soutient de ses deux mains l'enfant Jésus debout sur un coussin, tendant les mains pour prendre une banderole que lui présente le petit St. Jean. Très-belle pièce, avec cette inscription: *Opus hoc a divino Raphaele pictum — — Elisabetha Sirani sic incisum exposuit.* Rond de 7 p. 7 l. de diamètre.

2. Une Vierge de Douleurs, environnée des instrumens de la passion et accompagnée de plusieurs anges dans différentes attitudes. *Elisabeta Sirani F. 1657.* in-fol.

Cette estampe belle et rare, a été gravée par Elisabeth à l'âge de dix-neuf ans d'après un tableau de sa composition; c'est la pièce capitale de cette habille fille.

3. La Vierge à mi-corps, vue presque de face, ayant les yeux baissés et les mains croisées sur sa poitrine. h. 4. p. 2. l. l. 3. p. 11. l.

Cette estampe, gravée tout-à-fait dans le goût de la Sirani, paroît être celle dont Malvasia dit qu'elle l'avoit gravée pour lui d'après un tableau d'une figure de grandeur naturelle.

4. St. Eustache, magnifiquement habillé, est dans l'attitude de se prosterner. Son air de tête, ses yeux fixés sur le crucifix, sa main gauche élevée et sa droite posée sur la poitrine, expriment son repentir. Le cerf, qui porte sur sa tête le crucifix miraculeux, paroit au haut d'un rocher vis-a-vis du Saint. Le fond est un paysage. *Elisabeth Sirani f.* 1656. p. in-fol.

Cette estampe aussi belle que rare passe pour le chef d'œuvre de la Sirani.

5. La Décollation de S. Jean Baptiste, où se voit un bourreau, nud jusqu'aux hanches, tenant d'une main son glaive et de l'autre la tête du Saint qu'il est près de mettre dans un plat tenu par un jeune homme. Sur le devant on voit de profil Hérodiade accompagnée de deux de ses femmes. On lit: *Elbta. Sirani. f.* 1657. In-4.

Cette

Cette estampe et gravée à l'eau forte et retouchée en plusieurs endroits au burin. L'altération du dessin et la sècheresse de la pointe montrent assez, qu'elle n'a pas été gravée par la Sirani, malgré le *fecit* qu'on a ajouté à son nom. Le travail est trop médiocre pour venir d'elle.

6. Lucrece qui se meurt du coup dont elle vient de se frapper. Elle est vue de face, l'expression marque son état de défaillance.

La pièce est avec une dédicace au Prélat Paleotti; les uns l'attribuent au pere, les autres à la fille.

Voyez l'article de Sirani dans le *Catalogue raisonné de Guido Reni par Adam Bartsch*.

LORENZO LOLI, peintre et graveur à l'eau forte, né à Bologne vers 1612. On l'appelloit Lorenzino del Signor Guido Reni, parce qu'il étoit le disciple chéri de cet excellent peintre. Le Guide l'appelloit par plaisanterie son gentilhomme de chambre. Loli fréquenta aussi l'école de Sirani, et composa quelques tableaux publics qui décèlent du moins les écoles de ses maîtres. Nous avons de sa main différentes estampes, exécutées d'une pointe légere et spirituelle, tant d'après le Guide et Sirani, que d'après sa composition. Il ne signoit pas toujours ses estampes de son nom ; il les marquoit souvent L. LL. F. ou *Lō. F.* ou *Laur. Lol.*

1. Fuite en Egypte, où la Vierge porte l'enfant Jésus sur son bras et le garantit des rayons du soleil, en étendant sur lui le manteau dont elle a la tête couverte. St. Joseph marche à côté, précédés chacun par un Ange, dont l'un porte un plat de fleurs et présente une rose à la Vierge ; pièce marquée : *G. R. in. Ls. Lolius*, in-fol.

Cette même estampe a été supérieurement bien gravée au burin par F. de Poilly.

2. Sainte Famille, où la Vierge, vue de profil, est assise, tenant couché sur ses genoux l'enfant Jésus, à qui le petit St. Jean prend la main. Dans le fond on voit Ste. Elisabeth assise, sa tête appuyée sur l'une de ses mains et tenant un livre de l'autre. *Sirano inv. Lorenz. Loli f.* Ovale p. in-4.

3. Autre Ste. Famille, où la Vierge est assise, tenant sur ses genoux l'Enfant qui tend les bras au petit St. Jean. Plus loin on voit St. Joseph appuyé sur un piédestal. *G. R. in. L. Loli F.* p. in-4.

4. La Vierge, vue presque de face, la tête appuyée sur l'une de ses mains, et tenant de l'autre un linge pour en couvrir l'enfant endormi sur ses genoux. *Elis. Si. in. L. Lol. f.* in-8.

5. La Vierge représentée à mi-corps et vue de face, porte sur son bras l'enfant Jésus qui la caresse, et

L. LOLI.

a qui un Ange présente une corbeille de fleurs. *Gio. A. S. in. L. Lol. f.* ovale in-8.

6. L'Assomption, où la Vierge, vue de face, est debout sur un croisant, au dessous duquel on voit une partie du globe terrestre et le serpent écrasé. L'Eternel paroît au dessus de la Vierge à qui il fait l'imposition des mains. Le fond représente la Gloire céleste formée de plusieurs Anges en adoration. *Sir. In. L. Lolius f.* in-fol. Pièce belle et rare.

7. St. Jérôme, moitié nud, et assis à terre dans sa grotte, dort la tête appuyée sur ses deux mains qui posent sur le rocher. Dans les nues on voit deux Anges, et au bas dans un antre la tête du lion, avec d'autres accessoires. *Sir. et Lau. Lo. F.* in-4.

8. La Madeleine, à mi-corps, et les mains croisées, l'une portée sur le sein, l'autre tenant un crucifix sur lequel elle semble méditer. Devant elle on voit une tête de mort et un livre ouvert; in-8.

Cette planche n'a pas bien réussi à l'opération de l'eau forte; on voit qu'elle a été retouchée en plusieurs endroits au burin. Elle paroît être du dessin et de la gravure de Loli.

9. La Vierge assise au milieu d'une Gloire céleste, plus bas St. Antoine de Padoue portant dans ses bras l'enfant Jésus, et à côté de lui St. Nicolas Albergati, de l'Ordre des Chartreux, tenant la main droite sur sa poitrine et un livre de la main gauche. *Laur. S. Lo. I. F.* Avec une dédicace à Antoine Albergati, Auditeur de Rote. p. in-fol.

10. La Récompense de l'étude, où l'on voit le Génie des Sciences, légérement drapé, appuyé sur une

Corne d'Abondance, d'où sortent des couronnes, des chaînes d'or, des colliers d'ordres, des bâtons de commandement et autres marques d'honneur, la récompense de ceux qui s'appliquent à l'étude des sciences. Il montre plusieurs livres qui sont à terre, dont un est ouvert et porte pour inscription : *Laurentius Los. F.* et plus bas: *Sirani I.* in-8.

11. La Renommée, planant sur le globe terrestre, embouche une de ses trompettes et tient l'autre en l'air. *Sirani I. Laurentius Lolius F.* in-8.

12. Hercule déchirant le lion de Némée. Le fond est un désert avec des rochers garnis de buissons épars. Au bas de l'estampe il y a un monogramme, qu'on croit être celui de Loli. P. in-fol.

13. Andromede attachée à un rocher, derrière lequel paroît le monstre prêt à la dévorer, tandis que Persée, monté sur Pégase, fend les airs pour le combattre. *Gio. And. Sir. I.* et plus loin : *Laurentius Loli fecit.* in-fol.

14. Deux enfans nuds jouant sur un lit avec un oiseau. Entre les rideaux du lit on voit dans le fond un mur sur lequel est placé un vase. *Laurentius Lolius fecit.* in-8.

15. L'Amour brisant son arc, en posant son pied gauche sur une butte, et en rompant l'arc sur son genoux. A une petite distance de là on voit un autre Amour, couché à terre et enchaîné à un rocher, la tête tournée vers le premier Amour; pièce avec l'année 1640. in-8.

16. Deux Amours au pied de deux arbres, dont l'un couché tient de chaque main un arc, et l'autre agenouillé semble vouloir lui arracher l'un de ces arcs. Pièce marquée : *Lo.* in-8.

17. Hercule enfant au berceau, repose sur un coussin, ayant ses deux bras entortillés de deux serpents qu'il tient par la tête et qu'il cherche à étouffer; sans marque. in-8.

18. L'Amour endormi, couché dans une attitude gracieuse sous un pavillon, un de ses bras par dessus la tête et l'autre mollement étendu sur un coussin. A côté de lui on voit son arc et son carquois; sans marque, in-8.

19. Bacchanale d'enfans, où se voit un enfant à qui un autre donne à boire. Le premier est étendu par terre sur un coussin, les jambes écartées et dans l'attitude de l'ivresse. Il a une main levée et tient de l'autre une bouteille que l'autre enfant agenouillé lui porte à la bouche; sans marque in-8.

20. Bacchanale de trois enfans, où se voit un enfant assis et adossé contre un mur, soutenant une bouteille qu'un autre enfant porte sur son épaule, tandis qu'un troisième dort, couché sur le devant, la tête appuyée contre un grand vase. *Laur. Lol. F.* in-8.

21. Bacchanale de trois enfans, dont l'un est ivre et monté sur un bouc couché à terre. Les bras levés cet enfant tient dans chaque main une grappe de raisin. Un autre debout le soutient d'une main et porte une coupe dans l'autre. Sur le devant un troisieme enfant à terre, se tient appuyé sur le bras droit et leve le gauche vers celui qui est monté sur le bouc. *L. Lol. F.*

Le nombre des eaux fortes de Loli, décrites dans le Catologue raisonné de Bartsch, est de 27. pièces, dont nous avons spécifié les plus marquées.

ERRATA.

Feuilles signées M. et N. au lieu de p. 200--218. l. 190--208. Feuilles O. et toutes les suivantes jusqu'à la fin du T. III. au lieu de p. 229. etc. l. 209. etc. etc.

www.ingramcontent.com/pod-product-compliance
Lightning Source LLC
Chambersburg PA
CBHW071157240526
45470CB00016BA/125